老人服務事業
經營與管理

黃旐濤、徐慶發、賴添福、蔡芳文、吳秀鳳、黃梓松

辛振三、林梅雅、黃偉誠、周慧敏、戴章洲　著

作者簡介

黃旒濤（第一、五章）
學歷：中國文化大學中山學術研究所博士
考試：公務人員乙等特考（高考）考試及格
經歷：玄奘大學社會福利學系主任、明新科技大學老人服務事業管理系主任、台灣老人暨身心障礙福利學會理事長、苗栗縣老人保護委員會委員、新竹縣長照中心專業顧問、台北市、台北縣、桃園縣老人福利機構評鑑委員、親民技術學院健康照護學程副教授兼主任
現任：育達商業科技大學副教授

徐慶發（第二、三、十三章）
學歷：中國文化大學社科院博士、台灣師範大學政治學研究所
考試：公務人員乙等特考（高考）考試及格
經歷：弘光科技大學、育達商業技術學院財經法律系兼任助理教授
現任：明新科技大學老人服務事業管理系助理教授

賴添福（第四、六、十五章）
學歷：Florida Metropolitan University Tampa College-Brandon MBA、國立嘉義大學 EMBA、國立嘉義大學企業管理研究所博士候選人
經歷：社團法人中華民國老人福利機構協會理事長、仁德、育達、南開等科技大學兼任講師
現任：財團法人苗栗縣海青老人養護中心、公設民營苗栗縣社區老人安養護中心、公設民營苗栗縣苑裡社區老人養護中心、苗栗縣家暴暨性侵害第二庇護中心、苗栗縣居家服務支援中心、苗栗縣日間照護中心執行長、國立台中科技大學兼任教師

蔡芳文（第十二章）

學歷：台灣大學醫學院醫療機構管理研究所碩士

經歷：明新科技大學老人服務事業管理系、亞東技術學院、實踐大學等兼任講師、內政部社會司老人福利促進委員會委員（第三屆）

現任：雙連社會福利園區雙連安養中心執行長、雙連社會福利慈善事業基金會兼任總幹事、聖約翰科技大學醫護資訊學士學位學程專業技術人員（助理教授級）、馬偕醫學院護理系及馬偕醫護管理專科學校兼任專業技術人員（助理教授級）、中華民國（臺灣）安寧照顧基金會董事、行政院社會福利推動委員會委員（第九屆）

吳秀鳳（第十章，與周慧敏合著）

學歷：國防醫學院公共衛生研究所衛政組碩士

經歷：天主教耕莘健康管理專科學校兼任講師、天主教耕莘醫院護理之家／日照中心護理長、天主教聖保祿醫院護理部督導

現任：宜蘭縣私立瑪利亞長期照護中心副主任

黃梓松（第八章）

學歷：中正大學社會福利研究所碩士

考試：公務人員乙等特考（高考）考試及格

經歷：苗栗縣政府社會局課長、育達商業技術學院兼任講師

現任：苗栗縣政府勞工局課長、明新科技大學兼任講師

辛振三（第九章）

學歷：玄奘大學管理學碩士

經歷：新竹市政府社會局課長、新竹市東區戶政事務所主任、明新科技大學兼任講師、台灣老人暨身心障礙福利學會常務理事、赴日研修高齡者福址

現任：新竹市政府簡任秘書

林梅雅（第七章，與黃偉誠合著）

學歷：中正大學社會福利研究所碩士

考試：92 年公務人員特種考試社會福利工作人員考試及格

　　　92 年專門職業及技術人員高等考試社會工作師考試及格

經歷：嘉義基督教醫院社會福利專員

現任：內政部台南教養院社工員

黃偉誠（第七章，與林梅雅合著）

學歷：政治大學勞工研究所碩士

考試：95 年公務人員高等考試三級勞工行政類科及格

　　　專門職業及技術人員高等考試社會工作師及格

經歷：台北市立聯合醫院松德院區社區化就業輔導組組長

現任：行政院勞工委員會勞工教育學苑服務組組長

周慧敏（第十章，與吳秀鳳合著）

學歷：英國 the University of Hull 社會工作研究所畢

經歷：天主教耕莘醫院社區健康中心社服組長、輔英科技大學

　　　兼任講師

　　　宜蘭縣私立瑪利亞長期照護中心兼任社工督導

現任：台北市康復之友協會清新坊長青關懷中心社工督導

　　　財團法人私立廣恩老人養護中心外聘社工督導

戴章洲（第十一、十四章）

學歷：玄奘大學管理學碩士（公共事務管理研究所）

考試：公務人員特考乙、丙等考試及格、高等檢定考試及格

經歷：新竹市政府秘書、社會局長、民政處長、參議、內政部
　　　早期療育推動委員會委員、玄奘大學社會福利發展中心
　　　副主任、新竹縣耕地租佃委員會委員、台灣身心障礙者
　　　研究學會常務監事、親民技術學院幼兒保育系兼任講師、
　　　明新科技大學老人服務事業管理系兼任講師、育達商業
　　　科技大學社工學分班兼任講師

劉校長 序

我國已進入「高齡化」社會，與老人有關的議題無論是在學術界或產業界，經常是社會大眾所關心的顯學；尤其近年來有許多科技大學陸續增設與老人服務相關的系所，足見對於與日俱增「老年」人口的服務有其更專業性的需要，也成為一種新興的學習與研究的議題。

　　回顧我國對於社會福利的發展，大約在九〇年代始進入社會福利制度積極建構的時期，這期間才有較多的福利機構申請設置，也就是說目前我國大部分的社會福利機構設置的時間都不算長，過去在經營上也沒有建構完整的學習供應鏈，只好自行從實務上一面做一面學習。雖然如此，我們也不能否認有少數經營得績效不錯的機構，但是也有許多機構經營至今，仍然在接受經營上嚴厲的挑戰，希望能夠獲得來自於各方的支持。

　　黃旐濤教授曾服務於本校幼兒保育系以及明新科技大學老人服務事業管理系，並長期致力於各項社會福利議題的研究，在教學上除致力於專業人才的培育之外，並不忘發掘實務界的需要，此次由他擔任總策劃，出面邀集有來自曾任業務主管機關背景者、機構經營者以及學術界教授合作出版《老人服務事業經營與管理》一書，以渠等之認真態度，令人欣慰，爰樂於付梓之際，特綴數語以為勉之。

親民技術學院校長

劉紹文　謹識

2007 年 3 月 9 日

序

在近代的福利服務思想潮流裡，家庭無疑扮演著重要的角色與功能，但是因為社會的變遷，造成許多家庭無法發揮正常的功能，這時候「機構」的服務就可以補充家庭不足之處；所以，當工商社會的發展愈成熟，國人的壽命日益提高時，人們對於「機構」服務的需求也與日俱增。

話雖如此，以目前而言，雖然許多人都同意在未來需要許多機構來提供服務，但是許多現有的機構也經營得十分辛苦，「機構」這名詞對於一般人而言，似乎既熟悉又陌生；熟悉的是知道有需要時可以找機構提供服務，而陌生的卻又是對於機構的服務存有幾分的疑慮，加以如果社會新聞有刊載機構方面的負面事件報導時，社會大眾對機構的觀念就更加扭曲了。

本書的編撰，主要的原因是筆者在大學擔任有關社會福利課程的教學，也經常參與各種福利機構的活動與評鑑工作，發現國內目前這方面的著作並不多見，許多老師在教授「老人服務事業經營與管理」時，常常要忙著自編講義，而機構的工作人員也常有「事到用時嘆書少」而有找不到書的感慨。因此，我們大膽的嘗試邀請學術界、實務界以及曾經擔任過主管機關的專家學者們，一起來參與本書的編寫，希望能夠透過各人的專長面向來增加本書的可讀性。

本書得以出版，首先要感謝心理出版社林敬堯總編輯以及心理出版社所有的工作人員，在我們繼《社會福利概論──以老人福利為導向》出版後，協助我們此書的出版；同時更要感謝親民技術學院劉校長紹文的支持以及勉勵；在整個分工上，戴章洲老師鍥而不捨的催促各作者並與黃梓松老師對於整體章節做規劃編排，還有徐慶發老師的關心進度與

參與策劃，盡力最多。還有許多在本書撰寫過程中有貢獻心力的，如：親民技術學院李永裕主任、詹　貌老師、輔仁大學研究生戴嘉頤、黃穎禎小姐、學隸林鈺婷、戴正明、黃少淋……等人都曾對本書貢獻心力。

　　最後要強調的是作者們自認才疏學淺，在編寫過程中如果有疏漏之處，尚望各位先進能夠不吝指正。

黃施濤

謹誌於苗栗山城

2007 年 9 月

目錄 CONTENTS

老人服務事業 經營與管理

老人服務事業
經營與管理

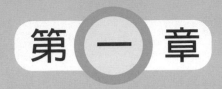

第一章

緒論

黃旐濤

老人服務事業
經營與管理

　　隨著科技的發達與醫學的昌明，再加上經濟發展，人們的生活水準日漸提昇，台灣地區的國民平均餘命，已逐年增長。根據內政部 2007 年初的統計：台灣地區男性平均餘命為 73.8 歲，女性為 80.3 歲。然而依據現行勞動法令的規定：絕大多數的國民，到了 65 歲就必須要退出勞動市場；有些公務人員甚至一滿 50 歲，年資滿 25 年就申請退休。結果出現退休以後的年數，長過工作年數的現象。這些退休之後的老人何去何從，就成了不得不正視的課題。

　　以往的老人根本沒有「去哪裡」的問題。蓋乃「養兒防老」觀念根深蒂固，人們春耕夏耘秋就收，視為當然。年輕時打拼工作，買房子，養小孩，正圖個年老時有個去處。而他們的子女，也從不懷疑這樣的觀念是否符合他們的能力與意願。然而隨著社會的改變，養兒防老已面臨前所未有的挑戰。根據行政院主計處（1982）的一項「台灣地區國民對家庭與環境意向調查」報告中指出：受訪的 20 歲以上男性，有 59%希望退休後與子女同住，另有 40%希望獨居或住進安養機構。

　　相反的，調查對象中，只有 26%贊成婚後與父母同住，而有 42%反對，另有 32%沒有意見。可見大部分的國人具有年輕時不願與父母同住，年老卻希望與子女住的矛盾心理。這項 25 年前的調查結果，如今已經面臨實現：至少有 33%（59%減 26%）即將卸任退休的國民，正在面對「要住哪裡」的問題，而這個答案，應該是絕大多數的人都只好被迫選擇到機構安養。也就是說：40、50 年代的國人，老了以後可能可以選擇「住哪裡」——去養老機構或不去；但 50、60 年代的國人，卻無從選擇地，至少有三成不得不進住機構。而且可以預見的是：這個數字只會上升，於是凸顯了另一個問題：老人服務機構的經營管理與住民的照顧問題。可不可以讓老人在可能的情況下，選擇不與子女同住，而優先進住機構？也就是如何經營一個機構，使它比「家」更受歡迎！本書也

試圖對這個問題，進行探討。

 第一節　老人身心狀況探討

　　台灣原本是一個農業社會，由於人力是農業操作的必要條件，「多子多孫多福氣」的觀念，也因而應運而生，且深植人心。1945 年二次世界大戰結束，戰後嬰兒潮誕生，充沛的人力及低廉的人工成本，造就台灣在 50、60 年代的經濟奇蹟。

　　不過 60 年代的節育計畫：「二個恰恰好，一個不嫌少」雖然有效控制人口的大量成長，但也形成日後人口急速老化的原因。

　　到了 1993 年底，台灣地區 65 歲以上人口，首次突破總人口的 7%（為 7.10%），而邁入聯合國定義的「高齡化社會」之後，高齡化的問題，漸趨嚴重。到了 2005 年底老人人口比率已經達到 9.74%，根據行政院經濟建設委員會的資料與推估，這個數字到了 2006 年底已突破 10%，2019 年突破 14%（為 15.07%），而形成完全的「高齡社會」。到了 2026 年，台灣 65 歲以上的人口將占總人口的 20.63%，而成為每 5 個人就有 1 個老人的現象。

　　老化本是人類發展必然的過程，不管是佛家所謂的「成、住、壞、空」，或是孔子說的「逝者如斯不舍晝夜」，我們的老祖宗早就點出了這個哲理。不過所謂老化，實在很難明確界定，所謂老人，也各有看法。所謂衰老，是指身體功能及結構從顛峰時期逐漸衰退，達到完成崩潰的地步。而這過程的起點及長短，也是因人而異，因此會有「日曆老人」、「生理老人」、「心理老人」的不同見解，不過根據《老人福利法》的相關規定：年滿 65 歲以上謂之老人。

　　老人之身心狀況，大致呈現下述之特徵。

一、生理方面的改變

　　老人的身體狀況，隨著年齡增長，衰退益形嚴重。在生理方面，有人根據生理衰退的情況，把老人分為「小老人」（65 至 75 歲）、「中老人」（75 至 85 歲）、「老老人」（85 歲以上）三種，年紀愈大，生理功能愈差，到了老老人階段都需要他人照顧。一般而言，老人的改變大致如下。

（一）感官機能方面

1. 視域減小。
2. 無法分辨混合聲音。
3. 視力喪失定向感。
4. 觸覺功能遲鈍。
5. 遠距離無法判斷。
6. 痛覺功能遲鈍。
7. 畏懼眩光刺眼。
8. 溫度感覺遲鈍。
9. 色感降低。
10. 體溫調節功能衰退。
11. 無法察覺高頻率聲音。
12. 嗅覺喪失敏銳性。

（二）運動機能方面

1. 步伐狹窄。
2. 手掌手肘之扭轉力與握力減弱。
3. 足部損壞。
4. 關節僵硬。
5. 容易骨折。
6. 肌肉失去彈性。
7. 平衡感喪失。
8. 抬腿角度減小。
9. 突發性痙攣抽搐。
10. 腰酸背痛。

（三）循環呼吸機能方面

1. 容易休克虛脫。
2. 突發性心悸。

3. 胸部常有壓迫感。　　　　4. 呼吸急促困難。

5. 心臟負荷量減小。

（四）消化機能方面

1. 牙齒脫落。　　　　　　　2. 排泄次數增加。

3. 頻尿、夜尿。　　　　　　4. 大小便失禁。

二、心理方面的改變

我們常常說老人有四個特點，就是：以前的忘不掉；眼前的記不牢；坐著直打盹；躺下睡不著。其實老人心理方面的改變，可說是全面性且持續性的，也就是不知不覺地改變著。以下幾點改變較為明顯：

1. 記憶力衰退：熟人的名字老是想不起來，或常常記不起隨手放的東西。

2. 想像力衰退：理想逐漸喪失，幻想愈來愈少；對新鮮事物缺乏好奇心。

3. 思維能力衰退：不容易集中注意力思考問題；學習新事物感到吃力。

4. 情感變得不穩定：較易動感情，經常有莫名其妙的焦慮感。

5. 意志衰退：做事缺乏毅力，缺乏強烈的探索精神。

6. 能力下降：動作不如從前靈活。

三、社會參與功能方面

不論是「老人貶值理論」或「社會撤退理論」都認為，老人會漸次體認他已不在人生舞台中央的事實，逐次撤退，尋求脫離社會規範，以求安安靜靜頤養天年。因此老人在社會參與上，常常會有下列的特徵：

1. 性格變得暴躁、易怒、情緒低落、憂鬱、孤僻、古怪,甚至不近人情。

2. 敏感多疑,常把聽錯、看錯的事以為是對他的傷害而感到傷心不已。

3. 易產生孤獨感:他們的性格由外向轉為內向,深居簡出,懶得交際。

4. 容易自卑,主要是感到自己老了,不中用了,自卑情緒也就隨之而來。

5. 頑固:長年累月導致老年人的習慣很頑固。

第二節　台灣老年人口的特性

台灣地區老年人口,基本上而言具有以下三個特性。

一、人口增加且比例上升

根據內政部的相關統計:台灣地區 65 歲以上的老年人口,在 1993 年底有 149 萬人,占全人口的 7.10%,而邁入聯合國世界衛生統計組織定義的「高齡化社會」,到了 2007 年 7 月,老年人口數已升到 231 萬人,占全人口的 10.09%,增加的幅度高達 55.0%。根據行政院經建會的推估,到了 2022 年,老年人口數將達到 404 萬人,幾為 1993 年的三倍。

二、人口老化速度過快

台灣地區人口老化的另一個嚴重問題,就是老化的速度過快。與其他先進國家做比較,老年比例從 7% 的高齡化社會到 14% 的高齡社會的時間,台灣需要 27 年,這個時間較法國快 5 倍,為美國的 2.6 倍,德國

的 1.8 倍，不過比日本的 24 年情況稍好。

三、人口迅速老化的結果，造成青壯人口撫養負擔急速增加

　　根據行政院經建會「中華民國台灣地區 2002 年至 2051 年人口推估」，預估 2051 年老人將占總人口數的 29.8%，亦即每不到 4 人就有 1 個老人，可見那時的勞動人口之負擔將十分沉重。

第三節　台灣的老人服務事業

　　台灣目前的老人服務事業，分別由衛政單位（衛生署）及社政單位（內政部社會司、各縣市社會局）所管理。衛政部分主要的老人福利機構為護理之家，此係根據衛生署《護理機構設置標準》而設立，提供罹患慢性病患護理照顧，以減少醫療資源之消耗。

　　社政方面，根據我國《老人福利法》以及 2007 年 7 月 30 日新修正的《老人福利機構設立標準》的規定，老人福利機構可分為長期照顧機構（含長期照護型、養護型、失智照顧型）、安養機構，以及其他老人福利機構（含文康機構及服務機構）三類，其主要內容如下：

類型	機構名稱	服務內容
長期照顧機構	長期照護型	以罹患長期慢性病，且需要醫護服務之老人為照顧對象。
	養護型	以生活自理能力缺損，需他人照顧之老人或需鼻胃管、導尿管護理服務需求之老人為照顧對象。
	失智照顧型	以神經科、精神科等專科醫師診斷為失智症中度以上、具行動能力，且需受照顧之老人為照顧對象。
安養機構		以需他人照顧或無扶養義務親屬或扶養義務親屬無扶養能力，且日常生活能自理之老人為照顧對象。
其他老人福利機構		提供安置服務及康樂、文藝、技藝、進修與聯誼活動服務及老人臨時照顧服務、志願服務、短期保護。

一、長期照護型機構

　　長期照護型機構之規模為收容老人人數 50 人以上、200 人以下為原則，其收容人數為 5 人以上，未滿 50 人，為小型長期照護型機構。其樓地板面積，按收容老人人數計算，平均每人應有 16.5 平方公尺以上。每一寢室至多設 6 床。設日間照顧設施者，應設有多功能活動室、餐廳、廚房、盥洗衛生設備及午休設施，其樓地板面積，平均每人應有 10 平方公尺以上。

二、養護型機構

　　養護機構之規模為收容老人人數 50 人以上、200 人以下為原則，其收容人數為 5 人以上，未滿 50 人，為小型養護機構。衛浴設備應為臥床或乘坐輪椅老人之特殊設計並適合其使用。護理站應具有準備室、工作臺、治療車、護理紀錄櫃、藥品與醫療器材存放櫃及急救配備；小型養護機構之護理站應具護理紀錄櫃、急救配備即可。其樓地板面積，按收容老人人數計算，平均每人應有 16.5 平方公尺以上。每一寢室至多設 6 床。

三、失智照顧型機構

　　失智照顧型機構之規模以收容老人人數 50 人以上、200 人以下為原則，並應採單元照顧模式，每一單元服務人數以 6 至 12 人為原則。護理站應具有準備室、工作臺、治療車、護理紀錄櫃、藥品與醫療器材存放櫃及急救配備。其樓地板面積，平均每位老人應有 16.5 平方公尺以上，每一寢室以服務 1 人為原則。

四、安養機構

　　安養機構之規模以收容老人人數 50 人以上、200 人以下為原則，其樓地板面積，以收容老人人數計算，平均每人應有 20 平方公尺以上；小型安養機構，平均每人應有 10 平方公尺以上。每一寢室至多設 3 床。護理站應具有護理紀錄櫃、藥品與醫療器材存放櫃及急救配備。

五、其他老人福利機構

　　文康機構及服務機構，其室內樓地板面積不得少於 200 平方公尺，並應具有下列設施：辦公室、社會工作室或服務室、多功能活動室、教室、衛生設備、其他與服務相關之必要設施。並得視業務需要設會議室、諮詢室、圖書閱覽室、保健室等設施。提供餐飲服務者，應設餐廳及廚房；提供日間照顧、臨時、照顧短期保護及安置設施者，應設寢室、盥洗衛生設備、餐廳、廚房及多功能活動室。

　　長期照護型機構、養護型機構、安養機構三者比較如下：

類別	長期照護型機構	養護型機構	安養機構
護理人員	(1)隨時保持至少有 1 人值班。 (2)每照顧 15 人應置 1 人；未滿 15 人者，以 15 人計。 (3)設有日間照顧者，每提供 20 人之服務量，應增置 1 人。	(1)隨時保持至少有 1 人值班。 (2)每照顧 20 人應置 1 人；未滿 20 人者，以 20 人計。	隨時保持至少有 1 人值班。

類別	長期照顧型機構	養護型機構	安養機構
社會工作人員	(1)照顧未滿100人者，至少置1人；100人以上者，每100人應增置1人。 (2)49人以下者，以專任或特約方式辦理，採特約方式辦理者，每週至少應提供2天以上之服務。	(1)照顧未滿100人者，至少置1人；100人以上者，每100人應增置1人。 (2)49人以下者，以專任或特約方式辦理，採特約方式辦理者，每週至少應提供2天以上之服務。	(1)照顧未滿80人者，至少置1人；80人以上者，每80人應增置1人。 (2)49人以下者，以專任或特約方式辦理，採特約方式辦理者，每週至少應提供2天以上之服務。
照顧服務員	(1)日間每照顧5人應置1人；未滿5人者，以5人計；夜間每照顧15人應置1人；未滿15人者，以15人計。 (2)夜間應置人力應有本國籍員工執勤，並得與護理人員合併計算。	(1)日間每照顧8人應置1人；未滿8人者，以8人計；夜間每照顧25人應置1人；未滿25人者，以25人計。 (2)夜間應置人力應有本國籍員工執勤，並得與護理人員合併計算。	(1)日間每照顧15人應置1人；未滿15人者，以15人計；夜間每照顧35人應置1人；未滿35人者，以35人計。 (2)夜間應置人力應有本國籍員工執勤，並得與護理人員合併計算。
其他	(1)視業務需要，置專任或特約醫師、物理治療人員、職能治療人員或營養師。 (2)對於轉診及醫師每次診察之病歷摘要，應連同護理紀錄依護理人員法規定妥善保存。病歷摘要、護理紀錄應指定專人管理。	(1)得視業務需要，置行政人員、專任或特約醫師、物理治療人員、職能治療人員、營養師或其他工作人員。 (2)收容有需鼻胃管、導尿管護理服務需求之老人者，應依長期照顧型機構規定配置工作人員。	

第四節　目前台灣的老人服務事業

目前台灣地區整體老人服務事業的供給情況如以下所述：

1. 護理之家：由衛政單位管理有 259 家 13,979 床；日間照護有 45
家 502 床；榮民之家有 18 家 12,128 床。其設置方式分別為：醫
院附設或獨立設置的護理之家。居家護理方面現有 450 家，床數
為 72,267 床，也就是每萬名老人有 326 床可使用，另在籌設中
的尚有 17,536 床，增設完成後可達每萬名老人 405 床之目標。

2. 老人長期照護、養護及安養機構：由社政單位依《老人福利機
構設立標準》核准設立並管理，迄 2006 年底止，台閩地區共有
942 所；此外尚有榮民體系之 14 家榮民之家與 4 家自費安養中
心，共計 960 所，全部容納量為 59,282 人，實際入住 44,634 人，
使用率為 75.29%（社政 72.59%，榮民 86.47%），占全部老人數
2,256,827 人之 2.2%。

依據內政部的相關統計數字顯示，這 960 所老人安養護機構中，
公立機構有 43 家，公設民營有 15 家，財團法人有 109 家，小型
機構最多，達 793 家。以縣市不同而言，機構數最多為台北市
185 家最多，台北縣 175 家次之；可進住人數以台北縣 9,224 人
最多，台北市 7,576 人次之；進住率以新竹市 97.52%最高，嘉義
市 86.96%次之。

如果再以機構類別不同來細分：

(1)養護機構：853 家最多，可供進住人數為 34,639 人，進住率
75.61%。

(2)安養機構：62 家，可供進住人數 21,760 人，使用率 77.2%。

(3) 長照機構：30 家，可供進住人數 1,678 人，使用率 67.4%。

(4) 老人公寓：5 家，可供進住人數 860 人，使用率 50.0%。

(5) 其他安養機構：10 家，可供進住人數 345 人，使用率 28.9%。

　　由以上分析吾人可知：無論是長照或安養、養護機構，使用率都在七成、七成五上下，其中原因並非需求不足，而是或因地理區隔或因收費因素，導致供需雙方的落差；尤以長照機構，全台可供進住額度不到 2,000 人，以台灣國民平均餘命逐年延長，高齡失能老人的數量勢必增加，因此長照機構的增設，已是刻不容緩之事。

　　為了協助老人服務事業在照顧品質上的提昇，中央及地方政府每年均對所屬機構作評鑑，列為優等、甲等者均有獎金獎勵，列為丙、丁等者則科處罰金或勒令改善，甚或勒令歇業。其評鑑內容大致為。

一、行政組織及經營管理（15%）

1. 行政制度。

2. 財務管理。

3. 人力資源。

二、生活照顧及專業服務（30%）

1. 社工部分。

2. 護理部分。

3. 其他專業服務。

三、環境設施及安全維護（30%）

1. 環境設施（整體環境、寢室、衛浴、廚房、交通）。

2. 安全維護（公司安全、飲食安全、意外預防、衛生防護、緊急

事件處理）。

四、住民權益保障（20%）

含收容人數、權益規範、結束規定、膳食規定、申訴、臨終關懷等。

五、改進創新（5%）

具特色之照顧方案及機構願景。

六、其他加扣分題（加分每項 0.25 分，最多 2 分；扣分每項 0.2 分，最多 2 分）

　　由以上評鑑項目及配分情形，可以看出主管單位在提昇老人服務機構照護品質上之用心；也相當幅度地影響了各老人服務機構的努力方向。不過，老人服務機構與其他的組織一樣，在有限的資源中如果要能夠繼續存在甚至於要追求成長擴大服務，一定需要有正確的經營和良好的管理，這也就是本書所要探討的課題。

老人服務事業
經營與管理

摘要

　　隨著國民平均餘命的延長和出生率下降，老人的比例愈來愈大，老人退休以後的年數也愈來愈長，老人「要住那裡」的問題也益形嚴重。在台灣可能會有愈來愈多的老人，自願或非自願地進住機構，因而老人服務事業的經營管理，也成了不得不嚴肅探討的問題。

　　老人服務事業可以分為護理之家、長期照護機構、養護機構、安養機構、文康機構以及服務機構等，雖然目前的進住率還不算太高，但在品質的提昇和服務的改善方面，仍具有很大的成長空間。

問題習作

1. 請以某一老人為對象（如爺爺、奶奶或是鄰居長輩），觀察其日常生活，並指出其生理、心理及社會功能上，有何特點？是否與本書描述相同。

2. 請至附近老人服務機構與老人閒聊，瞭解他有那些需求？是否獲得滿足？如何才能滿足其需求？

3. 承前題，請教老人服務機構負責人：該機構經營管理上，目前碰到那些難題？如何解決？

名詞解釋

老人福利法	老化	高齡化社會
長期照護機構	養護機構	安養機構
文康機構	服務機構	護理之家

第二章

老人福利政策概論

徐慶發

學習目標 ▶▶

研讀本章內容後，學習者應能：

一、瞭解如何定義老人。

二、認識老人福利之性質。

三、瞭解老人福利之發展趨勢。

四、我國當前老人福利制度之主要議題。

五、老人福利政策之檢討與展望。

　　人口老化為先進國家之普遍性問題，為適當因應當前老化社會之需求，聯合國在 1991 年通過之「聯合國老人綱領」提出五要點：獨立、參與、照顧、自我實現、尊嚴，以宣示老人基本權益保障之共同目標，並作為 1999 年國際老人年後各項觀念與行動之指導原則。另依我國之「社會福利政策綱領」有關老人福利服務之目標，政府與民間應積極維護老人的尊嚴與自主，形塑友善老人的生活環境，未來修法係以達到促進長者尊嚴、獨立自主的老年生活為主要目標。而有鑑於老人照顧服務之需求多元且複雜，具不可分割性，故修法應採全人照顧、在地老化、多元連續服務，作為老人照顧服務之規劃原則，此一原則亦為英、美、日等先進國家針對高齡化社會，提供老人福利服務之共同特徵之一。

第一節　老人之定義

　　何謂老人？如何才算老人？老人之定義很難有放諸四海皆準的說法，但就形成的概念而言，老人係指逾某一年齡的人群，但其實質的意義，可從哲學、生物學、心理學、社會學、法律學之理論，而認知其內容與差異（徐立忠，1989）。根據日本總務省 2006 年 6 月 30 日公布的 2005 年國情調查快報顯示，日本已成為全球少子化、高齡化速度最快的國家，其老年人口（65 歲以上）比率已攀升至 21%，取代了義大利，成為世界「最老國」。一般而言，65 歲以上人口超過總人口 7%，即稱為「高齡化社會」；若超過 14%，便稱為「高齡社會」。依此趨勢發展，日本可能在 30 年內會邁入每 5 人中便有 1 人 75 歲以上的「超高齡社會」。

　　由 2004 年的相關調查發現，日本 65 至 69 歲未就業的民眾中，男性有 41.6%，女性有 25.6%希望能繼續投入職場，面對全球少子化、高齡化的普遍社會問題，勢將引發養老金等社會福利制度和勞動力不足等問

題，已迫使日本政府考慮重新定義老年人，可能將老年人的年齡提高到至少 70 歲，並鼓勵企業留任 65 歲以上員工。歐洲會議亦訂出 2010 年要將平均退休年齡延後五歲的目標。而芬蘭退休年齡之延後，經濟更趨於繁榮（聯合晚報，2006）。為了讓中高齡者可以在原職繼續工作，日本規定老人於原職服務時，原薪資的八成由企業支出，政府另外補助兩成；有些國家則採用漸進退休方式，讓中高齡者從全職工作，轉成半職、計時的工作，最後才退休，只是台灣的《勞動基準法》規定退休金給付標準是參考退休前三年的薪資標準，因此沒有人願意先轉半職。面對此一困境，宜參考先進國家為借鏡，除了研擬各種防治對策外，更應考慮建構健全的高齡者雇用制度，有效利用人力資源。

一、哲學之老人

我國向來崇尚敬老尊賢，儒家思想以孝來規範傳宗與送終，而有敬老文化之稱，樹立敬老制度。傳統社會之所以如此敬重老人，乃因為老人是文化與經驗的傳承者，尤其是農業社會，老人擁有權威、經濟的能力，而文明則是老人締造之結果。

二、心理學之老人

老人的行為特徵是受人格因素而影響，除了遺傳因子外，即為早年的親子關係，成長過程中所獲取之信念，包括：家庭、學校、教育、社會影響，及以各種生活經驗，加上潛意識的作祟，影響到心理的健康，遂有人雖年少卻出現白髮蒼蒼之無奈，但並不能因此老人心理現象之發生，即認定其為老人。

三、生物學之老人

伴隨歲月的消失，致使身體內之組織與各項器官逐漸損害，失去原有的功能，生物學上認為老人是生理上的變化，器官本身何以老化，科學家亦無從得知。但可歸納為內在因素——生理遺傳，外在因素——生活環境。生理遺傳為「基因」，生活環境因社會環境不良導致人的情緒不佳，正是人類壽命的殺手。

四、社會學之老人

老人問題受到社會結構、心理、生理之變化而影響，而社會地位、角色與規範等因素直接影響老人的社會生活。傳統的社會結構缺少變化，老人在家庭中地位穩固；但目前面臨社會結構迅速變化，年輕人與老年人的距離拉長，接觸面減少，產生代溝、冷漠等態度，擴大了老年人的社會距離，造成了社會參與機會與就業的歧視。

五、法律學之老人

法律對老人之標準概以年齡為指標，只要屆滿某一年齡者，即稱之為老人。老人年齡之區分有二項標準。

（一）《老人福利法》規定

1980 年 1 月公布的《老人福利法》第 3 條規定，係以年滿 70 歲以上者為老人，與國內的各項法規頗不一致。為符合社會之需求，遂於 1997 年修訂《老人福利法》，將年滿 65 歲以上者稱之為老人，堪稱為與國際接軌的做法。

（二）以退休年齡界定

後工業社會，工作以退休制度訂定年限，是以，各國以退休開始起算為老人，而退休制度之建立，最早從 1889 年德國俾斯麥（Besimaker）首相開辦勞工保險，規定以 65 歲為勞工屆齡退休而給付養老金，自此之後，各工業國家競相參考制定法律。但因國情不同，屆齡退休之年齡規定當然不同，日本為 60 歲，法國 60 歲，英國、加拿大、義大利、德國均為 65 歲，瑞典、丹麥各為 67 歲，我國公教人員為 65 歲，勞工則為 60 歲，但目前為因應老化社會之來臨，政府已修定勞工相關法規逐步彈性延長退休年齡至 65 歲。

第二節　老人福利之性質與發展趨勢

一、老人福利之性質

老人福利（Old-Age Welfare）就政策層面而言，區分為：

1. 廣義的老人福利：即社會資源的再分配、人力資源的再運用和退休生活的再適應。
2. 狹義的老人福利：指老人福利之施政與服務而言。
3. 最狹義的老人福利：單指老人之社會扶助而言。

就研究的範圍而言：老人福利問題之研究，包含：老人問題、老人學與老年醫學、老人福利服務及老人社會工作等，它是以老人問題之發現為導引，而以老人學與老年醫學為基礎，再以瞭解老人的需求與社會關係之適應，從而提出老人福利服務之對策與方案，並以社會工作之理論與方法達成其既定目標與執行之活動為其要領。

　　老人問題是老化過程中的一種狀態，老人福利乃是透過福利服務的網絡，以保持緩和及恢復老年功能之過程與方法（徐立忠，1989）。

二、老人福利之發展趨勢

　　據聯合國調查報告指出（DESAPD, 2006），60 歲以上老年人所占比例之增加是伴隨著 15 歲以下年輕人所占比例的減少，到 2050 年時世界上老人的數目將會首次超過年輕人。而人口高齡化的現象是普遍存在的，更是影響著男女老幼的一種全球現象，對人類生活各面向都有很大的變化，在經濟上、社會層面、政治上等都產生一定的衝擊和效應，在可預見之未來，人口老化的現象將會持續不斷，而老人權益與福祉的保障，俱已形成一項國際社會所共同關注的議題（黃源協、蕭文高，2006）。

（一）維也納老化國際行動方案（1982 年）

　　老年人口以非常驚人的速度成長，已是一項國際社會所共同關注的議題。1982 年世界老化大會（The World Assembly on Ageing）採納維也納老化國際行動方案（The Vienna International Plan of Action on Ageing），這項方案亦為聯合國會員大會所接受，是項方案通稱為「維也納方案」（Vienna Plan）。其方案的目標乃在於強化政府和公民社會的能力，以便能夠有效地因應人口老化及解決老人的需求。

（二）聯合國老人綱領（1991 年）

　　聯合國會員大會於 1991 年通過「聯合國老人綱領」（United Nations Principles for Older Persons），此一綱領，係於維也納方案被接納九年之後，主張當代發展老人福利的重要指標，亦為國際老人福利所應追求的

共同目標。其主張包括（OHCHR, 2006）：

1. 獨立

    (1) 老人應有獲得食物、水、居室、衣服、健康照顧、家庭及社區支持和自助的途徑。

    (2) 老人應有工作或獲得其它生財機會。

    (3) 老人在工作能力減退時，能夠參與決定退休的時間與步驟。

    (4) 老人應有獲得適當教育及訓練的途徑。

    (5) 老人應能居住在安全且適合於個人偏好和體能的環境。

    (6) 老人應儘可能地居住在自己家裡。

2. 參與

    (1) 老人應能持續融合在社會中，參與影響其福祉之相關政策的制定和執行，並能夠與年輕世代分享知識與技能。

    (2) 老人應有尋找和開創服務社區與擔任適合自己興趣及能力之志願服務的機會。

    (3) 老人應能組織老人的團體或行動。

3. 照顧

    (1) 老人應能獲得符合其社會體系和文化價值之家庭及社區的照顧與保護。

    (2) 老人應能獲得健康照顧，以維持其身體、心理及情緒的適宜水準，並預防疾病的發生。

    (3) 老人應能獲得社會與法律的服務，以促進其自主、保護與照顧。

    (4) 老人應能夠在人性及尊嚴的環境中，適當利用機構所提供的各項服務，包括：保護、復健，以及社會和心理的激勵。

    (5) 老人在任何居住、照顧與治療的處所，應能享有人權和基本自由，包含了對老人尊嚴、信仰、需求、隱私及決定其照顧與生

活品質之權利的重視。

4. 自我實現

(1) 老人應能有追求充份發展其潛能的機會。

(2) 老人應能獲得社會之教育、文化、宗教、娛樂的資源。

5. 尊嚴

(1) 老人應能過著有尊嚴和安全的生活，並能夠免於剝削和身體或精神的虐待。

(2) 不分年齡、性別、種族、失能與否或其它狀況，老人皆要能夠要到公平的對待，且其對經濟的貢獻應能被重視。

（三）老化宣言（1992 年）及國際老人年（1999 年）

老化宣言（Proclamation on Ageing）於 1992 年聯合國會員大會通過，該宣言之目的在於敦促國際社會需加速透過各界與國家的合作，擴及於發展社區、媒體、民營企業部門與年輕世代，彼此共同努力以確保老人得以獲得適當的需求與滿足，並創造一個「不分年齡、人人共享的社會」（A Society for All Ages）。同時亦宣稱，必須認知老化乃是一種終身之過程，為老年做好準備必須自童年開始，一直持續於整個生命的週期，伴隨著年齡之增長。部分人士極需全面性的社區和家庭照顧。

老化宣言並指定 1999 年為國際老人年（International Year of Old Persons），10 月 1 日為國際老人日。國際老人日的訂定，主要是由家庭、社區、媒體、民間企業及整個社會，共同關心老人的議題。

（四）馬德里老化國際行動方案（2002 年）

馬德里老化國際行動方案（Madrid International Plan of Action on Ageing），於 2002 年聯合國會員大會通過，是繼 1982 年「維也納老化國

際行動方案」及 1991 年「聯合國老人綱領」後的另一項重要方案，該方案強調關於老化問題的政策應從更廣泛的生命過程之發展觀點，以及整個社會的角度做檢視。同時並呼籲政府各部門、層級的態度、政策以及作法都必須加以改變，俾於21世紀時能讓老人無限的潛力能夠發揮，使更多的老人足以獲得安全與尊嚴，並增加老人參與家庭和社區生活的能力。此一目標在於確保全世界的人都能在獲得保障和具有尊嚴之情況下步入晚年，最終以具有充分權利的公民，持續社會活動之參與。

三、日本的老人福利設施

日本老人福利設施之種類包含：老人日間照護設施（日間服務中心）、老人短期進住設施、特別養護老人機構、養護老人機構、費用輕老人機構、居家照護支援中心、老人福利中心，以及老人休息之家等設施。其中以特別養護老人機構較為特殊，其係針對進住需要照護老人之生活場合而整備，加上設施服務，為照護臥病在床老人等之專門機構，由於擁有知識與經驗，故而積極從事日間照護、短期進住生活照護及訪問照護事業等居家福利服務，達到照護老人之任務。

在老人居住環境方面，為使老人盡可能在自家生活，進行老人住宅之整備及修改，以及謀求福利措施與住宅措施密切配合。並實施住宅修改支援事業、協助老人之住宅（Silver housing），以及對老人提供優良出租住宅之生活援助員派遣等，詳如表 2-1（日本厚生勞動省，引自經濟部，2006）。

表 2-1　日本的老人福利設施

設　施	內　容
養護老人機構	係以 65 歲以上者，因身體或精神、環境、經濟上之理由，在家無法受到適當照護者，而必須進住之設施。其設置主體係地方公共團體或社會福利法人；是否能進住此設施係根據鄉鎮市之措施來決定。
特別養護老人機構	係以 65 歲以上者，身體、精神上有顯著障礙需經常照護者，因在家無法受到適當的照護而需進住之設施；其設置主體係地方公共團體或社會福利法人，預計至 2004 年將有 36 萬人受惠。
費用輕老人機構	針對 65 歲以上者，因家庭環境或住宅事情等理由，無法在家生活者，以低額費用來利用設施。
老人福利中心	以提供對區域老人進行各種商談，同時增進健康、提昇教養、修養等便利之綜合性利用設施。
老人休息之家	相較於老人福利中心之規模較小，主要係以鄉鎮市之 65 歲以上者，為提昇教養、休閒等而提供利用設施之場所。

四、美國之經驗

　　在美國發展長達 100 年以上的「連貫性照護退休社區」，大多分布於加州、賓州、佛州等氣候宜人的地區。根據 1991 年調查報告顯示，61.7%的年收入有 25,500 美元以上，22.2%有 50,000 美元，相較於當年國民年平均所得 23,000 美元，顯示「連貫性照顧退休社區」的消費群較有能力負擔費用。此外，65.4%的居民為女性，入住時年齡小於 70 歲，僅有 40%的住民有配偶。

　　一般常見的「連貫性照顧退休社區」包括：獨立式住宅、集合式住宅、他人輔助住所、居家照護、復健照護等，其可獲得的服務有：三餐、庭院維護、公寓維護、衣物送洗、緊急呼叫系統及社交服務。這些服務提供一個網絡，保持居民獨立性及預防機構式照護，而各國發展照護服務產業概況，詳如表 2-2（經濟部，2006）。

💡 表 2-2　國外發展照護服務產業概況

日　本	日本之公有高齡者住宅，主要分為三類，並具有三項共同特徵：(1)無障礙環境；(2)緊急通報系統；(3)生活援助員。日本民營收費式老人住宅的收費方式，包括：(1)終生使用權；(2)出租；(3)終生租賃。在高齡人口急速成長下，日本預估未來老人住宅將快速發展，除了休閒與旅館業者外，亦將吸引建築、壽險及專業看護等產業，相繼投入市場。
美　國	在美國發展長達百年以上的「連貫性照顧退休社區」，大多分布於加州、賓州、佛州等氣候宜人之地區。
英　國	早在 1940 年左右，即已設置有管理人員的英國型協助高齡者獨立生活住宅（AILH），AILH 是以北歐老人住宅作為參考規範的典型老人住宅，並於 1960 年代以後即大量普及推廣，目前數量居世界之冠。
瑞　典	依瑞典社會服務法規定，當老人不能居住於家庭時，政府應提供其他型態的住宅服務，如住宅服務、退休住宅、護理之家以及失能老人住宅。
丹　麥	丹麥老人與子女同住的比例向來很低，所以老人大多住在一般住宅，只有一小部分老人住在特別為其準備的寓所。目前丹麥地方政府負責管理老人特別住宅包括：養護所、庇護住宅及公寓式共同住宅等。

五、我國醫療照護事業

　　隨著人口高齡化，除了老年人口極需長期照護外，同時，非老年人口需要照護者，目前約有 10 萬人，慢性精神病患者又約 10 萬人左右，雖然醫療科技之進步，許多病症將可被治療，但出院之後之長期照護亦將日益增加，更不斷加重對照護服務者的需求。

　　在高齡化之社會，美國與日本等先進國家均發展出適合老年人居住的住宅，以維護老人居住的安全及隱私，以示尊重老人。歐美國家 65 歲以上老年人口中，大約 10%使用老人住宅，日本約有 5%，反觀台灣地區，目前市場僅有少數民間投資經營之老人住宅，但因保證金偏高、地點偏遠等問題，成效不彰。根據先進國家之經驗，老人住宅之需求乃未來高齡化社會中重要的一環。

　　協助低收入在宅老人改善居住環境，規劃提供三代同堂之家庭，優先承租國民住宅權以及國民住宅一樓建築物保留作為社會福利設施用地，另獎勵民間興建老人住宅或老人社區，鼓勵民間建商將滯銷之空屋改為老人住宅供老人租賃，以解決住的問題。

第三節　當前老人福利制度主要議題

　　我國社會福利制度經過四個階段的發展，解嚴後至今，亦經歷了社會福利學者所共同緬懷的「黃金十年」。而政黨輪替後，由於大環境的改變，加上財經情勢的影響，如何能將社會福利，尤其是人口老化急遽加速的時候，將資源作「有效的整合、分配、運用與管理」，乃是目前及未來老人福利的首要課題。

一、《憲法》中有關社會福利政策之有關規定

　　《憲法》第 155 條規定：「國家為謀社會福利，應實施社會保險制度。人民之老弱殘廢，無力生活，及受非常災害者，國家應予以適當的扶助與救濟。」此一條文包含兩項內容：(1)實施社會保險制度；(2)對老弱身心障礙者之扶助與救濟，例如：老人福利、身心障礙者福利等之立法。

　　《憲法增修條文》第 10 條規定：「國家應重視社會救助、福利服務、國民就業、社會保險及醫療保健等社會福利工作，對於社會救助和國民就業等救濟性支出應優先編列。」

　　依《憲法增修條文》內容以觀，係以加強社會安全制度實施與保障，其重點為：(1)全民健保之實施；(2)婦女地位之提昇與保障，例如：2002 年《兩性工作平等法》之制定；(3)身心障礙者之照顧及保障，例

如：《身心障礙者保護法》之通過，2007 年 7 月 11 日公布將本法名稱修正為《身心障礙者權益保障法》。

二、社會福利政策綱領

社會福利政策綱領係由內政部社會司於 1994 年間提出，並於 7 月 14 日獲行政院院會審議通過，同年 7 月 30 日核定頒布，為我國目前較為完整的社會福利政策內涵，其中攸關老人福利政策者為「加強老人安養服務方案」以及「老人長期照護三年計畫」等二案。行政院並自 2001 年開始，實施列管與考核計畫之執行，落實分層負責、分工管考機制。行政院復於 2004 年 2 月修正此一綱領，其基本原則為：(1)人口福祉優先；(2)包容弱勢國民；(3)支持多元家庭；(4)建構健全制度；(5)投資積極福利；(6)中央地方分工；(7)公私夥伴關係；(8)落實在地服務；(9)整合服務資源。其重點內容為：(1)社會保險與津貼；(2)社會救助；(3)福利服務；(4)就業安全；(5)社會住宅與社區營造；(6)健康與醫療照護。

雖然老年人口每年都在成長，但對老人的照護顯然跟不上老年人口成長的腳步，尤其為因應人口老化之趨勢，預估每年花在老人身上的費用，從 2006 年的 78 億，將逐年提昇增加到 2016 年的 200 億，用來照顧失能失智老人。內政部截至 2005 年 9 月底為止的統計，全國老年住宅的需求數為 117,276 人，但實際的供給數只有 2,884 人，供給僅及需求的一成六左右（內政部，2006）。因此，在老人及社區方面，除了加強目前既有措施之外，並針對其需求，以全人的思考規劃提供福利服務，以提昇生活品質，保障國民（尤其是老人）有適居的住宅，並建立公民社會（civil society），形塑友善老人的生活環境。

三、兩次全國社會福利會議

（一）第一次全國社會福利會議

為因應社會福利議題不斷為社會各界所討論，以及民間對於社會福利需求日趨多元化及殷切，內政部於 1998 年 7 月 20 日及 21 日以「邁向 21 世紀社會福利之規劃與整合」為會議主題，召開第一次全國社會福利會議。會議結論主要分為兩部分：第一部分為總體政策規劃，包括：政策規劃、財源籌措、法規制度、人力規劃及協調配合等五項議題：第二部分為各項福利服務，包括：醫療保健、住宅福利、社會救助、老人福利（考量長期照顧中醫療服務項目納入全民健保給付）、身心障礙福利等十項議題。

（二）第二次全國社會福利會議

為回應各界對於社會福利的急切需求，以及社會福利團體關心社會福利預算與相關福利措施的推展事宜，行政院於 2001 年 12 月 27 日至 28 日以「跨世紀社會福利的新方向」為會議主題，召開第二次全國社會福利會議。會議結論主要重點在於：研擬《社會福利白皮書》、研訂《社會福利基本法》、研修社會福利政策綱領暨實施方案、提昇社會福利行政體系位階及各類社會福利相關法令及措施的檢討等議題。

四、編印《社會福利白皮書》

內政部社會司依全國社會福利會議的結論，於 2000 年 4 月編印成書，分成：平衡與永續的社會福利、建構一個基本的經濟安全保障體系、打造一個新世代的福利服務等三篇。

五、兩次全國社會福利會議仍未完成之結論包括

1. 提昇中央福利主管機關（內政部社會司）層級，強化縣市、鄉鎮市區的社會福利組織。
2. 相關人力的增加尚未完全符合實際業務需求與社會期待。
3. 社會各界參與決策的訴求未受到重視。
4. 未成立跨部會單位共同推動社會福利。

六、社會司之組織位階有無足夠權責與職能，負責執行白皮書政策並對其他部會產生拘束力，猶待評估

第四節　台灣經濟永續會議

　　為因應人口高齡化的衝擊與因應暨國民年金等議題召開的會議，內政部邀請 40 多位學者、專家共同參與討論，並於 2006 年 7 月 19 日發表社會安全共同意見（內政部，2006），俾於社會各部門，或於政策，或於法律之修訂等相關措施，形成共識以利政府之施政，並保障老人之權益。

一、高齡化、少子化社會之挑戰

　　人口高齡化及少子化是許多已開發國家共同面臨的問題。在人口高齡化部分，2007 年 7 月我國 65 歲以上高齡人口比率已達 10.09%，依據經建會推估，至 2116 年將增為 13.01%，與 15 歲以下幼齡人口比率相當（13.02%），逼近國際慣稱的高齡社會（老人人口占總人口的 14%）。之後快速上升，到 2026 年將超過 20%，到了 2051 年更高達 36.98%。其

中，65 歲以上屬老年人口將由 2007 年 7 月的 231 萬人，爬升到 2016 年的 303 萬人，及 2051 年的 689 萬人（內政部社會司，2007）。人口高齡化所涵蓋之課題，包括：老人健康照護、社會照護、經濟安全、高齡就業、老人住宅、交通、休閒產業等課題必須未雨綢繆，並以兼具性別觀點的思考方向及早規劃，而政府、產業、家庭、個人因此而增加的財務負擔，也必須從宏觀的層面審視、長遠思考及周全規劃。

人口少子化是我國人口結構變遷的另一趨勢，我國生育率持續創新低，2005 年總生育率降至 1.115 個子女。生育率的快速下降，直接反映在人口老化的加速上。在此情況下，目前平均 7.4 個具工作能力者，要扶養 1 個 65 歲以上的老人；若未來總生育率維持一個婦女只生 1.1 個小孩，則依據經建會推估，扶養比例將由 7.2 比 1（2006 年），20 年後（2126 年），將惡化為 3.3 比 1，45 年後（2151 年）更低到 1.5 比 1，將對老人照顧、勞動力、產業發展、教育、稅收負擔等帶來嚴重的影響，對未來整體社會、經濟的衝擊不容忽視。儘管人口少子化問題有日益嚴重之趨勢，但我國是否維持「合理人口成長」卻仍有爭議，有認為應鼓勵生育以提昇生育率，但亦有部分專家學者表示提昇人口素質更為重要，政府應把握「少子化」的趨勢，創造優質的生活環境。況且，實施家庭津貼、有給薪的親職假（育嬰假）等鼓勵生育的國家，有些有效，如法國、瑞典等，但也有些國家成效並不顯著，如日本、新加坡等。除生育問題外，其他像是托育政策、移民政策等問題，社會各界也有不同的聲音，極待尋求共識。惟若不積極進行減輕家庭的育兒負擔、兼顧婦女就業的措施，婦女生育率持續下滑是可以預期的。值得一提的是，人口的性別組合，無論從出生嬰兒的性別比例偏高（2005 年男嬰比女嬰為 109：100），到以女性為主的淨遷入人口，乃至於快速形成的女性老年人口群，都一再印證各項兼具性別觀點的政府社會政策，確有其絕對的

必要性。

2007 年 7 月 20 日立法院三讀通過《國民年金法》，自 2008 年 10 月 1 日起開辦。國民年金採取社會保險制，一般保險人月繳新台幣 674 元，只要繳滿 40 年，估計每月可領全額年金 8,986 元。現行老農津貼、敬老津貼等福利津貼都將納入，與國民年金銜接。年滿 65 歲以上國民，在國內設有戶籍，且最近三年內每年居住逾 183 天，均得請領；2008 年 10 月 1 日開辦後，符合資格的 65 歲以上老人，每人每月可領 3,000 元，直到死亡為止。

以領有老農津貼者為例，由於自 2007 年 7 月 1 日起現有的老農津貼調整為每月 6,000 元，國民年金開辦後，原領取老農津貼者，若加入投保國民年金，依法可領老年基本保證年金 3,000 元外，另可請領差額 3,000 元，一直至死亡為止。投保國民年金的身心障礙者，中度以上且經評估沒有工作能力者，基本保證年金為每月 4,000 元（蘋果日報，2007）。

此外，近年來國內貧富差距的問題，也受到各界關注並引起廣泛的討論。儘管我國所得分配的五分位差倍數已由 2001 年最高峰的 6.39 倍，逐年縮小為 2004 年的 6.03 倍，但近來由於媒體針對經濟較弱勢家庭所面臨之失業、自殺、子女教育、卡債等問題多所報導的影響，造成民眾對於國內所得分配有逐漸惡化的印象。此外，女性戶長家戶的所得差距仍高居 6.43 倍，而男性家戶則僅為 5.85 倍，女性戶長落入最低五分位組的危險率也是男性的兩倍，更遑論女性老年家戶的貧窮率。不論如何，隨著知識經濟及全球化的潮流，贏者全拿、輸者全輸，所得差距擴大似不可免。如何能在擴大贏者圈的同時，兼顧縮小所得差距，降低所得偏低、機會不足者的相對剝奪感，以免威脅國家發展與社會安定，是極須努力的課題。

基於社會福利的擴張是隨著人口老化、家庭功能萎縮、貧富差距擴

大、國民福利權利意識覺醒等條件的變化而必然成長，政府應及早規劃，速謀對策。然而，社會福利擴張必然帶來個人、家庭、企業、政府財政負擔的增加，政府應考量各方的財政可負擔性、公平性，檢討當前國家資源配置的公平與效率，並做前瞻性、永續性的規劃，逐步增加社會福利財源，並提供誘因，引進民間力量，投入普及照顧體系、縮小貧富差距的各項服務措施。

二、高齡社會的因應對策

應儘速建立穩健可負擔之長期照顧財務與預算制度，建構一個符合多元化、社區化（普及化）、優質化及兼顧性別、城鄉、族群、文化、職業、經濟、健康條件差異之老人長期照顧政策。其具體建議如下：

1. 政府應投入適足之專門財源，以支持長期照顧制度之推動。

2. 長期照顧服務提供應以非營利化為原則，並制定有效政策結合民間資源提供長期照顧服務，營造有利第三部門參與長期照顧之環境，並從補助經費、檢討法令及制度等策略提供相關協助，減少參與障礙。

3. 以全人照顧、在地老化、多元連續服務作為老人照顧服務提供的原則，逐步發展服務體系；並依老人失能程度及家庭經濟狀況，提供合理的照顧服務補助。

4. 建立完善的老人健康照顧體系，加強老人健康促進與預防保健措施，並強化復健服務功能，以降低失能發生率；積極規劃延緩身心障礙者提早老化之相關措施。

5. 建立支持家庭照顧者體系，提供普及化、彈性化的居家式、機構式喘息服務。

6. 積極維護老人尊嚴與自主，形塑友善老人的居住與生活環境，

推動各年齡層通用的環境規劃，以促進老人社會參與，豐富老年生命。

7. 研擬促進高齡就業、延後退休年齡策略。

8. 規劃長期照顧服務人力的培育與運用策略，檢討引進外籍看護工政策，逐步縮減人數；在未完全禁止引進之前，應加強其訓練、督導與管理，以提昇老人照顧品質。

9. 為因應高齡社會所帶來的健康照護、社會照顧、經濟安全、就業、住宅、交通、休閒產業等服務需求，國家應進行各項研究，並將之轉化為政策制訂與服務提供之規劃。

三、少子化社會的因應政策

人口合理結構的推估應基於國家對社會中各年齡、性別、族群人口，以及自然環境負荷，並合乎人權及人民福祉之考量為原則。當人口結構失衡時，政府應以營造有利生育、養育、教育環境，及推動國家社會分擔嬰幼兒照顧責任，以利國民婚育，維持人口年齡結構的穩定。其具體建議如下：

1. 國家應儘速建立非營利之在地多元化普及照顧服務模式，建構生育及養育的優質環境，提供兼顧育兒與父母就業之友善條件，落實家庭支持系統。

2. 婦女產假期間薪資納入勞保給付，政府並應協助雇主解決產假替代人力問題。

3. 儘速實施幼托整合政策，並完成相關法規之修法與立法。

4. 政府應針對受雇者規劃育嬰留職津貼，或部分負擔托育費用。針對非受雇者但有托育需求之弱勢家庭，亦應建立機制給予補助。

5. 政府應重新配置教育資源投入及調整教師觀念，進行教育轉型，

推動教育精緻化，以創造高品質人力。

6. 政府應積極營造兒童及青少年友善安全之生活環境，並促進其健全發展及提供服務，以維護身心健康，並積極協助青少年就業準備。

7. 各級政府應針對因少子化所空餘之公用場地、房舍等設施，提供給福利部門，作為兒童托育、老人與身心障礙者長期照顧、婦女、青少年休閒活動等之利用。

8. 政府應從教育札根，在各個教育階段課程中，強調性教育與性別教育、生命教育及家庭價值。落實性別主流化，營造性別平等環境，防止嬰兒性別比例失衡。

9. 配合國家發展所需，鼓勵專業人才移入，開發新人力資源。加強移民審核，避免人口不當移入，並針對新移民家庭之特殊需求提供支持與服務，積極營造其融入本地社會的條件。

10. 為因應少子化與移民增加所帶來的照顧、教育、就業、健康等服務需求，國家應進行各項研究，並將之轉化為政策制訂與服務提供之規劃。

四、建構公平的國民年金制度

國民年金的推動，不僅在於彌補未加入任何社會保險取得老年給付權的國民之經濟安全保障漏洞，也為了達成公平、適足保障國民老年經濟生活安全的目的。因此，制度的設計宜依據以下原則：

1. 國民年金的保障對象，應以涵蓋全體國民為原則，其制度設計應符合社會保險風險分攤的精神，且儘可能達到所得重分配的效果。

2. 國民年金相關規劃應以制度之可行性為前提，考量當前各項社

會保險制度之特性，並與勞保年金化同步推動施行；於制度設計時應有性別敏感的思考，正視老年婦女貧窮問題。

3. 國民年金制度之開辦應整合現有各相關津貼，使之及早落日，並設計可行之銜接方式，與其他社會保險及社會救助體系相結合。在國民年金開辦前，中央政府不得再加碼現有各相關津貼或新增津貼項目，並以財政手段約束直轄市及縣市政府，不得自行加碼發放或新增各相關津貼。

4. 國民年金給付水準應考量國際比較及我國國民退休生活保障，以符合社會公平。

5. 國民年金制度務求財務結構穩定，規劃民眾合理保費繳納水準，並考量國家財政可負擔性。

6. 國民年金制度已於 2007 年 7 月 20 日完成立法。

五、縮短貧富差距的策略

造成國民財富分配不均擴大的原因很多，有人力資源品質差異、就業機會不均、薪資所得差距、稅制不公、移轉性收入不足等，據此，縮小貧富差距的手段必須從教育、就業、社會安全及稅制著手，其具體作法如下：

1. 從產業發展多元化、提昇人力資源素質、促進就業、強化社會安全體系，以縮小所得差距。

2. 發展鄉村在地型的特色產業，開創在地的新工作機會，以解決城鄉與地域所得不均問題。

3. 檢討外勞政策，保障本國弱勢勞工就業機會與相關工作條件。

4. 政府結合民間資源，建立優質普及之托育與課後照顧系統，強化對弱勢家庭學生的補救教學，擴大辦理減免學費措施，提高

弱勢家庭學生的就學機會與品質。

5. 減少國家資源分配之城鄉差距，以平衡各區域的公共服務設施之數量與品質，消除區域不正義。

6. 檢討社會保險體系因職業身分不同而有之給付明顯差距；同時檢討社會救助措施，建立適當的需求評估與資產調查機制，避免按福利身分別決定是否得到補助。

7. 政府應統整社會福利資源，整合社會福利服務體系，透過單一窗口連續服務等方式，建立協助弱勢者的有效機制；並充實社工人力資源，提昇服務品質。

8. 落實量能課稅，公平租稅負擔，檢討諸如員工分紅配股課稅、證券交易所得課稅與兩稅合一等資本所得稅負問題，以促進賦稅公平與社會正義。

9. 制訂促進婦女就業政策，排除婦女就業障礙；鼓勵婦女微型創業，短期內達成女性勞參率超過 50%為目標，以提高婦女經濟自主能力。

第五節　我國老人福利政策的檢討與展望

　　台灣面對高齡化的社會，政府早在 20 年前已將老人問題列入政策議題討論，並提出因應老人問題的政策。1980 年制訂的《老人福利法》就是第一個政策架構，該法於 1997 年首次修正，以因應社會環境變遷之需要，同年 6 月 18 日修正公布之《老人福利法》，亦著重於老人年齡及福利措施之界定，老人津貼、年金、住宅、保護等需求之規劃以及專責機關，專責人力等，對於老人的服務與保護更具完整性與前瞻性。甫於 2007 年 1 月 31 日修正公布之《老人福利法》，係以達到促進老年尊

嚴、獨立自主生活為主要目的，為因應老人照顧服務之需求多元且複雜，並具不可分性，亦納入不少新穎觀念及預防措施，例如：僱主不得歧視老年員工，確保財產安全及增設居家式、社區式及機構式服務設施等，讓老人照顧符合「全人照顧、在地老化、多元連續服務」等原則。

面對全球少子化、高齡化的普遍社會問題，除了應研擬各種防治對策外，尤需建構健全的高齡者雇用制度，發掘具備知識、技術、經驗的高齡者，有效利用人力資源（黃煌雄等，2002）。

一、福利服務

福利服務係提供一般國民生活所需之各種福利服務措施，例如：老人健康維護、經濟安定、教育及休閒、生活照顧、老人保護等。在多元社會下，福利服務提供來源為：非正式部門（社區照顧與家庭照顧）、志願性部門、商業部門、政府部門。這些機構提供家庭與個人服務，包括日間照顧在宅服務等，目前結合及運用民間資源共同推動福利服務工作，以獎勵或補助委託民間辦理服務工作是潮流所趨。

1. 福利單位的提供不足現象，始終是安養機構最大的隱憂，導致多數極需服務者必須留置家中，由家庭照顧者（尤以女性為最）承擔工作負荷，造成身體、心理、社會功能的減縮，甚或安置在未立案之安養機構時有所聞，弊端叢生，以致其服務的品質喪失被監督之能力，嚴重影響被服務者的權益。

2. 目前現金給付占社會福利經費之比例，福利服務經費顯得偏低，產生「給錢是一種福利」的錯誤觀念，若社會福利機構能夠提供優質與專業能力的服務，現金補助方式即可降低。

3. 偏遠地區資源與資訊普及率的欠缺仍嚴重存在，並未獲得改善。以花蓮為例，雖然目前已有三家大型醫院，但仍缺乏較高品質

的診所，以致該地區民眾必須耗費大量的交通時間至大型醫院進行復健，甚至對於極需醫療保健或居家服務的老人，亦造成諸多的不便與困難。

二、長期照護體系

　　現代社會中，老人健康情形的變化極大，從身體狀況、疾病狀況、自理能力狀況等的不同，老人所需的照顧內容及服務項目亦隨之改變，而長期照護的需求，不僅限於老人，對於失能及身體機能障礙者，都有需求，且年齡愈高，失能比率愈高。因此，必須發展完整的長期照顧體系，以滿足老人多元化的需求，達到在地老化的目標。

1. 目前我國長期照顧服務即各自分散於不同的行政體系，且福利的提供亦有不同的法源依據。以社政與衛政體系為例，在社政體系單位，依據《老人福利法》規定為長期照顧機構及養護機構，而在衛政體系則為護理之家，這三類機構所照顧之對象均為失能老人，其主要的差異在於失能之程度；一旦老人生理狀況產生變化，即將面臨經常轉介不同機構，因此，缺乏綜合性與連續性的長期照護體系，非但增加照顧服務家庭之需要，以及老人的不確定性，更造成資源浪費的現象，若能加以整合，將所節餘的費用，實際花費在老人的照顧服務，才是真正的福利服務。

2. 長期照護體系乃屬綜合性與多樣性的服務，人力與推行是提昇長期照顧品質不可缺少的因素，其所需人力涵蓋社工、醫療、護理、心理等專業及直接照護服務，雖主管機關內政部與衛生署已進行相關人力的培訓，但實際投入的人數仍無從得知，且跨專業的團隊亦未普遍建立，致各類型長期照護體系的人力與

服務仍普遍欠缺。積極建構長期照護制度，以因應日益增加的照顧需求，滿足人民福祉，並持續充實老人福利網絡（經濟部，2006）。

3. 目前我國長期照護的主要財源，以家庭為主，政府對於長期照護補助之對象則以低收入戶為主，在缺乏財源下，無論是家庭自行照顧或依賴機構式長期照顧，對家庭而言仍是沉重的負擔。迄今為止，長期照護費用的財務來源尚缺制度化，無法有效及健全完整的長期照護體系，此可參考德國與日本以保險方式形成長期照護體系的財源，並以法令加以明定之。

三、檢討中央對地方的補助政策

自 2001 年起，中央對地方補助制度進行變革，將以往屬於對地方一般經常性支出，基層建設、基本社會福利等經費，改由行政院直接撥補各縣市，落實中央與地方均權制度，充分發揮地方自治精神，以達成中央與地方財政互助及均衡發展。

1. 中央與地方應維持何種關係，方能有效充分使用資源。

2. 中央政府如何確保補助地方政府之經費，實際運用在社會福利項目，避免移作他用。

3. 如何避免地方政府的社會福利預算，不隨縣市長或人員的異動而變更，以求政策的一致性與連貫性。

4. 中央政府如何避免地方政府使用補助經費的扭曲情形，如基於選票將大部分的社會福利經費集中在津貼或現金的發放，以收立即的效果，但相對之下，勢必減少福利服務措施。

老人服務事業
經營與管理

摘要

　　依據先進國家之主張，社會福利已不再被視為是一種慈善行為，而是社會風險之共同分擔與身為公民之基本權利。我國「社會福利政策綱領」亦指出，國家興辦社會福利之目的，在於保障國民之基本生存、家庭之和諧與穩定、社會之互助與團結……等，期使國民生活安定、健康、尊嚴，是以，為落實政策目標，政府與民間應積極維護老人尊嚴與自主，以及獨立自主的老年生活為主要目標，強調老人福利乃「宏揚敬老美德」之基本權益應予以保障，並非可有可無之慈善事業，此乃植基於「維護老人尊嚴」之核心價值，以釐清老人福利係老人身為公民應有權利之地位。

問題習作

1. 何謂老人？老人之定義如何區分？
2. 老人福利之性質為何？
3. 老人福利發展之趨勢有哪些階段？
4. 1991 年聯合國老人綱領（United Nations Principles for Older Persons）有哪些基本主張？
5. 對當前我國長期照護體系有何改進檢討之處。

名詞解釋

聯合國老人綱領　　在地老化　　超高齡社會

少子化　　長期照護　　老化宣言

參考文獻

一、中文部分

內政部（2006）。台灣經濟永續發展會議社會安全共同意見。台北市：作者。

內政部社會司（2007）。人口統計調查表。2007 年 8 月 15 日，取自：http:// sowf.moi.gov.tw/04/04/07.htm

徐立忠（1989）。老人問題與對策——老人福利服務之探討與設計。台北市： 桂冠。

黃源協、蕭文高（2006）。社會政策與社會立法。台北市：雙葉書廊。

黃煌雄、趙昌平、呂溪木（2002）。我國社會福利制度總體檢調查報告。

經濟部（2006）。人口結構變遷對經濟發展之影響。台北市：經濟部研究發展 委員會

聯合晚報（2006，6 月 4 日）。日本，最老的國家，老人定義，可能提高至 70 歲，鼓勵企業留任 65 歲以上員工。A4 版。

蘋果日報（2007，7 月 21 日）。國民年金通過，明年 10 月實施。A2 版。

二、英文部分

DESAPD (Department of Economic and Social Affairs Population Division) (2006). *World population ageing; 1950-2050*. Retrieved from http://www.un.org/esa/ population/publications/worldageing/8502050/index.htm

OHCHR (Office of the United Nations High Commissioner for Human Rights) (2006). *United Nations Principles for Older Persons*. Retrieved from http://www.ohchr. org/english/law/olderpersons.htm

第三章

認識老人福利機構法規

徐慶發

學習目標 ▶▶

研讀本章內容後，學習者應能：

一、瞭解《老人福利法》之立法過程。

二、瞭解《老人福利法》之特色、內涵及特點。

三、瞭解老人福利法規內容。

四、瞭解《老人福利服務專業人員資格及訓練辦法》。

五、瞭解老人福利機構相關法規概念。

面對台灣 65 歲以上老年人口，2006 年底已首度突破 10%，經建會已發出警訊，若不及早因應，「又老又窮」、「活到老做到死」恐將成為台灣民眾未來的生活寫照。

從台灣現有的人口結構分析，目前平均每 7 個人扶養一個老人，不足之部分，由政府支付敬老津貼、老農津貼、中低收入津貼和榮民就養給付，當老人成為最大人口族群時，老人市場的商機無限，以減緩老人醫療費用暴增的老人醫學將成為新顯學。老人托育、居家照顧，出租各種輔具的服務業，也將應運而生，即使經營室內設計的也要強調居家無障礙老人住宅；老人專屬的各項商品，也紛紛出籠，老人的問題備受重視，亦成為政府施政之主要課題（民生報，2006）。

第一節　《老人福利法》

1993 年，台灣地區 65 歲以上的老人占總人口數的 7.1%，使台灣邁入高齡化社會。截至 2007 年 7 月底，台灣地區老年人口數已高達 231 萬人，占全台總人口的 10.09%，預估 2026 年老年人口比率將飆高到 20.63%，屆時每 5 人中就有一位老人，這些數據所呈現的意義是台灣地區人口的快速老化，而人口快速老化，意味著老人相關需求的快速成長，亦即社會對老人的負擔相對增加（黃旐濤等，2006）。從以上資料顯示高齡化社會之快速變遷，將引發新的需求與問題，並成為社會關注的焦點，因而必須有相對的規劃，因應對策與措施，乃至法規的修訂，俾使立法、政策、服務合一，有效落實老人福祉。

一、《老人福利法》的修法背景

《老人福利法》自 1980 年制定之後，有關老人福利的措施和條文，

只具宣示性而無實質的福利提供，原有的《老人福利法》存在幾項問題（行政院研究發展考核委員會，1994）：

1. 目次不明，責任不清：未明定政府應負之責任，僅談及增進老人福利，成為空談。

2. 老人定義年齡偏高：法條所稱老人係年滿 70 歲以上之人，當時公務人員命令退休年齡定為 65 歲，而且平均餘命男性為 68 歲，女性為 74 歲，是以強制規定為 70 歲，係顧及國家財政考量，忽略了實際的老人需求。

3. 經費不足，無法展開工作：《老人福利法》雖規定各級政府應按年編列預算，並得動用社會福利基金，但各級政府編列老人福利預算因欠缺一定原則可循，難以爭取，而社會福利基金已作為地方財政收入，用以支應地方財政已不足，若欲支持老人福利業務無異空談。

綜觀 1980 年所制定的《老人福利法》，因伴隨台灣人口老化問題已不再符合高齡化社會之需求，乃至 1992 年行政部門始著手草擬修法，經各方支持共同努力下，《老人福利法》於 1997 年 5 月 31 日完成三讀通過程序。

二、1997 年 6 月 18 日修正通過《老人福利法》之特色

（一）明訂經費來源

規定各級政府老人福利之經費來源包括：(1)按年專列之老人福利預算；(2)社會福利基金；(3)私人或團體捐贈。

（二）專賣機構，人員之管理

　　各級政府為提高老人福利專業人員素質，應具備資格（證照），並經常舉辦專業訓練。

（三）多元化之機構服務

　　地方政府應視需要設立並獎助私人設立下列各類老人服務機構：

1. 長期照護機構：以照顧罹患長期慢性疾病且需醫護服務之老人為目的。
2. 養護機構：以照顧生活自理能力缺損且無技術性護理服務需求之老人為目的。
3. 安養機構：以安養自費老人或留養無扶養義務之親屬或扶養義務之親屬無扶養能力之老人為目的。
4. 文康機構：以舉辦老人休閒、康樂、文藝、技藝、進修及聯誼活動為目的。
5. 服務機構：以提供老人日間照顧、臨時照顧、在宅服務、法律諮詢服務等綜合性服務為目的。

（四）機構私人化

　　經許可創辦私立老人福利機構者，應於三個月內辦理財團法人登記。但小型設立且不對外募捐、接受補助或享受租稅減免者，得免辦財團法人登記。

（五）鼓勵三代同堂，崇敬關懷老人

1. 政府直接興建之國民住宅，提供符合國民住宅承租條件，且與

老人同住之三代同堂家庭，給予優先承租之權利。

2. 專案興建適合老人安居之住宅，並採取綜合服務管理方式，專供老人租賃。

3. 鼓勵民間興建適合老人安居之住宅，並採綜合服務管理方式，專供老人租賃。

（六）提供居家照顧服務

1. 居家護理。　　　　　　　　2. 電話問安。

3. 居家照顧。　　　　　　　　4. 餐飲服務。

5. 家務服務。　　　　　　　　6. 居家環境改善。

7. 友善訪視。　　　　　　　　8. 其他相關之居家服務。

（七）加強老人之保護

　　明定依法令或契約而有扶養義務者對老人有遺棄、妨害自由、傷害、身心虐待，留置無生活自理能力之老人獨處於易發生危險或傷害之環境等行為之一者，處以一定之罰鍰。直轄市、縣市政府及老人福利機構得依職權並徵得老人同意或依老人之申請，予以適當短期保護與安置，老人如欲對其直系血親尊親屬提出告訴時，主管機關應協助之。

三、2000 年 5 月 3 日修正通過《老人福利法》之特色

（一）身心受損者之照顧

　　地方政府應予協助使之得到持續性照顧，地方政府應提供或結合民間資源提供居家護理、餐飲服務及其他相關之居家服務等項目。

（二）加強老人精神生活

　　規定有關機關、團體應鼓勵老人參與社會教育等活動，以充實老人精神生活。

（三）保護老人措施

　　對於老人被虐待、遺棄，疏於照料等情事，導致有生命、身體、危難，縣市主管機關及老人福利機構應予協助或安置，並依法追訴。

四、2007 年 1 月 31 日修正通過《老人福利法》之特色及內涵

　　《老人福利法》修正案甫於 2007 年 1 月 12 日經立法院三讀通過，並經總統於 2007 年 1 月 31 日以華總一義字第 09600012871 號令修正公布施行。《老人福利法》初頒於 1980 年，於 1997 年進行第一次全面修正，歷經 10 年後，現行規定已不足以因應未來環境變化所產生之需求，為因應 65 歲以上老年人口已占總人口數 10%以上，伴隨老年人口與日俱增之老人相關需求，其滿足亦成為政府施政之重要課題。為滿足此項老人生活需求，符合聯合國在 1991 年通過之「聯合國老人綱領」（United Nations Principles for Older Persons），該綱領提出的 18 項主張可歸類為五項訴求，包括：獨立（independence）、參與（participation）、照顧（care）、自我實現（self-fulfillment）與尊嚴（dignity），以宣示老人基本權益保障之共同目標。這些主張可說是當代發展老人福利的重要指標，亦為國際老人福利所應追求的共同目標（OHCHR, 2006）。

　　有關老人福利服務之目標，政府與民間亦應積極維護老人尊嚴與自主，形塑友善老人的生活環境，有鑑於此，本次修正通過之《老人福利

法》係以達到促進老年尊嚴，獨立自主生活為主要目的，為因應老人照顧服務之需求多元且複雜，具不可分割性，並納入不少新穎觀念及預防措施，如顧主不得歧視老年員工，政府得代替老人聲請禁治產宣告，以確保財產安全及增設居家式、社區式及機構式服務設施等，讓老人照顧符合「全人照顧、在地老化、多元連續服務」等原則，此一原則亦為英、美、日等先進國家就高齡化社會提供老人福利服務之共同特徵之一（行政院，2006）。

此次《老人福利法》修正要點分析如次（總統府公報，2007）：

1. 釐清主管機關與各目的事業主管機關間及中央主管機關與直轄市、縣（市）主管機關間之權責劃分，明確推動老人福利業務之權責（第3條至第5條）。

2. 主管機關及目的事業主管機關提供老人服務及照顧，應尊重多元文化及地理差異，並由適切之人提供原住民老人服務及照顧（第8條）。

3. 增訂參與主管機關整合、諮詢、協調及推動老人權益及福利相關事宜之相關學者專家、民間代表、老人代表之比例底限，並應確保原住民之發聲管道，俾便政府相關法規之訂定、政策形成及相關業務之推動，能透過制度化管道讓民間參與（第9條）。

4. 增訂主管機關應至少每五年舉辦老人生活狀況調查，出版統計報告，俾確實掌握老人需求與生活狀況，並據以規劃並推動老人福利相關政策（第10條）。

5. 增訂老人財產保護規定，對於心神喪失或精神耗弱不能處理自己事務之老人，法院得因本人、配偶、最近親屬二人、檢察官或主管機關之聲請，宣告禁治產，積極維護老人財產（第13條）。

6. 增訂地方政府應補助對於有接受長期照顧服務必要之失能老人，

不再停留在中低收入戶保障，未來地方政府對失能老人，即無法自理日常生活者，應依老人與其家庭經濟狀況、失能程度予以提供經費補助，並應針對老人需求，提供居家式、社區式或機構式服務（第15條）。

7. 增訂老人照顧服務以全人照顧、在地老化、多元連續服務為規劃辦理原則，俾使老人照顧服務能以在地老化為目標，並滿足需要照顧服務老人之多元化選擇（第16條）。

8. 增訂居家式及社區式服務措施規定，要求直轄市、縣（市）主管機關應推動各項居家式及社區式服務，俾增強家庭照顧老人之意願及能力，提昇老人在社區生活之自主性（第17及18條）。

9. 增訂機構式服務措施規定，老人福利機構應依老人需求提供各項機構式服務，以滿足居住機構之老人多元需求（第19條）。

10. 要求主管機關及各目的事業主管機關應推動各項老人教育措施、各種休閒、體育活動及鼓勵老人參與志願服務，俾充實老人生活，增進心理健康及社會適應（第26條至第28條）。

11. 增訂反就業歧視條文，禁止雇主歧視老人員工（第29條）。

12. 增訂家庭照顧者支持性措施規定，明定直轄市、縣（市）政府應推動臨時或短期喘息照顧服務，與其他有助於提昇家庭照顧者能力及其生活品質之服務，以協助增強老人之家庭照顧者之照顧能量及意願，期使被照顧之老人獲得妥適之照顧，並提昇照顧者及其家庭之生活品質（第31條）。

13. 直轄市、縣（市）主管機關應協助中低收入老人修繕住屋或提供租屋補助，以維持老人居住環境品質（第32條）。

14. 直轄市、縣（市）主管機關應推動設置適合老人安居之住宅，並以小規模、融入社區及多機能之原則規劃辦理（第33條）。

15. 簡化老人福利機構分類，以利溝通與管理（第 34 條）。

16. 增訂老人福利機構應與入住者或其家屬訂定書面契約規定，並規定主管機關應公告規定其定型化契約應記載或不得記載之事項，以確保入住者權益並減少消費糾紛（第 38 條）。

17. 老人福利機構應投保公共意外責任險及具有履行營運之擔保能力，以保障入住老人之權益（第 39 條）。

18. 增訂相關人員執行職務時之通報責任規定，使有保護需求之老人得以及時受到適當的安置及保護（第 43 條）。

19. 增訂依法令或契約有扶養照顧義務而棄置老人於安養等相關機構者視同虐待、遺棄，經通知後無正當理由仍不處理者，罰鍰新台幣 3 萬元以上，15 萬元以下，並公告其姓名（第 51 條）。

20. 增訂過渡時期規定，提供本法修正施行前已許可立案之老人福利機構後續改善及轉型時間（第 53 條）。

（註：《老人福利法》於 2009 年 7 月 8 日修正公布第 13 條、第 14 條及第 55 條條文；並於 2012 年 7 月 26 日立法院三讀修正通過，2012 年 8 月 8 日公布第 25 條條文，詳附錄一）

　　台灣截至 2011 年底，老年人口超過 252 萬 84 人，占總人口的 10.89%，依現行規定，老人搭乘國內公、民營水、陸、空大眾運輸工具，或進入康樂場所及參觀文教設施等，享有半價優惠。立法院臨時會（2012 年 7 月 26 日）三讀通過《老人福利法》第 25 條修正案，明定老人平日參觀中央機關（構）、行政法人經營的文教設施時，也應給予免費優待（詳附錄一）。

五、2010 年 1 月 7 日增訂《民法》第 1118 條之 1、《刑法》第 294 條之 1 的立法理由

法令修訂將傳統「天下無不是的父母」親子關係，父母與子女間的扶養行為，從「絕對義務」改由「相對義務」。《民法親屬篇》新增第 1118 條之 1 的主要內容為：「受扶養權利者有下列情形之一，由負扶養義務者負擔扶養義務顯失公平，負扶養義務者得請求法院減輕或免除其扶養義務：

1. 對負扶養義務者，其配偶或直系血親故意為虐待、重大侮辱或其他身體、精神上之不法侵害行為。

2. 對負扶養義務者無正當理由未盡扶養義務。

受扶養權利者對負扶養義務者有前項各款行為之一，且情節重大者，法院得免除其扶養義務。

前二項規定，受扶養權利者為負扶養義務者之未成年直系血親卑親屬者，不適用之。」

《刑法》新增第 294 條之 1 有關遺棄罪之規定，主要內容為：「對於無自救力之人，依民法親屬篇應扶助、養育或保護，因有下列情形之一，而不為無自救力之人生存所必要之扶助、養育或保護者，不罰：

1. 無自救力之人前為最輕本刑六月以上有期徒刑之罪之行為，而侵害其生命、身體或自由者。

2. 無自救力之人前對其為第 227 條第 3 項、第 228 條第 2 項、第 231 條第 1 項、第 286 條之行為或人口販運防制法第 32 條、第 33 條之行為者。

3. 無自救力之人前侵害其生命、身體、自由，而故意犯前二款以外之罪，經判處逾六月有期徒刑確定者。

4.無自救力之人前對其無正當理由未盡扶養義務持續逾二年，且情節重大者。」

綜觀條文增訂後，扶養義務顛覆了傳統的價值觀，對於曾經遭受家暴、性侵或遺棄之子女，成年後得請求法院減輕甚至免除其對父母親的扶養義務。法院應就顯失公平或情節重大之情形，斟酌扶養本質，並兼顧受扶養權利者及負扶養義務者之權，依具體個案彈性調整減輕或免除扶養義務。

修法團體了解曾為加害人的父母年老時之照顧需求與基本福利權，然曾受家暴或家內性侵子女的內在創傷復原不易，對於施暴者難以擔負起扶養之責。被排除無力自我照顧者，應由國家啟動照顧其基本福利權，以落實「老有所終」的基本權益。

六、養護（長期照護）定型化契約應記載及不得記載事項草案概述

高齡化社會來臨，為了讓老人養護更周全，最新的養護（長期照護）相關法規除規定老人機構要公開菜單及收費標準，對老人的約束行為也得經由專業檢定及家屬同意；被家屬遺棄的老人，養護機構則得負起通報社政單位的責任。

由於過去曾傳出有安養機構讓老人吃餿食或過期食物，且收費狀況另立名目，甚至逢年過節會要求加收費用；新的規範要求機構必須公開收費標準及菜單內容，包括如何收取保證金、膳食費、照顧費等收費標準及菜單內容等資訊。

一旦老人出現失智或跌倒之虞，相關規定也要求，機構針對常有跌倒而有安全顧慮、傷害自己或他人之行為，必須先徵求家屬同意，並經醫師或護理人員評估有約束之必要，再依約束相關準則使用適當的約束

品。

　　針對陸續傳出有老人遭遺棄事件，養護措施契約終止後，如受照顧者有被親屬或扶養義務人虐待、遺棄，或因為無人扶養，導致有生命身體危難或生活陷入困難，機構必須先通報地方政府給予適當安置，在地方政府未適當安置前，機構必須繼續照顧，並由政府先墊支費用，再向家屬求償。

七、相關問題之探討

（一）「團體家屋」概念推動

　　此次審議《老人福利法》修正案時，有部分立委提議將日本實行頗具成效之「團體家屋」（group home）予以納入，並獲部分學者支持，建議在「社區式服務」條文中予以規範，雖未獲三讀通過，但通過附帶決議，要求內政部於《老人福利法》通過修正案後，試辦團體家屋服務設施，並於一年內專案報告試辦成果與效益，做為未來修法之參考。

　　「團體家屋」為針對痴呆症老人的小規模收容機構，是目前日本失智症老人照護的主要型態。團體家屋於 1985 年創始於瑞典，目前，對於失智症老人等重度需照護者之照顧方式，其已成為世界性趨勢。日本於 1997 年成為政策性課題，1997 年制度化（莊秀美，2004：355）。

　　團體家屋是由 5 至 9 位失智症老人住在一般的家庭或公寓內，由多位照顧人員提供其日常生活照顧、必要性照顧、治療及訓練等，營造一種「非機構」式之景象，老人猶如生活在自己家裡似的。基本上，團體家屋的基本設定為少數老人在專屬人員的照顧下，過著團體生活的方式，其基本要件包括：住慣的地方、熟悉的人際關係及環境、自我能力之發揮，因應個人化的照顧、個人空間的保留等（莊秀美，2005：82）。

　　根據日本總務省 2006 年 6 月 30 日公布的「2005 年國情調查快報」顯示，日本已成為全球少子化、高齡化速度最快的國家，其老年人口（65 歲以上）比例已攀升至 21%，取代了義大利，成為世界「最老國」（自由時報，2006a）。隨著人口之高齡化，失智症老人人口亦隨之增加，依日本厚生勞動省之推估，至 2025 年其失智症老人人口將可能達到 270 萬人，成長率超過二倍。由於照顧問題產生的家庭糾紛不斷，日本的家庭照顧能力日趨困頓，已成為日本老人服務政策之重要問題。以至近年極力推動「團體家屋」，已成為照護失智症老人的主要照顧服務機構型態。日本團體家屋之成長速度頗為驚人，截至 2003 年 12 月止之統計，日本全國的團體家屋數已達到 4,237 家，至 2004 年 6 月止，更高達 5,426 家，企業不斷投入團體家屋之設置，所占比例不斷增加，其後續發展值得關注（莊秀美，2005：78）。

　　基上因素，除了說明日本因失智症人口增加帶領市場之需求外，包括照護理念、各項模式在內的團體家屋相關訊息亦引起各界好奇，國內從事老人服務事業者亦表達高度興趣並到日本參訪發展狀況，產官學界咸表高度關心。《老人福利法》修正時有部分立委建議，九人以下之老人安養、養護或長期照護機構，不受內政部所訂相關機構設立標準之限制，以落實老人照護社區化目標。

　　內政部為符合立法院第 6 屆第 4 會期第 16 次會議修正通過《老人福利法》之附帶決議，於日前訂定失智症老人團體家屋試辦計畫，其目標為：(1)提供失智症老人一種小規模、生活環境家庭化及照顧服務個別化的服務模式，滿足失智症老人之多元照顧服務需求，並提高其自主能力與生活品質；(2)延伸失智症日間照顧服務的功能，建構機構與居家以外之照顧服務模式，並發展適合我國本土化失智症老人團體家屋模式與經驗；(3)評估全面推廣失智症老人團體家屋照顧模式之成效與可行性，並

提出具體政策規劃或修正老人福利等相關法規之建議。預期效益為：(1)
結合老人福利機構或民間團體試辦團體家屋，提供失智症老人優質的生
活環境與照顧服務，促進老人自立與尊嚴，並減輕家庭照顧負擔；(2)宣
導、推廣團體家屋之理念與服務模式，以符合失智症老人多元的照顧需
求；(3)建立團體家屋照顧服務模式，提供政府相關部門推動失智症老人
照顧相關政策參考與修正老人福利等相關法規之建議。

（二）延後退休年齡

　　歐洲委員會與經濟合作暨發展組織最近提出警告，高齡化社會最需
要的就是勞動人口，各會員國未來的繁榮，繫於能否有效利用老年人口。

　　芬蘭退休年齡延後經濟更趨繁榮，歐洲富國檢視提早退休舊有觀
念，許多企業不再排斥年長勞工。1990 年初，芬蘭出現經濟衰退，60 至
64 歲的人只有兩成仍在工作，之後芬蘭政府針對工作至 68 歲之勞工推
出「紅利年金」，使他們有繼續工作納稅的動機。在政府全力推動下，
60 至 64 歲的芬蘭人就學率增加一倍，相對降低退休金開支，增加稅收，
經濟成長也更快速（新聞週刊，2006）。是以，對於就業年齡之歧視，
其立法意旨並非鼓勵老人退休後再就業，而是針對已在勞動市場中的老
人，不因年齡受到歧視，雇主不得有「性傾向」、「出生地」、「年
齡」之反歧視就業條款，除非雇主能證明某些職務一定要特定年齡者才
能勝任，否則應不准以年齡為考量。延後退休，可以降低依賴人口，更
能補充勞動力，減少勞動人口日漸下滑的人力缺乏問題，大家共同努力
以確保老人得以獲得適當的需求滿足，並創造一個「不分年齡，人人共
享的社會」（A Society for All Ages）。

（三）子女扶養父母維持「生活保持義務」

　　子女有扶養父母之義務，亦即，子女環境不好，賺錢少，仍須扶養父母，受扶養權利者，以不能維持生活而無謀生能力者為限，但此種限制，不適用於直系血親尊親屬（《民法》第 1117 條），以宏揚孝道。事實上《民法》對於扶養權利及扶養義務都有明確規定，雖然《民法》與《刑法》對於老人扶養皆有規定，但其實際效果難以達成，刑罰或可嚇阻，但因司法程序之嚴謹及證據舉證困難，對於預防效果有限。由於老人被遺棄、虐待、疏忽，失業情形難以被社會所重視，因此，只靠《民法》、《刑法》和傳統的司法體系改善老人的晚年遭遇是不切實際的，徒法不足以自行。彼岸之中共將老人的權益在其憲法位階中制定：「成年子女有贍養扶助父母的義務」、「禁止虐待老人……」等規定（中華人民共和國 1992 年《憲法》第 49 條），足見其對老人人權之重視，未來足供修法之參考。

（四）反年齡歧視條款

　　隨著高齡化社會來臨及平均餘年延長，老人持續於職場工作之情況日趨普遍，為避免老人因年齡因素受到雇主歧視，特別增列「雇主對於老人員工，不得予以就業歧視」之規定，俾以宣示國家重視老人人權，符合先進國家禁止各項就業歧視之立法趨勢（表 3-1）。但本次修法惜未訂定罰則，稍嫌不足。為了不讓年齡成為工作障礙，甫於 2007 年 7 月修正通過之《就業服務法》雖有「反年齡歧視」條款及罰則，但是經驗顯示，大多數訂有該條款之國家，無心僱用老人之企業，仍採用一些手段達到排除不願聘用的人，因此，具體施行效果仍然有限，政府對高齡化社會勞動人口之規劃與運用，仍須有前瞻性的政策配合。

表 3-1　先進國家就業年齡保障

國家	保障內容	備註
美　國	對於 40 歲以上勞工，20 人以上企業僱主不得因年齡拒僱或解僱。	
德　國	僱主解僱 58 歲以上勞工，須支付等同員工六個月薪資罰款。	
瑞　典	提供 45 歲以上勞工在職訓練，協助 60 至 70 歲勞工就業。	老人可領取九成房屋津貼、住安養院免費。
奧地利	保護 50 歲以上工作滿 6 個月勞工，僱主若一次解僱 5 名 50 歲以上勞工，須先向政府通報。	
比利時	招聘員工時不得定年齡上限	

資料來源：自行整理。

　　日本自從 1971 年通過高齡就業相關的法律後，在各地成立銀髮人才中心，提供公共設施維護、打掃、手工藝教學等服務，每年營業額高達 3000 億日幣。此外，為了讓中高齡者可以在原職工作，也規定老人於原職服務時，原薪資的八成由企業支出，政府補助另外三成。有些國家則採用漸進退休方式，讓中高齡者從全職工作，轉成半職、計時的工作，最後才退休，但台灣的勞基法規定退休金參考退休前三年的薪資水準，因此沒有人願意先轉半職（自由時報，2006b）。

第二節　老人福利機構相關規定

一、《老人福利機構設立標準》

《老人福利機構設立標準》修正條文總說明（內政府社會司，

2007）

　　根據 2007 年 7 月底統計顯示，我國 65 歲以上老年人口達 2,312,359
人，占總人口數 10.09%，依據 2000 年行政院主計處人口普查指出，台
閩地區失能老人占老人人口數 9.7%，以 2006 年 8 月底老人人口數推估
失能老人人數約 218,912 人；另依衛生署科技顧問會議決議共識，有機
構照顧需求者為 30%的失能老人，以此推估需要機構照顧的老人為 63,674
人。雖然絕大多數老人希望與自己的家人同住，但仍有部分老人必須依
賴老人福利機構的照顧。因此，如何增進機構照顧服務功能，提昇專業
品質，讓民衆安心將自己的長輩送到機構托顧，使受照顧的長者受到有
尊嚴的對待等，均為重要課題。

　　截至 2006 年 8 月底止，全國計有 925 家老人安養、養護及長期照護
機構，其中安養機構 44 家，養護機構 851 家，長期照護機構 30 家。隨
著高齡化社會之快速變遷趨勢，機構式照顧更形重要，此一服務模式整
合家庭、民間機構、團體及政府的力量，為老人提供完善的安養、養護
及長期照護等福利服務措施，以補充家庭照顧功能之不足。

　　目前規範老人福利機構建築物面積、人員配置及相關之設施設備之
法規，分屬《老人福利機構設立標準》及《老人長期照護機構設立標準
及許可辦法》，其中《老人福利機構設立標準》於 1981 年 11 月 30 日公
布施行，雖配合 1997 年《老人福利法》之全面修法，於 1998 年 6 月 17
日修正發布，惟迄今已逾 8 年；另《老人長期照護機構設立標準及許可
辦法》於 1998 年 12 月 20 日發布迄今亦已近 8 年，隨著社會環境變遷快
速，已修正為《私立老人福利機構設立許可及管理辦法》。

　　依據行政院災害防救委員會 2005 年《公共安全管理白皮書》實施
計畫中，老人及身心障礙社會福利機構安全管理之策略與措施，其中實

施策略有三：規劃服務與收容人數管理對策，內政部應執行之措施與設立標準有關者為：檢討老人及身心障礙社會福利機構服務人員之人員資格認定及比例人數標準，並應區分日、夜間狀況分別檢討收容人數之管理配套措施。

爰此，為配合《老人福利法》之修正，本次修法主要是以整併內政部主管之《老人福利機構設立標準》及《老人長期照護機構設立標準及許可辦法》，以簡化法規為執行策略外，並依照《公共安全管理白皮書》實施計畫內容，檢討機構人力配置狀況，增列夜間照顧服務員應置人力比例，以及失智照顧型機構應採單元照顧模式，每一單元服務人數以 6 至 12 人為原則，以保障進住機構老人之生命安全。

《老人福利機構設立標準》修正條文包括：總則、長期照顧機構、安養機構、其他老人福利機構、附則等 5 章，合計 38 條，較現行條文 29 條增加 9 條。其修正重點如次（註：修正條文詳附錄三）：

1. 總則部分係將各類機構共同標準條列，其中第 2 條為老人福利機構之分類為三：(1)長期照顧機構；(2)安養機構；(3)其他老人福利機構。而長期照顧機構又區分為：(1)長期照護型；(2)養護型；(3)失智照顧型（第 2 條）。

2. 第 3 條係有關老人福利機構建築物之設計、構造與設備；消防安全設備、防火管理、防焰物品等消防安全事項；機構用地；用水供應及環境衛生應符合之規範。修正重點包括：建築物之設計、構造與設備應具無障礙設施及設備；用水供應應充足，飲用水並應符合飲用水水質標準；應維持環境整潔與衛生，並應有妨害衛生之病媒及孳生源防治之適當措施（第 3 條）。

3. 第 4 條係有關老人福利機構內部空間設計之規範，修正重點包括：在寢室部分，為避免院民互相干擾及保有個人空間，加強

維持院民隱私，增訂每床床邊與鄰床或牆壁之距離至少 80 公分、明確規範二人以上之寢室，每床應設置隔簾、寢室間之隔間高度應與天花板密接、住民應可從走廊直接進入寢室，而不須經過其他寢室；衛浴設備增列照顧區，應配置緊急呼叫系統，並應有為臥床或乘坐輪椅老人特殊設計並適合其使用之衛浴設備；增列廚房應配置食物加熱設備；增列浴廁、走道、公共電話等公共設施，應有對身心障礙者或行動不便老人之特殊設計；增列應有被褥、床單存放櫃與用品雜物、輪椅等之儲藏空間及設備（第 4 條）。

4. 為落實在地老化、小型化、社區化精神，修正各級政府設立及辦理財團法人登記之老人福利機構收容人數上限為 200 人以下，以保障進住機構老人之生命安全（第 7 條）。

5. 增訂老人長期照顧及安養機構應配置之各類專業人員、工作內容及任用方式，釐清各類專業人員業務責任及範圍（第 8 條）。

6. 為配合未來機構簡併計畫之一致性，增加機構入住老人活動空間，參照養護機構樓地板面積之規定，修正長期照護型機構平均每位老人應有 16.5 平方公尺以上（第 9 條）。

7. 隨著社會經濟環境改變，高齡者對福利品質的要求逐漸提高，每一寢室設 8 床實不符人性化，修正長期照護型機構及養護型機構每一寢室最多設 6 床（第 10 條、第 15 條、第 17 條）。

8. 為提昇機構社工及照顧服務專業品質，修正社會工作人員人力及照顧服務員配置比例（第 11 條、第 16 條、第 24 條）。

9. 增列照顧服務員夜間人力配置比例，並規定夜間應置人力應有本國籍員工執勤（第 11 條、第 16 條、第 18 條、第 24 條、第 27 條）。

10. 為鼓勵養護及安養老人自立、延緩退化，須有較寬敞活動空間，增列養護機構院民日常活動場所平均每人應有 4 平方公尺以上，安養機構平均每人應有 6 平方公尺以上（第 15 條、第 26 條）。

11. 增列失智照顧型機構應採單元照顧模式，服務人數以 6 至 12 人為原則（第 22 條）。

12. 為落實「連續性照顧」及「在地老化」之精神，輔導業者多元化經營，並利地方政府之審核，明確定出綜合辦理之相關條件與限制（第 34 條）。

　　《老人福利機構設立標準》修正條文已由內政部、衛生署於 2007 年 7 月 30 日會銜發布，立意俱屬正確，惟據部分業者認為將加重經營成本，收費勢必增加，對弱勢老人未必獲益，新標準實施後，一個床位每月要增加 5 千至 8 千元，將反應到收費上。但若加以分析，除原有日間照顧人力配置比例，並增列不同機構之夜間照顧人力比，同時要求應有本國籍員工值勤，若照顧失智老人則禁用外籍看護，以及要求長期照顧及養護型機構，每一寢室從目前最多設 8 床，調整為 6 床，而失智照顧一寢室一人等各項措施，實有助於老人照顧服務。政府對於部分業者之疑慮，似應輔導業者邁向在地化、小型化、社區化之多元化經營，以落實連續性照顧之精神，避免這些老人機構步入貴族化、高價化，讓真正需要的弱勢老人無法獲得照顧。

二、 《私立老人福利機構設立許可及管理辦法》

《老人福利機構設立許可辦法》修正總說明（內政部社會司，2007）

　　《老人福利機構設立許可辦法》（以下簡稱本辦法）於 1998 年 11

月 25 日發布施行，已歷 8 年餘，適逢《老人福利法》奉總統 2007 年 1 月 31 日華總一義字第 09600012871 號令修正公布，爰配合檢討修正。依該法第 36 條第 4 項規定：私人或團體設立老人福利機構申請設立之許可要件、申請程序、審核期限、撤銷與廢止許可、自行停業與歇業、擴充與遷移、督導管理及其他相關事項之辦法，由中央主管機關定之。爰修正本辦法名稱為《私立老人福利機構設立許可及管理辦法》，並修正條文共計 27 條，修正要點如次（註：修正條文詳附錄四）：

1. 私立老人福利機構之設立地點跨越直轄市、縣（市）行政區域時，由受理申請之直轄市、縣（市）政府為主管機關（第 2 條）。

2. 私人或團體申請私立老人福利機構設立或籌設之資格及應備文件（第 3 條、第 5 條至第 7 條）。

3. 直轄市、縣（市）主管機關審核私立老人福利機構設立許可、籌設許可申請案件之期限及駁回事由（第 8 條至第 10 條）。

4. 私立老人福利機構經直轄市、縣（市）主管機關許可設立前，不得以機構籌備處或其他任何名義對外洽辦各項事務（第 11 條）。

5. 私立老人福利機構設立許可證書應載明之事項、應於明顯處所揭示、申請補發或換發等規定（第 12 條）。

6. 私立老人福利機構營運方式、申請縮減、擴充業務規模、遷移、變更及停業、復業、歇業或解散等規定（第 13 條至第 17 條）。

7. 私立老人福利機構撤銷、廢止設立許可或籌設許可之事由規定，財團法人機構經撤銷、廢止設立許可處分者，主管機關應通知法院（第 18 條、第 19 條）。

8. 私立老人福利機構年度應報主管機關備查書類及期限（第 20 條）。

9. 法人附設之老人福利機構，其財務、會計及人事，均應獨立；董事、監察人、理事或監事，均不得兼任法人或團體所設立或

附設機構之專業人員或行政人員（第 21 條）。

10. 私立老人福利機構年度決算金額在新臺幣三千萬元以上者，應建立會計簽證機制及採行之會計制度（第 22 條）。

11. 主管機關為瞭解私立老人福利機構之狀況，得隨時通知其提出業務及財務報告，有缺失者，主管機關應糾正並通知限期改善（第 23 條、第 24 條）。

12. 主管機關以外之機關、公立機構或公立學校申請附設老人福利機構者，準用本辦法規定辦理（第 26 條）。

（註：本辦法於 2009 年 11 月 20 日內授中字第 0980716098 號令修正發布第 3 條、第 27 條條文，詳附錄四）

三、《老人福利服務專業人員資格及訓練辦法》

甫於 2007 年 1 月 31 日修正公布之《老人福利法》第 20 條第 2 項規定：「前項服務之提供，於一定項目，應由專業人員為之；其一定項目、專業人員之訓練、資格取得及其他應遵行事項之辦法，由中央主管機關定之。」為因應我國高齡化社會之人口結構變遷所可能產生之老人福利相關需求，提昇居家式、社區式及機構式服務品質，爰訂定《老人福利服務專業人員資格及訓練辦法》，本辦法條文計 13 條，其要點如下（內政部社會司，2007）（註：條文詳附錄七）：

1. 本辦法之法源依據（第 1 條）。
2. 本辦法所規範之專業人員類別（第 2 條）。
3. 社會工作人員應具備之資格（第 3 條）。
4. 照顧服務員應具備之資格（第 4 條）。
5. 居家服務督導員應具備之資格（第 5 條）。
6. 護理人員應具備之資格（第 6 條）。

7. 老人長期照顧養護型及失智照顧型機構及安養機構院長（主任）應具備之資格（第 7 條、第 8 條）。

8. 老人長期照顧長期照護型機構院長（主任）應具備之資格（第 9 條）。

9. 公立老人福利機構專業人員遴任規定（第 10 條）。

10. 應接受在職訓練之專業人員類別、在職訓練辦理方式（第 11 條）。

11. 老人福利機構已置之人員未符本辦法所訂資格者，應自本辦法施行之日起三年內依規定取得資格（第 12 條）。

有鑑於家暴、逆倫血案悲劇頻傳，社工團體日前向考試院陳情，促請地方政府提高編制內社工人員進用比率，落實社福工作。考試院長大膽提出「村里幹事出缺社工遞補」的構想，但內政部長李逸洋反對此項建議，認為村里幹事與社工的專業不同，不能由社工人員遞補（中國時報，2007）。在此呼籲國人共同關心社會變遷下的弱勢族群，尤以老人為最，善用社工人力，推動福利服務，避免連鎖性的社會悲劇。

四、中低收入老人生活津貼發給辦法

依據《老人福利法》第 12 條第 3 項規定於 2011 年 12 月 27 日內授中社字第 1000716045 號令修正發布第 5 條、第 6 條、第 14 條條文，發給中低收入老人特別照顧津貼，以彌補因照顧家中老人而喪失經濟的來源，以保障老人經濟生活安全。

五、加強老人安養服務方案

行政院於 1989 年通過，採取更多元的服務途徑；因應老人問題，2005 年 8 月 31 日又再次核定此一方案，其目標為：加強老人生活照顧、維護老人身心健康、保障老人經濟安全、促進老人社會參與。

八大實施要項為：(1)長期照顧與家庭支持；(2)保健與醫療照顧服務；(3)津貼與保險；(4)老人保護網絡體系；(5)無障礙生活環境與住宅；(6)社會參與；(7)專業人力及訓練；(8)教育及宣導。以建構符合社會背景，世界潮流，締造健康、尊嚴、安全與快樂之新世紀的老人福利政策，落實政府照顧老人的目標。

第三節　檢討及未來展望

目前國內有媒體大篇幅報導「台灣的老人長期照顧體系面臨崩盤」，並引述數據，指出台灣社會因為老人化快速，行動不便需要長期照顧的老人日漸增加，但是看護工的人數遠比不上需求，「有錢也請不到」，以致政府大力推動的老人長期照顧體系正面臨「崩盤」。

但隔日，卻見到內政部出面否認此一「崩盤」的說法，內政部指出，今年度該部共編列新台幣五億多元預算，投入居家服務計畫，服務人員已達 4,000 餘人，服務的對象 17,000 多人，較去年成長 10%。

對於內政部過去在老年人口政策方面的努力，在各縣市陸續推動老年人口居家服務計畫，讓許多行動不便的老人或有需要的家庭得到妥善的照顧、協助與服務。但是，台灣人口快速老化，遠超出各方所預料，以致政策、計畫遠遠跟不上老年人口增長的速度，在歐美國家，老年人口占總人口數的比率，從 10%擴增到 20%，大約需要 40 至 60 年；但台灣以目前的增長速度推估，大概只要 20 年即達到 20%的標準，也就是所謂「超高齡的老年社會」，倘若缺乏非常完善的老人福利措施、照顧及醫療體系做為後盾，這樣的國家或社會，則是毫無競爭力的。

日本，是突破 20%的超高齡老人社會的國家，但是日本早在 16 年前即開始推動一個「黃金十年計畫」；陸續制定如高齡者保健福祉戰略

計畫，引進外勞看護等措施，前五年每年投入 9 兆日幣（以台灣和日本的生活水準換算，大約要台幣 120 億），在鄉鎮市村等普設養老院和看護服務等設施，同時，也在全國各地普設社會福祉大學、短期大學和專校職校，專門培養從事看護及社會福祉工作的人才，而此類人才必須學習專門知識和技術，具備幫助身心障礙者，或無法自行生活者入浴、飲食、排洩的能力，在專校畢業或通過考試之後，才能取得「介護福祉士」的國家資格。日本也是一個長壽的民族，但是他們的老人家都活得很快樂，也很有尊嚴（新生報，2006）。

未來我國老人福利之發展，茲列舉如下（經濟部，2006）。

（一）建構完善的老人長期照顧體系

儘速建立穩健長期照顧財務制度，並建構一個符合多元化、社區化（普及化）、非營利化、優質化，可負擔及兼顧性別、城鄉、族群文化、就業經濟、健康條件差異之老人長期照顧政策。

（二）建構完善老人健康照顧體系

1. 教育體系應將老人學與老人醫學列入必修課程。
2. 發展並整合老人多重疾病之就醫服務，普設老人專門科門診，以滿足老人醫療需求。
3. 強化老人心理健康教育與宣導。
4. 加強老人健康促進與預防保健措施，強化復健服務功能，以降低失能發生率，並積極規劃延緩身心障礙者提早老化之措施。

（三）建立支持家庭照顧者體系

1. 提供普及化、彈性化的居家式、機構式喘息服務。

2. 提供家庭照顧者教育訓練及支持團體，並提供托老服務，以利家庭照顧者參與。

3. 政府應發放家庭照顧者津貼，以維護家庭照顧者尊嚴。

（四）結合民間資源提供長期照顧服務

1. 明定提供者資格要件、服務準則及相關管理制度，以確保服務品質。

2. 制定有效策略結合民間資源，提供長期照顧服務。

（五）建立友善的老人居住環境

1. 積極維護老人尊嚴與自主，形塑友善老人的居住與生活環境，豐富老年生命。

2. 落實全面無障礙環境，以促進老人社會參與。

3. 整合住宅與福利措施，提供多元居住型態，滿足優質住宅需求。

（六）保障老人經濟安全

1. 訂定政策保障老人經濟安全。

2. 建立老人財產保護機制，並加強辦理防騙措施。

（七）促進高齡動力運用

研擬促進高齡就業延後退休年齡策略。

（八）培育長期照顧人力

規劃長期照顧服務人力的培育與運用策略。

（九）推動因應人口高齡化之相關研究與政策規劃

國家應進行各項因應人口高齡化之規劃、設計與研究，並強化研究與政策之整合。

（十）反就業年齡歧視法案

美國最早在 1967 年通過，並且在 1977 年 1 月 1 日修訂反就業年齡歧視法案（Age Discrimination Employment ACT, ADEA）。在 1967 年的版本中，主要重點在於反對以 40 至 65 歲間的員工有任何年齡歧視，因而定義出年老員工是指 40 歲以上者而言。而 1977 年的修訂版則是將任何非聯邦僱主強迫員工在 70 歲之前退休者視為非法。自此之後，70 歲下限已完全從聯邦法律中刪除，此一法案代表有關年老工人，全國性政策的重要一步（Kingson, 1982）。

我國在《老人福利法》中雖有增訂反就業年齡歧視條文，與《身心障礙者權益保障法》訂有歧視罰則，但《老人福利法》卻未明定違反者處罰之規定，相較於美國之重罰、奧地利須先向政府通報、德國須支付等同員工 6 個月的薪資罰款、瑞典協助 60 至 70 歲勞工就業、比利時招募員工時不得定年齡之上限等明確規定，尤具參考價值。

面對高齡化社會，世界先進各國都有一套因應的人力資源政策，普遍的方法是延長退休年齡或補助資深工作人員，企業也配合政策，採取彈性工作時間、減輕工作量、釋放兼職及工作分享機會，使年老者能適應工作，可重新投入生產線，台灣目前平均退休年齡已降至 55 歲以下，政府對這些擁有經驗及智慧者，未予有效留置卻任由流失，對個人、社會及國家而言，都是重大損失，亟需政府具有前瞻性的規劃與運用。

老人服務事業
經營與管理

摘要

　　近年來，由於醫藥科學的日益進步，公共衛生設施及國民營養的日漸改善，以及生活品質的不斷提昇，國民平均餘命已逐年提高，造成老年人口持續增加，加上生育率持續下降，導致台灣地區人口快速老化。未來台灣地區人口結構中老年人口的總數及所占比率將大幅提昇，邁入高齡化社會已無法避免，尤其台灣老年人口從 10%上升至 20%只需 21 年的時間，人口老化從高齡化社會轉型為高齡社會在日本短短 24 年就完成轉型，芬蘭 48 年、德國 54 年、丹麥 61 年、瑞典 85 年，在法國則需 114 年，相較之下，台灣人口老化之快速，令人憂心，「法與時轉則治」的老人政策是否能結合時代脈動，制訂適宜的老人法規，極待國人的期待與共同努力。

問題習作

1. 《老人福利法》最早是在何時立法？
2. 《老人福利法》所稱之老人定義為何？
3. 老人福利機構涵蓋有哪些？
4. 老人被遺棄或虐待時，機構人員應如何處理？
5. 延長退休年齡之利弊為何？

名詞解釋

高齡化社會	平均餘命	老人安養體系
家庭奉養制度	人力資源	在地老化

參考文獻

一、中文部分

中華人民共和國常用法律大全（1992）。北京法律出版社。

中國時報（2007，8 月 3 日）。社工當村里幹事內政部反對。A4 版。

內政部（2002）。老人福利法規暨相關法規彙編。台北市：內政部。

內政部（2005）。人口政策資料彙集。台北市：內政部人口委員會。

內政部社會司（2007）。參考 http://sowf.moi.gov.tw/04/02/02.htm

民生報（2006，10 月 11 日）。明年台灣老人首破 10%，經建會發警訊：避免
　　「又老又窮」應趁早規劃退休機制。頭版。

自由時報（2006a，7 月 1 日）。日高齡化速度世界第一。A10 版。

自山時報（2006b，7 月 8 日）。退休年齡下降，政府財政吃不消。A7 版。

行政院（2006）。2006 年 6 月 12 日院台內字第 0950087618 號函送立法院老人
　　福利法修正草案總說明。

行政院研究發展考核委員會（1994）。我國《老人福利法》執行之評估。台北
　　市：行政院。

莊秀美（2004）。長期照護的新趨勢——日本的「小團體單位照護」。社區發
　　展季刊，106，355

莊秀美（2005）。「團體家屋」模式運用於失智症老人照顧服務推動之探討。
　　東吳社會工作學報，12，82。

黃旐濤等著（2006）。社會福利概論——以老人福利為導向。台北市：心理。

新生報（2006，8 月 13 日）。面對「老人災難」政府防備做得還不夠。社論。

新聞週刊（2006）。新老年世代。125，90。

經濟部（2006）。人口結構變遷對經濟發展之影響。台北市：經濟部研究發展
委員會。

總統府公報（2007）。6729，2-19。

二、英文部分

Kingson, E. R. (1982). Current retirement trends. In M. H. Morrison (Ed.), *Economics of aging: The future of retirement.* New York: Van Nostrand Reinhold.

OHCHR (Office of the United Nations High Commissioner for Human Rights) (2006). United Nations Principles for Older Persons. Retrieved from http://www.ohchr. org/english/law/olderpersons.htm

第四章

老人服務機構的籌設

賴添福

學習目標 ▶▶

研讀本章內容後，學習者應能：

一、瞭解社政、衛政不同體系之申請設立程序。

二、瞭解經費補助內容及條件。

三、瞭解機構籌設前應注意事項。

老人服務事業
經營與管理

👴 第一節　前言

　　目前老人服務機構之目的主管機關可分為衛政及社政兩大區塊。其中，護理之家目的事業主管機關為衛政單位（中央為衛生署，地方為衛生局）；而長照中心、養護中心、安養中心、福利服務中心，則是社政單位（中央為內政部，地方為社會局）所管。如以屬性區分，則分為法人機關及非法人單位，亦即，以基金會附設（如：XX 基金會附設 XX 老人養護中心），或單一目的事業之財團法人（如：苗栗縣私立 XX 老人長照中心），及非財團法人附設（如：XX 醫院附設 XX 護理之家），或 49 床以下之小型機構（如：XX 老人養護中心）。

　　由此可知，主管機關隸屬政府兩大部門，又涉及財團法人及非財團法人屬性，甚至早期台北市又有小型財團法人（未滿 50 床）機構，可謂相當複雜。在主管單位尚未整合前，要籌設一老人服務機構，在準備工作之前要先有基本之認知，對往後機構之營運方向，也要有相當之定位，如此著手才能事半功倍。

　　另外，機構設立除了目的事業主管機關外，也涉及其他相關業務部份，如：土地變更與地政、農政、環境、衛生等單位皆相關，而房舍之硬體興建又須經建管及消防等單位審核通過。因此，除了要有縱向之經營管理的專業能力外，亦須橫向之其他領域配合方能完成。本章將依機構屬性（財團法人及非財團法人）或體系（社政養護單位、衛政護理之家），甚至條件（5 床至 49 床之小型機構）之不同，就其不同之籌設逐一介紹。

第二節　社政體系老人服務機構申設流程

一、流程

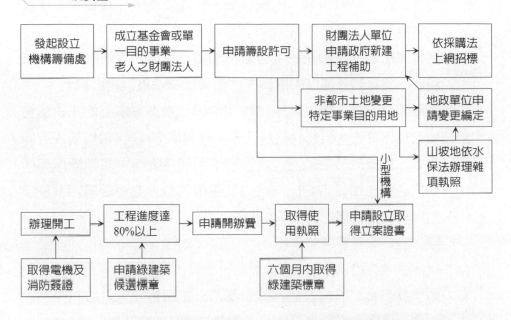

二、申請設立（應準備資料一式 8 份）

1. 申請書載明下列事項：

(1) 名稱及地址。

(2) 組織性質及管理計畫。

(3) 經費來源及預算。

(4) 業務性質及規模。

(5) 創辦人姓名、地址及履歷。

2. 設立籌備會議紀錄影本（免辦財團法人登記之小型老人服務機構者免附）。

3. 設立（或擴充）計畫書：含機構名稱、建築地址、設置業務性質、設立規模、基地面積、樓地板面積、服務項目、收費標準、服務契約、組織架構、人員編制、設立進度、經費概算、年度預算書及預定開業日期。

4. 建築物位置圖及其概況：含建築物使用執照、無妨礙都市計畫證明、建築物各樓層平面圖，並附隔間面積及其用途說明。

5. 產權證明文件：含土地或建築物登記簿謄本。如土地或建築物所有權非屬老人服務機構所有者，應檢附 20 年之租約或使用同意書，並應經法院公證。其檢附使用同意書者，並應辦理相同期限之地上權設定登記（租約或使用同意書之期限規定，於小型老人服務機構得為 5 年以上）。

6. 投保公共意外責任險契約。

7. 履行營運之擔保證明資料影本。

8. 如係基金會附設或其他相關財團法人申請附設，應檢附該法人之主管機關同意函及其他相關證明文件：

   (1) 法人登記證書影本。

   (2) 法人之目的事業主管機關核准附設老人服務機構函影本。

   (3) 老人捐助章程影本。

   (4) 董事名冊。

   (5) 法人財產清冊。

三、非都市土地申請變更作為特定目的事業社會福利用地，應依該計畫之審查作業要點辦理

檢具資料一式十份，向土地所在地之縣（市）政府提出申請：

1. 興辦社會福利事業計畫。

2. 非都市土地使用清冊。

3. 變更編定使用同意書（應註明同意作為變更以後用途之使用，申請人為土地所有權人時免附）。

4. 土地登記（簿）謄本（以最近三個月內核發者為憑）。

5. 地籍圖謄本（申請變更範圍以著色標明）。

6. 計畫用地配置圖及位置圖（配置圖不得小於一千二百分之一，位置圖不得小於五千分之一，均著色標示）。

7. 如屬於山坡地範圍內土地，應檢附水土保持計畫。

四、申請基金會或單一目的事業、財團法人──老人長照或養護中心立案流程表

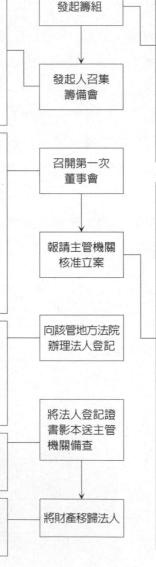

發起籌組

1. 會議一週前函邀主管機關列席指導。
2. 推選臨時主席。
3. 討論事項：
   (1)擬訂捐助章程。
   (2)遴選董（監）事。
   (3)法人登記未准前之基金（財產）管理。
   (4)研擬辦事細則。

發起人召集籌備會

1. 設立基金最低數額：
   (1)全國性：設立基金最低數額為貳仟萬元。
   (2)縣市級：設立基金最低數額為壹仟萬元。
2. 服務範圍跨省市者，屬全國性，向內政部申請。
   未跨縣市者屬縣（市）級，向該縣（市）政府申請。

召開第一次董事會

1. 會議一週前函邀主管機關列席指導。
2. 議程（討論事項）：
   (1)選舉常務董（監）事、董事長。
   (2)議決辦事細則。
   (3)議決概況表、財產清冊。
   (4)議決年度業務計畫及預算。
   (5)遴聘會務工作人員。

報請主管機關核准立案

檢具：
1. 申請書（四份）。
2. 基金會概況表（四份）。
3. 籌備會議紀錄（四份）。
4. 第一屆第一次基金會議紀錄（四份）。
5. 捐助章程或遺囑影本（四份）。
6. 捐助人名冊（四份）。
7. 捐助承諾書（四份）。
8. 財產清冊及有關證明文件（四份）。
9. 銀行存款證明（四份）。
10. 董（監）事名冊及身分證影本（四份）。
11. 願任董（監）事同意書（四份）。
12. 法人及董（監）事印鑑卡（四份）。
13. 年度業務計畫書（四份）。
14. 年度預算書（四份）。
15. 職員名冊（四份）。

向該管地方法院辦理法人登記

財團法人應自收受設立許可文書之日起三十日內，向該管法院聲請登記。逾三個月亦未登記者，原許可失其效力，如有正當理由得申請主管機關核准延長三個月。

將法人登記證書影本送主管機關備查

財團法人於收受完成登記通知之日起三十日內，將登記證書影本送該管主管機關審驗。

將財產移歸法人

捐助人、繼承人或遺囑執行人應於三個月內，將全部財產移歸法人。

五、申請補助新建者，依內政部推展社會福利補助作業要點辦理，應檢附下列文件

1. 申請表。

2. 補助計畫書：申請補助建造或購置建物，內容應包括目的、主（協）辦單位、需求評估（含轄區內同性質機構分布、容量、目前及未來供需狀況及急迫性，與基地鄰近地區發展狀況、地形、公共設施、交通、以往天然災害情形等）、工程實施進度、營運計畫、人員配置、具體回饋計畫或措施（含地方政府轉介之照顧服務對象）、經費概算（應包含營繕工程每平方公尺成本單價）、經費來源、公共安全計畫或公共安全改善計畫等項。

六、經費概算內容

應包括項目、單位、數量、單價、預算數、自籌金額、申請補助金額（註明為資本支出或經常支出）及備註（註明規格、用途，特殊之設施設備應另檢附相關資料）等項。

七、依規定應編列自籌款案件

應附自籌款證明（如主管機關證明、最近二個月內之金融機構存款證明等；申請建造建物補助者，得以其建地之土地公告現值折算為自籌款）。申請建造建物補助者，除以建地之土地公告現值折算為自籌款者外，自籌款非經工程發包完成後不得支用，並應併附金融機構存款餘額查詢同意書，以利內政部查核。

八、其他另附文件

1. 建物基地位置圖。

2. 最近三個月核發之土地登記（簿）謄本（包括標示、所有權及他項權利部分），並檢附切結書敘明於核定後 30 天內，乙方應將土地設定第一順位抵押權予甲方；另建物於建造完成，並取得所有權登記後 30 天內，乙方應再將建物設定第一順位抵押權予甲方（如為購置，應符合《老人福利機構設立標準》之規定）。

3. 最近三個月核發之地籍圖謄本。

4. 土地權利證明文件（以自有土地為限；尚未取得土地所有權者，得檢附接受補助即移轉土地所有權於法人之切結書。但前經奉准撥用公有土地或經內政部、地方政府核准租用國營事業土地籌設社會福利機構者不在此限）。如為非都市土地涉及變更編定者，應同時檢附變更編定使用同意書。

5. 土地位於都市計畫範圍內者，應附都市計畫土地分區使用證明。

6. 建物配置圖及相關各層面平面圖、立面圖。

7. 工程造價概算。

8. 建物所有權狀及使用執照影本（新建者免附）。

9. 如屬山坡地，應依《建築技術規則建築設計施工篇》第 13 章第 262 條等規定，查明非屬不得開發建築之地區，並提出相關資料。

10. 申請補助建造或購置建物金額逾新台幣一仟萬元者，應檢送專家學者諮詢、規劃之會議資料，申請補助計畫書並應於封面以文字標明：本案同意確依行政院核定之綠建築推動方案辦理，於申請建造執照前，依規定先行取得候選綠建築證書，並於工程完竣取得使用執照後六個月內，依規定完成申請綠

建築標章程序。

第三節　衛政護理機構設置或擴充流程

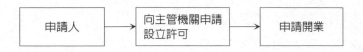

一、申請人

財團法人護理機構由法人申請；私立護理機構由資深護理人員申請；其他法人附設者由該法人申請。

二、申請設立主管機關

1. 規模99床以下者，由直轄市或縣市政府許可。
2. 規模100床以上者，由直轄市或縣市政府核轉中央主管機關許可。
3. 財團法人護理機構者，報由中央主管機關許可。

三、申請設置或擴充，應檢具下列文件

1. 設立或擴充計畫書（包括：護理機構名稱、建築地址、設置類別、設立床數、基地面積、建築面積、護理機構組織架構、人員配置、設立進度、經費概算及擬定開業日期）。
2. 位置圖。
3. 建築物各使用樓層平面簡圖。
4. 由其他法人依有關法律規定附設者，應檢附各該法人主管機關之同意函件。

四、申請開業，應填具申請書外，並檢具下列文件及執照費，報由直轄市或縣（市）主管機關核辦

1. 建築物平面簡圖。
2. 主管機關許可設置或擴充文件。
3. 依本法第 20 條規定與醫院所訂定之契約。
4. 公立護理機構者，其組織規程或組織編制。
5. 其他依規定應檢具之文件。

直轄市或縣（市）主管機關對於前項之申請，於派員履勘後，認與規定相符者，發給開業執照。

第四節　其他相關應注意事項

一、定位

因老人失能狀況不同，而有不同之照護內容，因此有不同照護內涵之機構。如：失智老人則有不同於一般養護中心之失智照護專區，或依是否需要專業護理照護，而分為長照、養護或生活自理之安養護機構，甚至近年來政府政策鼓勵獎助之老人住宅，或近來流行之單元照護（Unit Care, Grop Home）。另外，也因主管機關不同而分為除上述之社政單位外，也有衛政主管的護理之家。當然也有因法人屬性之不同而分為大型之財團法人機構及小型之非財團法人單位。

因此可見機構大小、屬性或照護內容不同而有不同，當然涉及以後機構之方向及使命也有不同，其設立之各種條件更是不一。因此籌設之前更須就自己的使命，及未來方向做好不同之區隔及定位。

二、財團法人

財團法人係一非營利之NPO。由主要捐贈者捐贈基金，而成立是以從事老人福利服務工作，因屬捐贈而非投資行為，所以一經成立後即無法取回，爾後只有不足時再投入，而無法做盈餘之分配。當法人解散後所有剩餘財產，也將歸地方自治單位所有，這也是籌設前需深思熟慮。另外，所有董事是由創辦人聘請各界賢達擔任，但主要捐贈者之三等親人數，不可超過所有董事席次之三分之一。因屬公益，所以所有董事皆為無給職，而董事也不得任有給職之行政人員。

三、財務規定

大型老人服務機構之硬體及設施設備費用相當龐大，如能取得政府補助款，將大大減輕負擔也較能規劃一完美之機構。好不容易經申請及層層審核通過，取得補助許可，但政府為了做好經費之控管工作，訂立相當繁瑣及完整之手續，為順利取得不得不詳細且謹慎的予以瞭解及遵守，否則將前功盡棄。所以才有所講的「請錢容易核銷難」，以下事項不得不注意。

1. 補助經費資本支出逾新台幣一千萬元之案件，機構應將自籌款全數存入直轄市、縣（市）政府所設專戶保管，政府補助款始撥至直轄市、縣（市）政府；由直轄市、縣（市）政府依工程進度及合約分期撥付，避免受補助單位挪用自籌款，用罄後再由內政部補助經費支付。

2. 補助工程經費逾新台幣一千萬元之案件，受補助單位應擬定工程進度表、工程進度管制表及經費分期表函報主管機關核定。主管機關並據以控管經費，受補助單位經主管機關審查確有依

自籌比率支付工程經費後，始可分期撥付補助經費。

3. 補助金額逾新台幣一千萬元之補助計畫，未達採購金額半數以上者，仍應依政府採購法規定辦理。

4. 工程施工進度已達20%或30%時，應隨即填列工程施工進度表，彙報內政部工程施工查核小組，以利辦理查核作業。

5. 接受補助單位應按原核定計畫項目、執行期間及預定進度切實執行，其經費不得移作他用，如有特殊情況，原核定計畫不能配合實際需要，必須變更原計畫項目、執行期間及進度時，應詳述理由，層報內政部核准後，方得辦理。經內政部核定補助金額逾新台幣一千萬元者屬重大計畫，受補助單位應對計畫之變更進行可行性評估，並填報內政部XX年度推展社會福利核定補助計畫變更申請表。

6. 經常支出與資本支出經費不得相互流用。

7. 補助款核銷結案時，實際支用經費總額乘以本案所核定核銷應自籌經費比例之積為應自籌金額，如不足應自籌金額者，應繳回差額。於必要時，得請受補助單位提出自籌款憑證影本或其他支用證明。

8. 接受補助單位所支付之經費，如有不合規定之支出，或所購財物不符原核定之目的及用途，經內政部審核結果予以剔除時，接受補助單位得於文到15日內提出具體理由申復，未依限申復或申復未獲同意者，應即將該項剔除經費繳回內政部。

9. 用途之變更：民間單位接受補助購置或建造之土地或建物，除特殊情形經內政部同意外，於契約期間內不得變更為其他用途使用。

四、補助條件

　　社政之小型機構因有三不政策之限制，無法取得補助；而大型之財團法人機構，可依內政部之獎助作業要點取得軟硬體之補助，但務必切記該補助原則是「得」補助而非應補助，所以一切需視當地需求數量及是否為政府之政策性方案，並非只要籌設，就一定會得到補助，這點也須列入考量。一般而言，該要點就老人福利補助內容有：

1. 新建補助：以每床樓地板面積 16.5 平方公尺，最高補助 200 床，每平方公尺 16,500 元計算（以鋼筋水泥 5 樓以下之房舍為依據）。另外，以最高 70%為計算（但鼓勵小型化、社區化為考量，100 床以下長照養護補助 80%，100 床至 150 床長照養護補助 70%，150 床至 200 床長照養護補助 60%），金額及比例兩者以其最低者為依據。最高以 200 床計算，但安養機構不補助。
2. 新建工程開辦費：每床以 15 萬為原則，最高以 200 床計算。
3. 爾後尚有服務費、修繕、改善，及充實設施設備等等。
4. 房屋為租用者，資本支出補助以 30 萬元為限，累計金額不超過 60 萬元。
5. 機構之房屋、土地，向金融單位貸款，政府不補助。

五、土地

　　土地之取得及地目之使用編定，往往是最讓人頭痛，也是影響進度時程最大因素。一般如屬都市計畫內之土地，因地價太高取得成本大，所以較無法負擔。但如屬非都市計畫內之土地，往往又較為偏僻，取得成本較低，一般而言不是農地，就是山坡地保育區，必需經過相當繁瑣的地目變更過程。如果順利的話最快也需要 8 個月的時間，正常進度則

預估要以一年設算。因此山坡地保育區，申請變更編定時，務必檢附水土保持計畫書，在經外審通過，期程相當冗長，也是在籌設過程中需列入考量的因素之一。

六、人員

　　新機構之籌設從一開始之申請人就須符合任用標準，到申請開業及立案許可，人員除了符合設置標準之任用資格外，更需達一定數量之必要人員，如護理人員及部分服務人員。因此需就籌設機構當地之就業市場進行調查，及早儲備各項專業人力，以防屆時無法營運之窘境。護理之家申請人及長照機構主任，皆需資深護理人員，有臨床4年經驗之護理師，或7年經驗之護士。小型機構負責人為高中畢業，並取得照護服務員結業證書。財團法人機構主任則為資深護理人員（護理師2年臨床工作，護士4年臨床工作），大學社會工作相關學系畢業，並具社會福利機構2年工作經驗，或大專畢業有4年社會福利機構工作經驗，並取得照顧服務員證書者。其他如護理人員需取得護理人員考試及格，並需取得護理師或護士證書者；照顧服務員需取得結業證書；社會工作員則需具有社會工作師考試資格，並取得照顧服務員結業證書。

第五節　結語

　　老人服務機構係一跨領域且專業又永續經營之志業，因此在投入籌設之前，應先具備下列要件：

1. 評估需求：就所在地及鄰近地區之長期照護床位數需求進行評估試算，推估公式如下：轄內老年人口數乘以失能比例（9.49%），再乘以機構需求數（30%），再與同質性之機構進

行調查。依此確切評估市場需求數，及專業人力供給數，並做好有效之區隔及定位。

2. 瞭解法令：與老人福利各項相關法令，如：《老人福利法》及其施行細則、《老人福利機構設立標準》、《消防法》、《都市計畫法》、《建築法》及土地分區使用管制規劃，甚至護理人員法及其施行細則、機構設置標準等，皆須充分瞭解。

3. 籌設資金：針對機構屬性定位、規模大小，事先詳細規劃及設立成本是否足夠，如屬財團法人機構更須評估有無取得補助款之可能性，自籌款或流動資金是否充足。因內政部之補助作業要點規定除須符合補助各項要件外，如獲得補助亦須先將自籌款存入主管機關帳戶中。所以除了基金（因未經主管機關同意不得動用）外，須額外籌措足夠之籌設軟硬體之資金。

4. 營運資金：為確保機構籌設完成立案後之營運健全無虞，以確保老人權利。依《私立老人福利機構設立許可及管理辦法》第5條規定，機構須具有履行營運之擔保能力。所以，除了營繕工程之自籌款及投入各項設施設備、人事成本外，亦須籌足一筆相當可觀之營運資金（依各縣市政府訂立之額度標準）。

老人服務事業
經營與管理

摘要

　　老人福利機構的立案，因目的主管機關不同，或屬性區分不同，申請準備設置的經費計畫流程也就有所差別。機構設立除了目的事業主管機關外，也涉及其他相關業務部份，如：土地變更、人員編制、法令瞭解、營運資金等其他相關因素。因此，除了要有縱向之經營管理的專業能力外，亦須橫向之其他領域配合方能完成。在主管單位尚未整合前，要籌設一老人福利機構，於前置作業時就要先有基本的認知，及對往後機構營運方向，也要有相當之定位，如此著手規劃，效率才能事半功倍。

問題習作

　　如果您有一筆資金想投入老人服務相關事業，您會選擇財團法人登記立案或非財團法人登記立案，為什麼？

名詞解釋

　　社政　　　　　　　　衛政

附錄　申請設立財團法人／小型老人服務機構填送主管機關資料

項目	載明細目
壹、申請書	1.名稱、地址 2.組織性質 3.經費來源及預算 4.業務性質及規模 5.創辦人姓名、地址、履歷 6.管理計畫
貳、設立或擴充計畫書	機構名稱 1. 設立地址 2. 創辦人姓名、電話、地址及學經歷（含 3 個月內戶籍謄本） 3. 房舍概況 4. 建築物各樓層平面圖（附隔間面積及其用途說明） 5. 組織架構 6. 工作人員編制名冊（職稱、姓名、身分證字號、性別、出生日期、出生地、學經歷、日支薪、地址、電話，並檢附 3 個月內體檢表、專業證照及學歷證明）、工作人員排班表 7. 服務對象及人數 8. 服務項目收容方式 9. 經費來源與預算（含歲入、歲出概算明細表） 10.收費標準 11.財產清冊（不動產、床、保健復健設備器材、交通工具、消防設備及緊急照明設備等） 12.服務項目 13.入出機構規定 14.服務契約 15.實施進度 16.開辦日期
參、產權證明文件	1.私有房舍：土地及建物登記簿謄本 2.土地或建物所有權非屬機構所有者： 　(1)公有房舍：附所有權單位同意提供或委託辦理老人福利機構證明。

附錄　申請設立財團法人／小型老人服務機構填送主管機關資料
　　　（續）

項目	載明細目
參、產權證明文件	(2)私有土地或建物：財團法人應檢附 20 年之租約或使用同意書（小型機構則應檢附 5 年以上之租約或使用同意書），並應經法院公證；其檢附使用同意書，並應辦理相同期限之地上權設定登記。 3.建築物使用執照影本 4.土地使用分區證明（都市土地應符合土地使用分區規定；非都市土地應符合土地使用管制規則規定）
肆、投保公共意外責任險契約	保單影本
伍、履行之擔保證明資料	履行營運擔保證明：16,000 元×3 個月×核准床數
陸、設立籌備會議紀錄影本	時間、地點、出席人員、主席、紀錄、報告事項、討論事項、散會時間
柒、第一屆第一次董事會議記錄	時間、地點、出席人員、主席、紀錄、報告事項、討論事項、散會時間
捌、法人捐助章程影本	總則、目的事業、組織、會議、業務、人事及財產、經費（基金管理和結算）、附則
玖、董事名冊	職稱、姓名、性別、出生日期、出生地、執業、現職、學經歷、住址、電話、董事相互關係、印鑑
拾、願任董事同意書	任期、最近 3 個月之全戶戶籍謄本、身分證影本
拾壹、捐助人財產名冊	含捐助承諾書、動產、不動產及定期存款證明（一年期）
拾貳、設立基金	財團法人最低數額：16,000 元×3 個月×核准床數 財團法人基金會免
拾參、法人董事印鑑冊	（非財團法人機構免附）

附錄　申請設立財團法人／小型老人服務機構填送主管機關資料（續）

項目	載明細目
拾肆、法人登記證書影本	（非財團法人機構免附）
拾伍、財團法人原主管機關核准附設老人機構図	（非財團法人機構免附）
拾陸、辦理土地變更所需資料	依「非都市土地申請變更作為社會福利設施使用其事業計畫審查作業要點」辦理

備註：
一、應備份數：
　　1.已完成建築物使用用途變更者，申請書一式4份。
　　2.無建築物之籌設興辦事業者，申請書一式8份。
二、依組織性質報送資料：
　　1.財團法人附設之老人服務機構應填送壹至拾伍項。
　　2.登記為財團法人老人服務機構應填送壹至拾伍項。
　　3.小型免辦財團法人機構者應填送壹至伍項。
　　4.涉土地變更者請備齊拾陸項。
三、新申請案件請以活頁方式裝訂。
四、凡為影本資料請加蓋「與正本相符」字樣章與證明人章。
五、申請人請詳閱《老人福利法》、《老人福利法施行細則》、《老人福利機構設立標準》、《老人福利機構設立許可及管理辦法》、《老人福利服務專業人員資格及訓練辦法》等，以上法令規定均刊載於內政部網站，請申請人自行下載。

第 五 章

老人服務事業的
形象設計與行銷策略

黃旐濤

學習目標 ▶▶

研讀本章內容後，學習者應能：

一、瞭解何謂形象設計？何謂行銷策略？

二、瞭解何以非營利事業需要行銷？

三、知道老人服務事業的行銷策略程序。

四、熟習老人服務事業行銷計畫的撰寫。

第一節　行銷的意義

小君是某國立大學大三的學生，這天早上她從租住的富貴家園小套房中醒來，已經是 7 點 40 分了。「糟糕，今天第一節有財政學大師的課」急急忙忙跳了起來，隨意梳洗，套上 DKNY 的 T 恤，噴兩下 Channel 的香水，衝進樓下的 7-11，買了一個目前最流行的草莓麵包，還要了一個 Doraemon 磁鐵，招了一台以安全著稱車行的計程車，衝進校園上課去也。

從以上這段簡短的敘述，吾人就可以發現「行銷」這件事，已無時無刻不存在，甚至已充斥我們生活的週遭了。如以上的例子，「富貴家園」、「DKNY」、「Channel」是品牌行銷；「財政學大師」、「以安全著稱」是一種形象行銷；「草莓麵包」是行銷其產品；「7-11」幾乎已是置入性行銷，而附送 Doraemon 磁鐵，就是其典型的促銷手法了。

既然行銷是無所不在的，那麼何謂行銷呢？根據美國行銷學會（American Marketing Association, AMA）的定義：行銷是「規劃與執行理念、貨品與服務的概念，定價、推廣與分配的過程；用以創造交換，滿足個人與組織的目標。」從這段的敘述中，吾人可以發現：不管行銷的手法為何，其目的都在於滿足行銷者的目標；而此目標，可能是商品交易的完成，可能是服務的達成，也有可能只是理念概念的傳達或宣導。

是以行銷依其概念，可以分為下列數種。

一、以生產為導向

在早期供不應求的時代，產品只要推出，就可以銷售一空，是以行

銷的概念，著重於如何擴大生產，甚至是追求量產的速率。如有一陣子流行到不行的「葡式蛋塔」，初期因為供應量不足，所以沒有賣不掉的問題，只有不夠賣的問題。但是因為目前資訊流通靈活，這種風光通常只能維持很短的時間，所謂「台灣沒有三天的好光景」就是這個意思。以產品為導向通常只考慮生產者的利益，很少考慮到消費者的需求。

二、以消費者為導向

與前者相反的是：倒過來先看顧客要什麼，再來設計產品。但是因為顧客的需求不一而定，「阿公要吃鹹，阿嬤要吃甜」無法滿足所有的需求，因此便需要「市場定位」，將所有市場切割出一塊塊來優先滿足；此外，同樣的產品又含有品質要求的差異，所以要用「差別取價」的方式來因應。精品店，便應運而生。

三、以服務為導向

有些行業如老人服務事業，他並不在賣「產品」；或者說，他的產品是無體的「服務」，這時就會出現微妙的現象，即工作人員在提供服務的時候，一方面提供服務，扮演類似生產者的角色；同時又根據長者接受服務後的回饋態度，修正服務的方法和方式，扮演類似消費者的角色，這時「生產與消費同時發生」，便是以服務為導向的行銷最大特色。

第二節　老人服務事業的行銷

或許有人會對老人服務事業的行銷，深深不以為然。因為老人福利機構是所謂的非營利組織（Non-Profit Organization, NPO），既然NPO的設立宗旨不以營利為目的，而是以服務人群為目標，那麼只要自己盡其

在我，只問耕耘不問收穫，那來的「行銷」呢？還談什麼行銷策略？這樣的論點聽來是氣勢磅礴、鏗鏘有力、令人敬佩。但是，NPO的經營目標既是要服務人群，那麼如果它不存在了，就不能服務人群，是不是就乖違了起初的設立宗旨？如果 NPO 採取非營利的手段，由於機構要生存，一定需要有人事費、業務費……等維持費用，長此以往，只出不進，NPO 有再多的捐助，也有坐吃山空的一天。因此首先便要釐清：NPO 與 PO 之間的相同，在於它們同樣都需要考量成本效益，也都要有營利的概念和方法。所不同的是，營利組織的所有盈餘，都歸入業主權益項目下，但NPO則必須將累計餘絀滾入資金，繼續服務更多的人群。因此，NPO為了幫助更多的人，必須要有更多的營利。如此一來，老人服務事業的行銷策略，也就具有正當性和必要性了。

我們先來思考：住民為什麼會來進住這家機構呢？除非這個機構別無選擇，不具備替代性，否則住民和其他家屬來進住前，便會將所有可能進住的機構羅列出來，依照他們所得到的資訊，建立評估指標，如：收費、服務內容、服務態度、口碑（商譽），甚至還會親自參觀比較，或是試住，然後排出一、二、三志願。儘管事實上沒有那麼嚴謹，但實際上大概都會透過類似的程序。

不過老人服務機構和其他商品之不同，在於其他商品使用後，消費就告一段落，如果買到不好的商品，大概就抱怨一陣，怪自己倒霉，頂多向自己親朋好友作負面宣傳，或決定下次不再去同一家購買。老人服務機構的產品，是全面而且連續的服務，也就是說，消費行為是持續在進行的。因此老人在進住以後，對服務的滿意度、其他住民的意見，甚至社會的觀感，都會影響老人是否是機構的死忠（忠誠顧客），或是不再繼續進住。因此老人服務事業的行銷策略，便具備永續性，也就是必須天天做的事。

老人服務事業在制定行銷策略時，首先必須做好市場區隔，其次進行市場定位，最後才能確定目標市場。

一、市場區隔

任何一個企業都有它的產品特質，不可能大小通吃，所以先要開始做市場區隔。區隔的方法可以使用地理位置區劃，如全國性或地區性；如果向內政部申請立案，那它的服務範圍大概是全國性的。但也會受到地區性的制約，如花東離島，就很難涵蓋全國需求者；而機構如果向縣市政府申請立案，通常也要協助地方政府做政策安置。機構的大小，也會影響到它服務的對象，如：財團法人機構，收容的對象可能來自四面八方，小型機構就比較可能是在地縣市，甚至是機構附近鄉鎮的人。而根據消費者行為來劃分顧客群，也是常見的方式：同樣是自費安養，如果一個月收費三萬多，那可能住的是單人套房；如果一個月只繳一萬多，那只好住六人房了。

二、市場定位

SWOT分析，是最常用的方式。先檢視一下機構本身有那些優勢、那些劣勢，尤其注意是否具有不可替代的優勢，或無法改變的結構性的致命傷。然後檢視競爭對手的優勢、劣勢，並評估潛在顧客在那裡，具有那些特點。最後就能篩選出機構本身的機會在那裡，並據以制定機構的前進策略與撤退策略。

三、目標市場

做過前面市場區隔和市場定位之後，機構便可以訂出目標顧客群是那些，他們的需求是什麼。不過由於服務業具有無形性和易逝性的特

性，所以我們有時會覺得很茫然，覺得不知道市場在那，像空氣一樣，感覺得到卻抓不到；或者好不容易抓到了，不久卻變化了。尤其在服務滿意度上，機構不知道住民真正的期望（這叫企業缺口），住民自己想得到的服務（期望服務），與機構所能提供服務（實際服務）又有差距（這叫顧客缺口），所以老人服務機構便必須時常檢討自己的目標市場，根據實際的變化，來調整因應。

第三節　老人服務事業的形象設計

老人服務事業的行銷策略至少具有下列的效益。

一、增加新顧客

由於行銷之後，機構的知名度提昇了，可以建立正面有效的商譽，因此基於口碑良好，口耳相傳，想要進住的院民勢必增加。在行銷學上有一個名詞稱為「蝴蝶效應」，說是美國東岸的蝴蝶拍動翅膀，所激起的氣流，竟然引起南亞的海嘯，這也就是中國人所謂的「造成風潮，鼓動時勢」。這是滿貼切的形容，也是機構最期盼的效果。

二、減少舊顧客的流失

因為行銷推動的結果，使得住民及工作員工形成共同意識，建立類似「全家就是我家」的概念，舊住民的流失就會減少到最低。

三、形成附加效果

行銷策略的推展，造成外溢效果，使機構原先投入的行銷費用，透過加乘效果，得到數倍或更多的效益。此外，行銷策略如果成功，還可

以在主要產品之外，以周邊產品的形態（如：外展服務、老人福利政策的發言權……等）得到更大的效益。

通常老人服務機構常用的行銷策略有那些呢？當然最重要的就是廣告了。雖然礙於規定，老人服務機構不能大張旗鼓地在電視、廣播、報紙……等登廣告。但是還是有很多非廣告的廣告手法，例如：機構辦活動就會在報紙上登出來，這種「新聞式廣告」效果比登廣告更大。因此機構可以透過各種形式的活動，如：比賽、慶生會、園遊會、募款、懇親會、外展活動、講座……等活動，並透過活動預告、徵求志工、徵求參與者、活動報導、專題報告等方式，收到多次廣告效果。但是最好的廣告效果，莫過於媒體的主動報導了。

媒體的報導，不但事關老人服務機構的形象、商譽，而且還會與潛在住民進住意願息息相關。因此建議老人服務機構可以設置公共關係專責單位或負責人，平時負責企業形象設計，並兼任機構發言人，扮演機構化妝師的角色，以協助機構營運；一旦機構發生負面事情，則馬上形成危機處理小組，使機構所受到的傷害減到最低。

正面的公共報導，至少可收到下列的助益：

1. 社會形象的導正：使機構的公益形象得以塑造。

2. 知名度提昇：不管好事壞事，媒體不停的報導，絕對可使社會大眾更加知道機構的存在，如果是正面報導，更可以收到「洗腦」的效果。

3. 住民的榮譽感：機構是大家肯定的，那麼不僅現住戶會覺得很光榮，與有榮焉，潛在住戶也會產生「西瓜偎大邊」的心理，更加強化進住的意願，而且使業務推動更格外順利。

4. 使機構員工產生向心力：形成「共榮圈」的意識，不僅有助內部氣氛的融洽，而且更使機構行銷產生事半功倍的效果。

　　正因為公共報導的這些利益，所以老人服務機構得要改變以往「默默耕耘」、「只問耕耘，不問收穫」的保守心態，致力於行銷。我們固然不鼓勵做五十分講一百分，也不贊成做一百分只講五十分，至少講個八十分總是應該。更何況公共報導從積極面而言固然可增加機構利益，從消極面而言，又可以減少機構的損失，自是不可等閒視之。

　　為了提昇機構的正面形象，下列事項是老人福利機構在做形象設計時，所不得不特別注意的事：

1. 成立公共關係的專責部門或專責人員，並建立類似「發言人」制度，平時負責統一發布新聞，協助院外關係，如果有什麼事情發生時，便可以扮演對外溝通的窗口。

2. 院內要有緊急應變機制，不一定要有什麼小組，但是一定要有負責人，而且每個人都知道要怎麼辦。如：發生火災了，第一線人員怎麼辦，何時向上反映，何時向外求援？又如老人發生緊急事故了，則第一線人員怎麼辦，相關支援何時到達？還有，意外發生了，如何處理，例如：「誰說了算」。這些平常都要好好演練，一旦發生了，大家的說法、做法都能一致。

3. 要跟媒體記者保持密切且良好的關係，這種關係可以好到「友誼」或「接近友誼」，因為媒體業者通常都有互動關係，是以如果機構有什麼正面消息要發布，透過熟識記者來發布，要比機構自行發布要有效多了。

4. 要主動與外界保持良好的互動關係，俗語說：一回生二回熟，又說：伸手不打笑面人。是以機構，尤其是負責人，要以真誠的態度，與外界社區、媒體、政府單位及同業保持良好關係。世界上沒有融化不了的冰山，只有不到火候的熱情。持之以恆，必能達到目的。

5. 品質是住民續住與否的關鍵，再多的行銷策略，再好的形象設計，只能吸引新住民，但要他們住下去，則非品質莫屬，因此回歸到基本面，機構的服務水準，服務人員的親切態度與主動精神，以及機構的設施設備，才是最好的形象設計。而這種「內部行銷」，也才是最基本的行銷策略。

第四節　老人服務事業行銷策略實例

前面我們學了老人服務機構的行銷策略相關知識後，最重要的便是要將這些訴諸實行，就是要撰寫行銷計畫書。所謂「不管黑貓白貓，抓得到老鼠的便是好貓」的行銷並無標準答案，以下僅提供一份「範例」以供參考。這個範例的名稱及若干情節是筆者自行擬定的，但是行銷計畫書該有的內容都有。撰寫行銷計畫，必須步驟分明，其次要具備可行性，不可天馬行空。當然，最重要的是行銷計畫必須根據外在變化以及實際執行情形，隨時修正，才不會淪為「計畫計畫，隨便畫畫，牆上掛掛」的下場。

一、機構簡介

「幸福老人養護中心」位於苗栗縣公館鄉，為幸福慈善基金會於2000年所創立，許可床數99床，現有住民40床。機構最大的問題是：知名度不夠，所以住民床數始終不能有所成長。

二、外在環境分析

苗栗縣為典型農業縣，工商不發達，青壯人口外流嚴重，老人人口比例高達13%；尤以機構所在為台三線沿線鄉鎮，老人比例更達16%至

22%。雖然公館附近有中山高速公路的交流道，所以交通尚稱方便，但因遠離火車站，公車班次又少，所以公共乘載工具相當不便。此外，苗栗為客家人聚集地區，民風較為節省、淳樸而保守。

三、競爭者分析

苗栗縣境共有 6 家老人養護機構，其中位於苗栗市的戊山園是公設民營，最有規模，設備最好，收費也較低廉。苑裡、通霄、頭份各有一家老人養護機構，通霄還有一家專收失智老人的機構，這幾個機構都在海線或中港溪流域較不構成威脅，不過苗栗市有兩家頗具規模的身心障礙福利機構，最近也在研擬轉型兼收老人。

四、市場分析：5W

1. Who：受到地理位置影響，現有住民多為苗栗縣人，由於社區附近多為客家人，因此住民也泰半為客籍人士。客家人民族性較為節省，如果生活尚能自理的老人會捨不得住進機構，所以住進機構的大多生活需要協助。

2. What：客家子弟大多外出打拚，無力照顧長輩，因此將他們交給機構。但是這些長輩仍無法擺脫「念飴弄孫」的觀念，因此住進來並非十分情願。

3. Where：機構離交流道不遠，但進入省道後需經過一小段巷道，寬度僅供錯車。機構附近仍為農村，平疇沃野，尤其黃昏時夕陽晚唱，頗為可觀，素稱苗栗八景之一。

4. When：機構住民進住無明顯季節變化，春節過後新住院民較多，但因現在只有 40 床，且大多為老住民，所以觀察不出有明顯高低起伏。

5. How：進住者大多靠口耳相傳，幾乎是來參觀一次後，下次就來住了；通常是子女陪同長輩，或是子女逕自決定。

五、SWOT 分析

（一）優勢

1. 山線地區僅此一家。
2. 除戊山園外，收費較他機構低廉（紙尿片內含）。
3. 基金會並不干涉機構營運。

（二）劣勢

1. 地理位置較偏僻。
2. 缺乏知名度。
3. 無法聘到專業人才，人員流動較大。
4. 開辦 6 年了，機構仍處於虧損，或接近虧損狀態。

（三）機會

1. 竹南科學園區、銅鑼生技園區陸續營運，青壯人士就業機會增加。
2. 長者已漸能接受入住機構觀念。
3. 機構小型化、社區化已成潮流。

（四）威脅

1. 他機構財務狀況良好。
2. 可能增加新的競爭者。
3. 住民及其家屬的要求日漸提高。

4. 苗栗縣民仍迷信要住進大機構。

六、市場區隔

1. 地理區隔：設定本機構為社區型，推出「幸福：就在您身邊」、「幸福：您的好鄰居」口號。

2. 人口區隔：以客家人為主，主訴客籍年青人無法對父母盡孝道者，因此推出「後生人外出賺錢，士大人交給我們」。

3. 產品區隔：以小型化為主，強調「像家的感覺」，不僅機構布置以家庭化為主，工作人員稱呼住民時，也一律稱「阿伯」、「伯母」、「秀卿嫂」……，而非「陳××先生」。

4. 目標市場：鎖定機構附近山線一帶居民，子女外出工作無法照顧已行動不便的父母，而又不放心交給外勞照顧的家庭。

七、行銷策略

(一) 內部行銷

1. 建築物：由於機構成立已 6 年略嫌老舊，因此院內外重新刷漆，遮陽板也換成透明亮麗新品。

2. 標誌招牌重新製作，並設計 LOGO；此外從交流道一下來就設置指示路標，並標明「前方 × 公尺」，以方便外來人士尋找。

3. 員工票選休閒服作為制服；選拔「微笑小姐」、「微笑先生」；並對電話總機小姐加強電話禮貌訓練。每月一次「榮團會」，員工可以記名或不記名提出抱怨，並由院長親自處理。

（二）形象設計與行銷活動

1. 以「幸福：您的好鄰居」為主軸，重點在於「好」。邀請鄰里長、媒體記者參訪機構。

2. 製作網頁，並開設「交流站」與住民家屬雙向溝通；現正積極開發遠端照顧（u-care）系統，家屬可藉由視訊設備瞭解長者的脈搏、血壓等身心狀態，還可雙向溝通。

3. 請機構主任於廣播電台主持「常青時間」，宣導長輩養生之道，與社區長輩也有更多的互動，可進一步開發新住民。

4. 每月辦理一次慶生會，壽星家屬前一夜可免費住到機構的 VIP 房，增加與長輩相處機會。

5. 參與社區發展協會，並代寫計劃書申設「老人照顧據點」，推動社區外展服務。

6. 開放文康室供社區長者使用，院內外老人和樂一堂；並申請「老人文康巡迴車」定期來院服務，機構並提供茶點。

7. 邀請國小學童來院參訪，一方面為長者製造歡笑，同時也為這些小朋友提早接觸老人。而藉著學童的口碑，也可深化發掘新住民。

8. 與苗栗縣的四所醫院成立策略聯盟，讓家醫科、外科……的醫生，對有必要的病患，可告知本機構的服務項目。

9. 價格方面受限於法規，除了原有的紙尿片內含（實際上已經降價）外，同時推出「住滿一年免費贈送衣服一套」、「住滿二年贈送精美餐具一組」、「81、91、101 老人贈送祝壽金」……等策略，使老人開心，子女也就放心。

八、行銷目標

1. 一年內住民從 40 床提昇到 60 床（提高 50%），二年內提昇到 90 床（提高 50%）。

2. 躋身為苗栗縣前三大「優質」老人養護機構。

3. 員工離職率減少到 10%以下。

4. 舊住民退住率減少到 20%以下（不含死亡）。

摘要

　　本章的重點在於介紹老人服務事業的行銷策略與形象設計。首先釐清老人服務事業何以需要行銷，並說明行銷的意義與必要性。其次說明老人服務事業的行銷策略與形象設計的方法，最後並舉一實例，說明老人服務事業的行銷計畫之訂定。也希望讀者讀完此章後，能以身邊老人服務事業為例，協助設計行銷計畫，一則學以致用，再則能將所學，真正用在實務上，進一步提昇老人服務事業的服務水準。

問題習作

1. 請上內政部的網站，找出 1994 年到現在台灣老人人口成長的情形，失智老人需要照顧的人數成長情形，並試著預估到 2020 年，這兩個數字會有多少？

2. 續上題，請找出這一段期間，台灣的老人服務事業（含護理之家、長照機構、養護中心、安養中心）家數及收容人數的成長情形，而核定入住數與實際入住數的差額有多少？並預估到 2020 年這些數字為多少？

3. 思考：失智老人與核定入住數的差額有多少？核定入住數與實際入住數的差額又有多少？這些差額的形成原因為何？究應如何改善？

4. 請到附近的老人服務機構拜訪，並參照本章第四節的範例，試擬該機構的行銷計畫書。一年以後再回原機構，看看原定的行銷目標是否達成？如不能達成，其原因又為何？

名詞解釋

行銷　　　　　　　形象設計　　　　　　非營利事業

參考文獻

內政部（2006）。社區照顧資源篇。台北市：內政部。

王逸峰（2006）。觀光行銷學。台北市：偉華。

李育哲、楊博文（2004）。行銷學——理論與個案模擬。台北市：華立。

阮玉梅等（2001）。長期照護概論。台北市：華杏。

黃俊英（2004）。行銷學原理。台北市：華泰。

第六章

老人服務機構的財務管理

賴添福

學習目標 ▶▶

研讀本章內容後，學習者應能：

一、瞭解基礎會計概念。

二、瞭解各項財務報表及分析。

三、瞭解機構成本結構。

四、瞭解機構預、決算編定及分析。

五、瞭解機構適用之各項稅法。

第一節　前言

2007 年 1 月《老人福利法》修正通過後，依該法第 36 條規定：49床以下之小型機構只要不接受政府補助、不享受租稅減免，不對外募捐，得免財團法人登記。另外，行政院經濟建設委員會於 2002 年開始規劃推動「照顧服務福利及產業發展」方案，並於 2005 年配合納入「挑戰 2008：國家發展重點計劃」之產業高值化及新故鄉社區營造。同時，行政院也將老人住宅列為促進民間企業參與公共建設法之重大公共建設範圍，俾以優惠之獎勵措施來增加民間參與公共建設之誘因。至此，無論機構照顧或各項外展工作之照顧服務，如居家服務、送餐服務等，皆有產業化之精神。尤其照顧服務產業化，也推動證照化，社會福利或產業化之界線愈來愈模糊，但可以確定的是產業化之趨勢是愈來愈明顯。

因此，老人福利為求永續經營，除社工、護理、看護等專業技能外，亦須加強各項經營手法及技能，如人力資源管理、行銷管理、創新研發，尤其財務管理更是不可忽略，因為它代表機構經營之成果及績效。本章將就會計概念及服務機構財務作業相關規定、財務報表、財務資訊的運用、健全財務預算、成本分析、稅務規劃等逐一介紹。

第二節　會計概念及服務機構財務作業相關規定

目前老人服務機構依《加值型及非加值型營業稅法》第 8 條規定，定位為非營利單位，因此，如同醫療、教育等單位一樣性質，並無加值型營業稅。雖然《老人福利法》於 1997 年修訂後，已開放非財團法人或基金會屬性設立之小型機構（目前占機構總數最大量），老人住宅更

是鼓勵私人企業興辦。但本質上仍然與一般營利單位不盡相同,尤其會計科目或稅務處理如折舊或房屋稅等規定也有不同,不過會計基礎等基本觀念是一樣的。

一、會計分類與排列

機構從投入或捐助到個案服務或各項外展工作,如:送餐、居家服務等之交易或服務行為,皆會對會計要素中之資產、負債、資本(基金)、收入及費用五大類產生變化,因此就其需要加以進行層級分類。

1. 類別(第一級):資產、負債、資本、收入、費用等五類。

2. 性質:依各類別中性質相同者予以歸類,如:資產類中之流動資產、固定資產;負債類之流動負債、固定負債;資本類中之資本主投資或往來(基金之捐助)及本期、累計損益;收入類之銷售貨物或勞務所得,及非銷售貨物或勞務所得;費用類之銷售貨物或勞務支出,及非銷售貨物或勞務支出。

3. 科目:將每一性質再另行分類,並做為總分類帳之名稱,及為報表編製之基礎,稱為會計科目,如:流動資產中之現金、銀行存款、應收票據、應收帳款;固定資產中之土地、建築物、設施設備等;流動負債中之短期借款、應付票據、應付帳款、預收款等;固定負債中之長期借款、銷售貨物或勞務收入中之養護費收入、居家服務收入等,及非銷售貨物或勞務收入之捐贈收入;銷售貨物或勞務支出中之人事費、折舊、伙食費、營養品費等,及非銷售貨物或勞務支出之利息支出、租賃支出。

4. 子目:將每一科目再另行細分,作為明細分類帳之名稱編製為明細表之用。如:應收帳款中個案張君、A 縣政府。

5. 細目:如再將子目細分更為詳細之項目稱之。如:子目中之個

案張君之三月份養護費、紙尿褲費用；A縣政府中之三月份委託
安置養護費、居家服務費或送餐補助費等。

以上第一級之類及第二級之性質，僅在編製會計報表使用，而子目
及細目並非每一科目皆須使用，唯有第三級之科目，除了編製報表使用
外，記帳也會使用，是最重要之一級。

以下以機構營運為例，將會計上所使用之科目排列如下：

1. 資產

   (1) 流動資產

      ①現金

      ②銀行存款

      ③應收票據

      ④應收帳款

        a.備抵呆帳

   (2) 遞延資產

      ①預付款

      ②原材料盤存

   (3) 固定資產

      ①土地

      ②建築物

        a.累計折舊—建築物

      ③設施設備

        a.累計折舊—設施設備

2. 負債

   (1) 流動負債

      ①短期借款

      ②應付票據

③應付帳款

④應付費用

⑤預收款

(2)固定負債

①長期借款

(3)其他負債

①存入保證金

②保管金

3. 資本（基金）

(1)資本主投資《主要捐贈人捐贈基金》

(2)本期損益《餘絀》

(3)累計損益《餘絀》

4. 收入

(1)銷售貨物或勞務收入

①養護費收入

a.養護費折讓

②政府委託安置補助

③政府委託各項外展業務補助收入

(2)非銷售貨物或勞務收入

①政府專案補助且無需提供相對對價之收入

②捐贈收入

③租賃收入

④利息收入

⑤其他各項收入

5. 費用（支出）

(1)銷售貨物或勞務支出

　　①人事費

　　②設施設備費

　　③水電費

　　④修繕費

　　⑤教育訓練費

　　⑥交際費

　　⑦旅費

　　⑧衛生材料費

　　⑨租金費用

　　⑩呆帳損失

　　⑪折舊

　　⑫稅捐

　　⑬加班費

　　⑭雜費

(2) 非銷售貨物或勞務支出

　　①自由捐贈

　　②利息支出

　　③資本（一次攤提）支出

二、借貸原則

　　簿記中之借貸原則，可由財務報表裡主要的資產負債表中的資產、負債、資本或業主權益（而財團法人組織則為基金類及損益表中之收益及費用類），依帳戶式予以排列即可輕易瞭解，即借方為資產、費用類增加，相對的減少為貸方。而貸方之負債、資本、收入類增加為貸方，而減少則為借方。經過借貸兩方整理，各方皆為五類，即借方有資產增加、費用增加、負債減少、資本減少、收入減少。另外，貸方五類為負債增加、資本增加、收入增加、資產減少、費用減少，兩邊五類各為借

貸關係；所以，總共有 25 種借貸關係。借貸法則是以交易之記載為原則，以下列舉之交易實務，並加以分錄（依此法則，將交易之科目以左借右貸，予以區分並紀錄者稱之）來說明相互之借貸關係。

1. 資產增加、資產減少

　　老人機構（以下簡稱本中心）以現金$800,000 買入交通車一部

　　借：交通車　　$800,000　　　　　　　　（資產增加）

　　　貸：現金　　　$800,000　　　　　　　（資產減少）

2. 資產增加、負債增加

　　本中心向慈善醫療器材行，購買洗澡床一組，計$800,000，並開具三個月票據償付。

　　借：生財器具（洗澡床）$800,000　　　　（資產增加）

　　　貸：應付票據　　　　$800,000　　　　（負債增加）

3. 資產增加、資本資加

　　本中心董事張君捐贈現金$10,000,000 成立機構

　　借：現金　　　　　　$10,000,000　　　　（資產增加）

　　　貸：基金（資本）　$10,000,000　　　　（資本增加）

4. 收入增加、資產增加

　　個案張君家屬繳交三個月養護費$20,000

　　借：現金　　　　　　$20,000　　　　　　（資產增加）

　　　貸：養護費收入　　$20,000　　　　　　（收入增加）

5. 費用增加、資產減少

　　本中心現金$20,000 付三月份電費

　　借：電費　　　　　　$20,000　　　　　　（費用增加）

　　　貸：現金　　　　　$20,000　　　　　　（資產減少）

三、會計程序

機構從籌設開始到結算為止，將發生之過程予以記錄、結算及整理之步驟，稱之為會計程序。其中會計年度或期間，從開始之營運到最後編表，須經過分錄（日記帳）、過帳（分類帳、總分類帳）、試算（試算表）、調整（調整分錄）、結算（結帳）、編表（損益表及平衡表）。

四、會計帳簿

（一）依科目別歸類之總分類帳

XX 老人養護中心
總分類帳

查詢期間：2007/01/01 至 2007/01/01　　　　　　　　列印日期：2007/01/05

科目編號	科目名稱	期初金額	借方金額	貸方金額	期末金額
1111-000	現金	100,000	16,000	5,200	110,800
2102-000	應付費用	95,000	5,200	0	89,800
2201-000	預收款	16,000	16,000	0	0
4101-000	養護費收入	0	0	16,000	16,000

（二）依各科別明細之明細分類帳

XX 老人養護中心
明細分類帳

查詢期間：2007/01/01 至 2007/01/01　　　　　　　　　　頁次：1
科目編號：2102-000　科目名稱：預收款　　　　　　　列印日期：2007/01/05

日期	傳票單號	摘要	借方金額	貸方金額	結餘金額
		前期餘額			16,000
2007/01/01	96010101	陳小華養護費	16,000		0

（三）有關現金收支分錄之現金簿

XX 老人養護中心
現金簿

查詢期間：2007/01/01 至 2007/01/02　　　列印日期：2007/01/04　　　頁次：2

日期	科目名稱	摘要	借方金額	貸方金額	結餘金額
	前期餘額				100,000
2007/01/01	應付費用	12 月電話費		5,200	94,800
2007/01/02	養護費收入	王妙利 1 月養護費	16,000		110,800

（四）未涉現金分錄記載之日記簿

XX 老人養護中心
日記帳報表
日期：2007/01/01 至 2007/01/01

列印日期：2007/01/04　　　　　　頁次：1

日期	傳票單號	科目名稱	摘要	借方金額	貸方金額
2007/01/01	96010101	預收款	12/25 預收陳小華 1 月養護費	16,000	
		養護費收入	陳小華養護費		16,000
2007/01/01	96010102	應付費用	12 月電話費	5,200	
		現金	12 月電話費		5,200

（五）各項財產登錄之財產登記簿

XX 老人養護中心

符　　號：
統制科目：
明細科目：切菜機

年	月	日	摘要	原始憑證		增加財產數量及金額				減少財產數量及金額				現有財產數量及金額				備註 存放地點
				字	號	數量	單位	單價	金額	數量	單位	單價	金額	數量	單位	單價	金額	
1998	10	2	新購置	A	HO2248754	1	部	76,500	76,500					1	部	76,500	76,500	
2002	9	12	不堪使用	A	HO2248754					1	部	76,500	76,500	0	0	0	0	
2003	2	7	新購置	A	RS4304617	1	部	68,000	68,000					1	部	0	68,000	

說明：
1. 財產登記簿以財產科目為主，每一科目設立一戶，財產之購入、移轉、毀損、變賣均須記入本簿內。
2. 記帳時先將相關名稱、年度、科目及符號頁次填明，次將發生事項日期填入「月日」欄，發生事由填入「摘要」欄內，原始憑證之種類號數填入「原始憑證之種類號數」欄內，財產增加之數記入「增加財產」欄內，減少或毀損之數記入「減少財產」欄內，「減少財產」後之餘額即為該科目有財產，填入「現有財產」欄內。
3. 年終之財產報告根據此簿編製之。

五、其他相關規定

1. 老人服務機構之會計基礎採權責發生制。

2. 老人服務機構之會計年度以曆年制為原則，即每年1月1日到12月31日。

3. 如有分支機構，採分開記帳、統一申報。

4. 基金會附設或單一目的事業之財團法人機構，其基金或固定資產非經董事會通過、主管機關核准，不可動支及處分。

5. 基金會或財團法人老人機構之董監事為無給職，如支領交通費

或出席費應比照政府相關訂定之標準，且不得分配機構年度之盈餘。

6. 基金會附設機構或財團法人機構接受外界捐贈，除開給正式收據入帳外，並應於每年 6 月及 12 月，將接受捐贈內容及其使用情形填報，由機構備查，並定期發行刊物或利用網路及其他方法予以公告，以取信捐贈人及社會大眾。

XX 老人養護中心

2007 年 10 月 11 日　　　　　　收據　　　　　　　NO：0000510

捐 贈 者	陳詩宇	地址		
	身分證字號	K123456789	電話	037-2345678
捐贈金額	新台幣：X 佰 X 拾伍萬 X 仟 X 佰 X 拾 X 元整			
指定用途	□無　　　■有禦寒設備			
備　　註	※法人登記證書、登記簿第 XX 冊第 XX 頁第 XX 號 ※ XX 政府立案證書 XX 字第 XXXXX 號 ※《所得稅法》第 17 條第 3 項第 2 款：個人捐款不超過綜合所得總額百分之二十者可扣除所得稅。 ※《所得稅法》第 36 條：營利事業對合於第 11 條第 4 項規定之機關團體之捐贈，以不超過所得額百分之十為限。 ※統一編號：XXXXXXXX ※劃撥帳號：XXXXXXXX ※地　址：XX 縣(市)XX 鎮(鄉)XX 里(村)XX 路 XX 號 　電　話：XXX-920377 　　　感謝您（們）熱心捐贈，特立此據並申謝忱。			

董事長：　　　　主任：　　　　會計：　　　　經手人：

XX 老人養護中心

2007 年 8 月 12 日　　　　接受外界捐贈物品收據　　　　NO：0000721

捐贈者	王雅青		地址			
	身分證字號	K34567890		電話	037-5678123	
財物名稱	品質及說明	單位	數量		折合現金	備註

董事長：　　　　主任：　　　　會計：　　　　經手人：

XX 老人養護中心

接受各界捐款使用情形報告書

期間：2007 年 7 月 1 日至 2007 年 12 月 31 日　　　　2007 年 12 月 31 日填造

收入部份		支出部份			結存
項目	金額	日期	金額	用途	金額
上期結存	40,000				
本期收入	200,000	2006.10.12	3,500	禦寒物品-保暖用品	
利息收入	202	.			
合計	240,202		3,500		236,702

董事長：　　　　主任：　　　　會計：　　　　出納：　　　　製表：

六、加強建立現金收支之內部控管程序

1. 當日各項收入除規定額內之零用金外,均須當日存入金融單位。一定金額以上之支出應使用支票。

2. 機構各項收入均應開立收據,並留存根聯備查。

3. 老人服務機構應分別設置出納及會計人員,並應專任專職。

4. 存款提領時應由負責人、主任、會計及出納於憑證上共同蓋章。

七、基金會附設或財團法人老人服務機構出具捐贈收據應載以下事項

1. 捐贈者姓名或單位名稱及身分證號碼或統一編號及住址。

2. 捐贈金額或捐贈物名稱數量及折合現金。

3. 有無指定用途。

4. 受捐贈單位名稱、地址、統一編號、負責人、主任、出納、經手人姓名及蓋章。

5. 受捐贈單位經主管機關核准字號及日期。

6. 出據日期及收據號碼不可跳開,應保持連號。

第三節　財務報表

老人服務機構的會計循環,係從分錄到最後決算及編表,這一系列之工作,目的在於編列正確之財務報表,以瞭解機構之實況。編列報表有幾項功能:

1. 可供機構經營決策單位如董事會瞭解經營現況,以做為未來經營方針及下期對策之參考。

2. 可供管理單位如主任、院長，做為業務改進或加強重點工作之
參考。

3. 可供合作或投資者投資與否之參考。

4. 可供金融機構或債權人授信之參考。

5. 可做為申報依據，及稅捐稽徵單位核算稅款之參考。

6. 可供要投入該單位職場之社會大眾，尤其學生做為加入之參考。

老人服務機構主要之財務報表有：損益表（又稱收支餘絀表）、資
產負債表（又稱平衡表）兩種。

一、收支餘絀表（損益表）

編製該表之目的在於瞭解機構在某一期間之經營成果，編製時表首
應具備：機構名稱、報表名稱及起訖日期。表身內容則依據稅法及申報
規定有：(1)銷售貨物或勞務收入；(2)銷售貨物或勞務支出；(3)非銷售
貨物或勞務收入（銷售貨物或勞務以外收入）；(4)非銷售貨物或勞務支
出（與創設目的有關支出）；(5)收入總計；(6)支出總計；(7)本期餘絀。
該表顯示其經營期間之收入及支出之動態資料，故屬動態報表。其格式
有收入在上、支出在下之報告式及左列支出（費用）、右列收入之帳戶
式兩種。機構一般以報告式為主，編製範例如下：

XX 老人養護中心

收　支　餘　絀　表

期間：2007 年 1 月 1 日至 2007 年 12 月 31 日　　　　　　單位：元

NO	科目	金額
	銷售貨物或勞務收入	
1	養護費收入	12,448,798
2	政府補助收入	29,612,329
3	居服收入—自費	342,106
4	銷售貨物或勞務收入合計	42,403,233
	銷售貨物或勞務支出	
5	水電瓦斯費	1,210,177
6	訓練費	15,000
7	人事費	23,409,875
8	設備費	1,702,800
9	退休金	505,263
10	重病看護費	2,983,995
11	活動費	209,167
12	勞務費	0
13	文具用品	444,302
14	郵電費	1,453,441
15	修繕費	347,038
16	廣告費	60,573
17	保險費	1,296,635
18	稅捐	78,600
19	伙食費	4,178,861
20	雜項購置費	988,591
21	開辦雜費	606,873

22	什費	373,727
23	油料費	867,690
24	旅運費	117,514
25	衛生材料	909,153
26	藥品材料	319,787
27	外勞費用	327,859
28	職工福利	132,902
29	交際費	24,779
30	折舊	100,222
31	書報雜誌費	29,210
32	呆帳損失	0
33	銷售貨物或勞務支出合計	42,694,034
	銷售貨物或勞務以外收入	
34	政府補助收入	29,958,155
35	專案收入	16,369
36	會費收入	0
37	其他收入	1,742,000
38	捐贈收入	1,143,197
39	利息收入	208,673
40	銷售貨物或勞務以外收入合計	33,068,394
	與創設目的有關支出	
41	房屋及建築	34,958,280
42	自由捐贈	64,910
43	與創設目的有關支出合計	35,023,190
44	銷售貨物或勞務收入合計(4)	42,403,233
45	銷售貨物或勞務以外收入合計(40)	33,068,394
46	收入總計(44+45)	75,471,627
47	銷售貨物或勞務支出合計(33)	42,694,034
48	與創設目的有關支出合計(43)	35,023,190
49	支出總計(47+48)	77,717,224
50	銷售貨物或勞務餘絀(44-47)	-290,801
51	本期餘絀(46-49)	-2,245,597

董事長：　　　　　主任：　　　　　會計：　　　　　出納：

二、資產負債表（平衡表）

編製該表之目的，在於瞭解機構在某一特定日期之財務狀況，屬靜態報表，編製時表首應具備：機構名稱、報表名稱及特定日期。表身內容有：(1)資產；(2)負債；(3)業主權益～資本（財團法人單位則為基金及餘絀）等三大部分。其中之會計科目排列次序，有依流動性優先排列，即流動資產在前、固定資產在後，以瞭解資產變現能力或負債償還日期，即償還能力大小，此為流動式排列法。相對的如以固定大小做為排列順序，如固定資產、負債在前，以瞭解機構的投資財力，此方法為固定排列法。其格式有左邊資產、右邊負債及業主權益～資本（基金式餘絀）之帳戶式，及由上而下依資產－負債＝業主權益～資本（基金式餘絀）排列之報告式表格兩種。機構主要是以帳戶式為主，編製範例如下：

XX 老人養護中心

平衡表　　　　　　　　　　　　　　2007 年 12 月 31 日

科目	金額	負債及權益	金額
流動資產		流動負債	
現金	152,152	短期借款	0
銀行存款	32,617,398	應付帳款	6,656,712
短期投資	0	應付票據	6,946,575
應收帳款	988,330	應付費用	3,329,434
應收票據	20,358,103	其他應付款	0
減：備抵呆帳	-80,400	預收款項	296,821
其他應收款	0	暫收款	3,141,357
預付費用	180,011	代收款	828,416
用品盤存	0	流動負債合計	21,199,315
預付貨款	3,525,497	長期負債	

其他預付款	50,000	長期借款	0
暫付款	0	長期負債合計	0
流動資產合計	57,791,091	其他負債	
固定資產		存入保證金	9,230,636
土地	2,151,200	退休金準備	2,984,487
房屋及建築	0	其他負債合計	12,215,123
減：累計折舊	0	負債總額	33,414,438
運輸設備	2,176,000		
減：累計折舊	-100,522	基金	4,634,900
其他固定資產		累積餘絀	26,316,969
減：累計折舊		本期餘絀	-2,245,597
固定資產合計	4,226,678	淨值總計	28,706,272
其他資產			
存出保證金	102,941		
開辦雜費	0		
其他			
其他資產合計	102,941		
資產總額	62,120,710	負債及淨值總額	62,120,710

董事長：　　　　主任：　　　　會計：　　　　出納：

 第四節　財務資訊的運用

　　財務資訊的運用著重於利用分析手法及工具，由兩大財務報表中分析出有效之資訊供內部決策及管理者使用外，亦可供外部投資者及債權人或金融單位參考，甚至提供捐助者使用。

各項財務分析方法有：比較分析、趨勢分析、結構分析及比率分析等。其中：

1. 比較分析法：係將前後期之財務報表進行比較，可由此瞭解經營績效及財務狀況之變動情形，依此方法分析時如單一科目比較則無意義，且必須調整為同一會計基礎。另經營性質需一致，而科目金額亦須調整為相同之物價水準。

2. 趨勢分析：將連續幾年（原則上 5 年）的財務報表中，以其中一年為基期，計算各科目對基期相同之科目的趨勢百分比。一般有兩種方法，即：(1)以前一年度為基期，計算增減及百分比；(2)以第一年為基期計算其百分比，瞭解其趨勢。舉例如下：

XX 老人養護中心

銷售貨物或勞務所得、勞務成本趨勢分析

項目 ＼ 年度	2002	2003	2004	2005	2006
勞務收入	20,844,311	18,974,131	26,876,431	35,346,454	45,414,641
A 趨勢分析	—	91.03%	141.65%	131.51%	128.48%
B 趨勢分析	100.00%	91.03%	128.94%	169.57%	217.88%
勞務成本	22,110,011	25,146,464	30,454,646	41,644,611	44,374,611
A 趨勢分析	—	113.73%	121.11%	136.74%	106.56%
B 趨勢分析	100.00%	113.73%	137.74%	188.35%	200.70%

註：A.基期以上一年度為基礎。
　　B.基期係以最早年度（2002 年為基礎）。

3. 結構分析：就財務報表中各科目之金額佔總額的百分比，因未涉及不同期間，也稱靜態分析，以瞭解各項目間的結構比例。也就是分析內部組成之結構比例，範例如下：

XX 老人養護中心

		平衡表		2007 年 12 月 31 日

科目	金額	比例	負債及權益	金額	比例
流動資產			流動負債		
現金	152,152	0.24%	短期借款	0	0.00%
銀行存款	32,617,398	52.51%	應付帳款	6,656,712	10.72%
短期投資	0	0.00%	應付票據	6,946,575	11.18%
應收帳款	988,330	1.59%	應付費用	3,329,434	5.36%
應收票據	20,358,103	32.77%	其他應付款	0	0.00%
減：備抵呆帳	-80,400	-0.13%	預收款項	296,821	0.48%
其他應收款	0	0.00%	暫收款	3,141,357	5.06%
預付費用	180,011	0.29%	代收款	828,416	1.33%
用品盤存	0	0.00%	流動負債合計	21,199,315	34.13%
預付貨款	3,525,497	5.68%	長期負債		0.00%
其他預付款	50000	0.08%	長期借款	0	0.00%
暫付款	0	0.00%	長期負債合計	0	0.00%
流動資產合計	57,791,091	93.03%	其他負債		0.00%
固定資產			存入保證金	9,230,636	14.86%
土地	2,151,200	3.46%	退休金準備	2,984,487	4.80%
房屋及建築	0	0.00%	其他負債合計	12,215,123	19.66%
減：累計折舊	0	0.00%	負債總額	33,414,438	53.79%
運輸設備	2,176,000	3.50%			
減：累計折舊	-100,522	-0.16%	基金	4,634,900	7.46%
其他固定資產		0.00%	累積餘絀	26,316,969	42.36%
減：累計折舊		0.00%	本期餘絀	-2,245,597	-3.61%
固定資產合計	4,226,678	6.80%	淨值總計	28,706,272	46.21%
其他資產					
存出保證金	102,941	0.17%			
開辦雜費	0	0.00%			
其他		0.00%			
其他資產合計	102,941	0.17%			
資產總額	62,120,710	100.00%	負債及淨值總額	62,120,710	100.00%

4. 比率分析：將特定期間或日期，就財務報表中之相關項目，百
   分比之比率表達，以此瞭解機構之償債能力、獲利能力，經營
   績效及財務結構等之指標。

   (1) 償債能力分析

   $$流動比率 = \frac{流動資產}{流動資產} \times 100\%$$

   此乃測試機構短期間之償債能力，本比例愈高愈佳，最好在200%
   以上。

   $$速動比率 = \frac{速動資產}{流動資產} \times 100\%$$

   此乃測試機構最短時間之償還能力，因一些公費之應收帳款入帳
   很慢常有延遲現象，本比例愈高愈佳，最好在100%以上。

   短期銀行借款對流動資產比率：

   $$\frac{短期銀行借款}{流動資產} \times 100\%$$

   此乃測試機構對銀行之短期間借款償還能力，本比例愈低愈佳，
   最好在50%以下。

   (2) 獲利能力分析

   $$營利率 = \frac{營業利率}{營業收入} \times 100\%$$

   此乃測試機構不含營業外支出之獲利率，比率愈高愈好，原則上
   為25%以上。

   $$毛利率 = \frac{銷售貨物或勞務收入 - 銷售貨物或勞務支出}{營業收入} \times 100\%$$

   此乃測試財團法人機構之經營績效，比率愈高愈好，原則上以
   30%以上較佳。

   $$總資產營利率 = \frac{營業利益}{總資產} \times 100\%$$

   此乃測試機構經營成果之綜合性指標，瞭解其投資報酬是否良
   好，其比率應略高於銀行借款利率。

(3) 經營效能分析

$$總資產週轉率 = \frac{營業收入}{總資產} \times 100\%$$

此係一切資金投入以獲取利益之指標，比率愈高表示資本運用程度愈高。

$$應收帳款週轉率 = \frac{營業收入}{平均應收帳款} \times 100\%$$

此乃測試機構之收帳能力，比率愈高愈佳，以上機構為財團法人時，其營業收入為銷售貨物或勞務較為適宜。

(4) 財務結構分析

$$固定資產比率 = \frac{固定資產}{資產總額} \times 100\%$$

此比率係測試機構總資產中，固定資產中所占比率，該比率依機構屬性或規模大小之不同而有不同之比率要求。

$$負債比率 = \frac{負債總額}{資產總額} \times 100\%$$

此比率係測試機構總資產中負債所占比率，該比率愈低愈佳。

$$資本比率 = \frac{資本總額}{資產總額} \times 100\%$$

此乃測試機構自有資本或基金及餘絀占資產之比率，依財務結構而言，該比率愈高愈佳，表示資產總額中，自有資本大於負債。

第五節　健全財務預算

機構為求永續經營，必須有明確的短中長期目標計畫。年度預算與一年之短期目標有關，而中長期財務規劃與機構永續經營長期之投資決策有關。因此，財務規劃係依機構之經營目標配合之。機構內部各部門常常存在著本位主義，皆認為自己單位最為重要，應分配較多預算，以致於年度計畫流於形式，而導致目標預算與執行結果，有著嚴重的落差

而失去意義。

　　機構中長期目標係永續經營之使命，故較少有變動，但是可以略為調整或微幅調整。但年度計畫則常會變動，其中，新機構因未有資料可循，則以零基預算法。而老單位已有資料可循，則以增支預算法為依據，進行調整未來之預算。而調整之因素係以服務個案及收費標準、服務內容之內部因素，還有通貨膨脹、國民所得、同業競爭等之外部因素。

　　預算之主要功能是引導財務之分配。例如：由單位之收支餘絀表、預算編製，可瞭解未來一年之收支金額，及其財務結構之變化，並可知現金之流量，方法係與上半年度預算做比較，並說明其差異之原因及處理方法，範例如下：

XX老人養護中心

二○○七年度預算書

2007 年 01 月 01 日至 2007 年 12 月 31 日

科目 款項	科目 名稱	預算數	上年度預算數	本年度與上年度預算增減數	說明
1	經費收入	81,349,016	37,084,552	44,264,464	
1	養護費收入	30,264,966	27,404,443	2,860,523	
2	政府補助	46,361,419	6,421,681	39,939,738	預留新建工程補助
3	捐助收入	2,702,203	1,548,236	1,153,967	
4	利息收入	192,660	190,274	2,386	
5	其他收入	1,453,568	1,189,918	263,650	
6	居服收入—自費	374,200	330,000	44,200	
2	經費支出	81,349,016	37,691,646	43,657,370	
1	人事費	23,160,001	22,678,721	481,280	
2	修繕費	1,615,581	981,193	634,388	

3	保險費	1,124,043	1,116,850	7,193	
4	稅捐	28,970	29,430	-460	
5	水電瓦斯	1,331,444	1,489,015	-157,571	
6	伙食費	4,053,975	3,112,090	941,885	
7	房屋及建築、設備設施費	42,136,896	1,135,600	41,001,296	新建工程
8	文具用品	220,261	307,860	-87,599	
9	郵電費	442,071	425,993	16,078	
10	退休金	509,286	378,946	130,340	
11	油料費	531,615	474,753	56,862	
12	旅運費	254,471	514,885	-260,414	
13	外勞雜費	374,000	264,722	109,278	
14	衛生材料	953,493	1,047,513	-94,020	
15	藥品材料	403,023	147,846	255,177	
16	重病看護費	1,129,790	1,478,000	-348,210	
17	活動費	245,661	404,753	-159,092	
18	自由捐贈	33,000	30,470	2,530	
19	什項購置	609,754	458,919	150,835	
20	什費	803,545	685,581	117,964	
21	職工福利	35,732	14014	21,718	
22	交際費	168,213	147,492	20,721	
23	折舊	95,000	65000	30,000	
24	開辦雜費	983,391	254,000	729,391	
25	書報雜誌	7,800	7,200	600	
26	廣告費	98,000	40,800	57,200	

董事長：　　　　　主任：　　　　　會計：　　　　　出納：

　　預算書之編製程序係由下而上，各部門依各項內、外部因素討論後提出，經財管部門進行單位間橫向整合而成，最後經主任或院長審核後，再於每年年度結束前之董事會討論通過後，檢送主管機關核備。決算書則由財管部門主管編製，並請主任或院長召集各部門主管，討論與預算之差異原因及改善措施，並訂定責任歸屬及績效考核，最後，於年度開始後之董事會討論通過後送主管機關核備，並依此向稅捐稽徵單位申報所得稅。

XX 老人養護中心

二〇〇七年度決算書

2007 年 01 月 01 日至 2007 年 12 月 31 日

科目		預算數	決算數	預算與決算增減數	說明
款項	名稱				
1	經費收入	81,349,016	76,161,941	-5,187,075	
	1 養護費收入	30,264,966	29,711,349	-553,617	
	2 政府補助	46,361,419	42,877,553	-3,483,866	新建工程補助因進度與預估有差異
	3 捐助收入	2,702,203	1,564,369	-1,137,834	
	4 利息收入	192,660	201,473	8,813	
	5 其他收入	1,453,568	1,445,197	-8,371	
	6 居服收入—自費	374,200	362,000	-12,200	
2	經費支出	81,349,016	77,328,654	-4,020,362	
	1 人事費	23,160,001	23,509,975	349,974	工作人員增加
	2 修繕費	1,615,581	1,478,441	-137,140	
	3 保險費	1,124,043	1,342,635	218,592	
	4 稅捐	28,970	55,573	26,603	

5	水電瓦斯	1,331,444	1,275,177	-56,267	通風，減少冷氣使用
6	伙食費	4,053,975	4,147,861	93,886	
7	房屋及建築、設備設施費	42,136,896	37,870,675	-4,266,221	新建工程進度與預估有差異
8	文具用品	220,261	230,167	9,906	
9	郵電費	442,071	314,638	-127,433	
10	退休金	509,286	556,263	46,977	工作人員增加
11	油料費	531,615	521,873	-9,742	
12	旅運費	254,471	267,787	13,316	
13	外勞雜費	374,000	378,759	4,759	
14	衛生材料	953,493	887,653	-65,840	
15	藥品材料	403,023	111,414	-291,609	
16	重病看護費	1,129,790	1,274,700	144,910	
17	活動費	245,661	358,302	112,641	
18	自由捐贈	33,000	65,000	32,000	
19	什項購置	609,754	347,727	-262,027	有輪椅捐贈，故減少支出
20	什費	803,545	974,791	171,246	
21	職工福利	35,732	47,479	11,747	
22	交際費	168,213	104,702	-63,511	
23	折舊	95,000	122,472	27,472	
24	開辦雜費	983,391	978,690	-4,701	
25	書報雜誌	7,800	7,200	-600	
26	廣告費	98,000	98,700	700	

董事長：　　　　　主任：　　　　　會計：　　　　　出納：

第六節　成本分析

因服務得到收入，其所發生之支出，謂之成本。產生收入時，消耗之服務成為已耗成本，謂之費用。若服務已消耗，但並未產生收入，亦即對利益並無貢獻則謂之損失。在競爭激烈之時代，開源之收入項目不易增加下，唯有著重在節流之成本項目下，依「利潤＝收入－成本」方程式可知，機構之競爭力在於能否保持高品質原則而能降低成本是為關鍵，因此成本之控管及分析甚為重要。

一、成本分類

依成本與成本標的之關係：

1. 直接成本：可直接歸屬於個案。如：照服員薪資、個案伙食費等。
   間接成本：不易或不能直接歸屬，而須透過分攤者。如：社工、主任等薪資。
2. 依習慣分類：
   固定成本：係在一定個案量下，成本之發生不隨服務個案量之變動而變動。如：設備設施、折舊、租金、保險費、顧問或簽證費等。
   變動成本：會隨著服務個案量之變動而變動之成本。如：個案使用之日用品、伙食、營養品、水電瓦斯等。

二、損益兩平分析

該分析係指機構營運須達多少營業額或床位數，方可不賺不賠，亦即平衡。大於此點即有盈餘，如未達此點則為虧損，該點計算方法如下。

（一）方程式法

總收入＝總變動成本＋總固定成本

總收入－總變動成本＝總固定成本

（單價×床位數）－（單位變動成本×床位數）＝總固定成本

$$床位數 = \frac{總固定成本}{單價 - 單位變動成本} \cdots\cdots\cdots\cdots 損益兩平服務量$$

$$收入 = \frac{總固定成本}{1 - 變動成本率} \cdots\cdots\cdots\cdots 損益兩平服務收入$$

（二）邊際貢獻法

$$床位數 = \frac{固定成本}{單位邊際貢獻} \cdots\cdots\cdots\cdots 損益兩平服務量$$

$$收入 = \frac{固定成本}{邊際貢獻率} \cdots\cdots\cdots\cdots 損益兩平服務收入$$

$$邊際貢獻率 = \frac{邊際貢獻}{收入}$$

邊際貢獻＝收入－變動成本

範例 1：安心老人養護中心每個月固定成本 600,000 元，每位老人之收費 20,000 元，每位老人變動成本為 10,000 元，請問該中心要服務多少床位？及每位服務多久？金額才能平衡。

$$損益兩平點之服務床位數 = \frac{600,000\,元}{20,000\,元 - 10,000\,元} = 60\,床$$

$$損益兩平點之收入金額 = \frac{600,000\,元}{1 - \dfrac{10,000\,元}{20,000\,元}} = 1,200,000\,元$$

範例2：安心老人養護中心因有不同床位之房間，因此收費也不相同。單人床收費 30,000 元、雙人床收費 25,000 元、6 人床收費 18,000元。而其單位變動成本分別為 10,000 元、9,000 元及 6,000 元。床位數分別有 10 床、20 床及 70 床。該中心每日固定成本為 600,000 元，請問損益兩平點服務量各為多少床？

邊際貢獻：單人床：$30,000 元 - 10,000 元 = 20,000 元$

雙人床：$25,000 元 - 9,000 元 = 16,000 元$

6 人床：$18,000 元 - 6,000 元 = 12,000 元$

加權平均邊際貢獻 $= 20,000 \times 0.1 + 16,000 \times 0.2 + 12,000 \times 0.7$

$= 13,600 元$

損益兩平點服務量（床）$= \dfrac{600,000 元}{13,600 元} = 44 床$

單人床 $= 44 \times 0.1 = 4 床$

雙人床 $= 44 \times 0.2 = 9 床$

6 人床 $= 44 \times 0.7 = 31 床$

第七節　稅務規劃

老人的機構稅捐問題，涉及機構屬性（財團法人及小型機構）之不同而有不同。與機構有關之稅捐內容有所得稅、印花稅、房屋稅、營業稅、土地稅、牌照稅等等，以下逐一說明。

一、所得稅

老人服務機構如符合《所得稅法》第 11 條第 4 項所稱之教育、文化、公益、慈善機關或團體，則可依該法第 4 條第 13 項規定免納所得稅。該法之重點在於須符合行政院之適用標準。此一標準，雖將機構本

身之所得及附屬作業組織之所得列為免稅,但又排除了銷售貨物或勞務收入。相當可惜的是機構所有收入中,銷售貨物或勞務收入就佔了 90% 以上。因此,機構上稅務規劃除注意符合該標準之條文要件外,更須著重在勞務所得之科目上,方能達到節稅目的。

如非基金會或財團法人屬性之機構,如小型機構或護理之家,則依決算後併入負責人之執業所得申報。若未依法結算申報,或未依法設帳且保留憑證表,可依收入之 75% 當作成本或費用結算申報。但如機構係依《老人福利機構設立標準》所設立之小型機構,或依《護理機構設置標準》設立之護理之家,則可依收入之 85% 為成本結算申報。

二、營業稅

老人服務機構依《加值型及非加值型營業稅法》第 8 條第 4 款規定免徵營業稅。因此,機構本身勞務所得無須開立發票,而使用收據(依《印花稅法》規定);但若機構本身另外兼營其他與目的事業無關之事項,依法仍需申請營利事業登記。

三、遺產及贈與稅

機構符合《所得稅法》第 11 條所稱之機關,其接受之捐款依該稅法第 16、17 條規定,捐贈者不用將其納為遺產及贈與總額。

四、土地稅法

私人捐贈土地給財團法人之老人機構,且捐贈人未取得捐贈土地之利益,則依《土地稅法》第 28 條規定可免繳土地增值稅,但機構未依捐贈目的使用,且捐贈人有取得利益,則依該法第 55 條之 1 規定,機構需被追納土地增值稅外,並被處兩倍稅額之罰緩。另依《土地稅減免

規則》第 8 條，可減免地價稅。

五、房屋稅

財團法人或基金會附設之老人服務機構自有房屋可依《房屋稅條例》第 15 條規定免徵房屋稅。但應注意並非主動免徵，應由機構（納稅義務人）於減免原因事實發生之日起 30 日內，向當地主管機關申報調查核定之。但如未合於免徵規定之小型安養護中心，其供安養住宿使用者，可按住家用之稅率；供辦公使用者按非住家非營業用稅率課徵。

六、印花稅

財團法人或基金會附設之老人服務機構，領受捐贈之收據，或接受政府補助經費所出具之收據，依《印花稅法》第 6 條第 14 款，規定免納印花稅。

七、娛樂稅法

財團法人或基金會附設之老人服務機構所舉辦之各種娛樂，其全部收入作為事業之用者，依《娛樂稅法》第 4 條第 1 款規定，免徵娛樂稅。

八、使用牌照稅法

財團法人或基金會附設之老人服務機構附屬之交通工具，每一單位三輛經主管機關證明者，依《使用牌照稅法》第 7 條第 9 款規定，免徵使用牌照稅。

九、節稅重點

財團法人服務機構，必須符合行政院之教育、文化、公益慈善機關或團體免納所得稅適用標準方能免稅。所以表面上慈善機構外界皆普遍認為是免稅優惠，但實際上要達到此目的，確需有相當之規劃方能達成，否則正常運作之單位如未妥善規劃，幾乎要繳納所得稅。

要符合此一標準有兩項重要關鍵點：一是銷售貨物或勞務收入要大於銷售貨物或勞務支出；二是所有目的事業活動有關之支出，要大於所有收入之70%。因此，必須認知及規劃銷售貨物或勞務之科目及金額。另外，另一重要因素是提列折舊科目之應用。依規定非營利單位，資產提列折舊可以每年攤提，列入年度之銷售貨物或勞務支出項目，也可以一次完全攤提列入年度之非銷售貨物或勞務支出項目，依此可以控管上面所提之二大關鍵以為節稅，整理如下：

I：收入

　　I1：銷售貨物或勞務收入

　　I2：銷售貨物或勞務以外之收入

C：支出

　　C1：銷售貨物或勞務支出

　　C2：非銷售貨物或勞務支出

P：本期餘絀

　　P1：銷售貨物或勞務所得

T：應納稅額

P=I−C，I=I1+I2，C=C1+C2

P1=I1−C1

應納稅額計算：

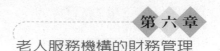
1、P＞0，且〔C/I〕×100%＞70%，T=P1×稅率-累進差額

2、P＞0，且〔C/I〕×100%＜70%，T=〔P-P1〕×稅率-累進差額

3、P＜0，P1＞0，T=〔P1-P〕×稅率-累進差額

4、P＞0，P1＜0且〔C/I〕×100%＜70%，T=P×稅率-累進差額

　※目前稅率25%

最佳節稅狀況：

　　P1==I1-C1＜0

　　P=I-C＞0，P=I-C＞0且〔C/I〕×100%＞70%，則T=0

老人服務事業
經營與管理

摘要

　　社會福利產業化之趨勢是愈來愈明顯；因此，老人福利機構為求永續經營，除了人力資源管理、行銷管理、創新研發以外，尤其在財務管理方面更是不可忽略，因為它代表機構經營之成果及績效。本章就會計概念及福利機構財務作業相關規定、財務報表、財務資訊的運用、健全財務預算、成本分析、稅務規劃等逐一介紹。期使機構經營、管理者，對於機構的財務能做一最有利的規劃與運用。

問題習作

1. 編列財務報表的功能為何？
2. 請簡述最佳節稅狀況為何？
3. 請試舉五項機構適用之稅法。

名詞解釋

會計科目	流動資產	應收票據
備抵呆帳	固定資產	遞延資產
流動負債	固定負債	長期負債
存入保證金	本期餘絀	累計餘絀
呆帳損失	折舊	決算表

第七章

老人服務機構的
人力資源管理與運用

林梅雅、黃偉誠

學習目標 ▶▶

研讀本章內容後，學習者應能：

一、瞭解老人服務機構人力資源管理架構。

二、志願工作者召募及教育培訓方式。

三、瞭解如何進行專職人員及志願工作者績效評估。

第一節　老人服務機構發展方向概述

　　高齡化社會是 20 世紀下半葉的趨勢，也是形塑 21 世紀消費與生產
面貌的主要力量之一，我國未來人口結構圖形將由青壯之燈籠型態，逐
漸進入高齡之金鐘型態。根據經建會推估，預計至 2026 年，老人人口
將達 20.63 ％，即每 5 位人口中，就有一位是 65 歲以上的老人，再加上
社會型態及家庭結構急遽轉變，老人扶養所衍生之相關問題，顯得相當
重要並值得加以重視。在此同時，世界正非常快速的變化著，在全球化
競爭和不確定的環境中，許多組織正掀起一波追求組織變革的熱潮，而
老人服務機構面對著新的社會福利服務產業化的挑戰，為讓組織能在競
爭激烈的市場環境中永續發展下去，老人服務機構應修正以往的封閉觀
念，正視組織變革的重要性。

　　以老人服務機構的性質來看，從早期以公益慈善的救濟院、仁愛之
家的非營利時代，隨著社會環境變遷，逐漸有許多營利性組織或機構加
入，這雖是福利多元發展中之結果，不過這卻導致未立案機構林立。到
1997 年以後，政府依據修訂之《老人福利法》積極輔導未立案機構合法
化，一時之間有大量的新機構成立，加以近年來大型財團法人機構以社
區化名義努力拓土開疆到處設置分支機構，以福利事業為名行連鎖經營
的財團化機構，和以營利為主純粹從市場的需求來提供高級享受的老人
安養服務等，使得整個老人安養護服務市場呈現多元化的發展。

　　對老人福利服務而言，目前強調以非營利為福利的供給主流，而非
營利部門對福利服務的提供，因為受制於其原有的先天不足、後天欠缺
的情況，其不穩定的財務來源，欠缺誘因的工作動機，機構發展的結構
限制，都可能導致其服務的不盡理想（江明修，1994），屆時以營利為

主，以服務來滿足消費者需要，賺取其應當報酬的團體或機構自然會出現。隨著營利性質的出現，市場化或商業化的演進也會順勢出現，這對屬非營利性質的老人服務機構而言，是一項極為嚴厲的考驗。

近年來因為大量同業的加入，對於老人安養及長期照護服務的公益慈善機構頓時倍感競爭壓力，尤其社區化、小型化、分散化或去機構化又是現行的社會福利發展潮流，這些都對早期成立、歷經組織變革的老字號財團法人老人服務機構的老人安養護業務造成明顯的衝擊。也因為這些因素，使得老人服務機構在不斷競爭之壓力下，更應使機構內人員之人力資源運用發揮最大之效用，以因應外界急遽之變化，以下將針對老人服務機構在人力資源管理運用上之方法與措施進行探討。

第二節　老人服務機構人力資源管理架構

一、人力資源管理體系

人力資源是組織的一部份，它著重於組織中人的面向。不管是公部門或私部門，組織是由人所組成的，獲得服務、發展其技能、激勵其較高的績效，以及確信其持續對組織的承諾，是達成組織目標所必要的。

人力資源管理通常包含四項主要功能：人員的晉用、培訓與發展、激勵以及維持。用較非學術的用語，即是獲得他們（getting them）、裝備他們（preparing them）、刺激他們（stimulating them），以及維持他們（keeping them）。本文在老人服務機構中的人力資源管理，係指對機構的董事會、專職人員和志願工作者之任用、訓練與發展、績效評估、報酬管理等四項進行討論：

1. 任用（Staffing）：即確信有合乎組織各層級短期或長期目標之

可用員工的正式過程，其過程包括：工作分析、人力資源、招募、甄選和員工指導等；通常在任用管理上，一般分為招募及甄選（Recruitment & Selection）兩步驟，招募指的是機構為了吸收所需要的優秀人才，以協助機構達成目標所從事的活動流程，招募可區分為對外招募以及由內部晉用兩種方式；甄選指的是如何在眾多應徵者當中，選擇最適合的人才以聘用的過程，常用的方法有履歷表、面談、考試，以及性向測驗等。

2. 訓練與發展（Training & Development）：為了確保機構的永續生存和發展，員工的知識、技能和價值觀念更要配合機構的發展目標而不斷調適精進。因此機構需不斷的培訓員工，開發人力資源，發揮員工的潛能，使員工的能力發展能配合機構的目標走向。

3. 績效評估（Performance appraisal）：績效評估又稱績效考核，績效評估是一種過程，是機構用來衡量和評鑑員工某一時段的工作表現，與協助員工的成長。評估的結果可作為薪酬、職務調整的依據、提供員工工作回饋、決定訓練的需求、用以改進工作和規劃生涯，以及協助主管瞭解部屬等。由此可知，績效評估做得好，可以增強員工工作動機，提昇員工自尊，員工更能瞭解自己和其工作，有利於主管與部屬間的相互瞭解和溝通，以及組織目標將更為清楚和被接受等。這些效果對企業的發展與個人的成長，均有正面積極的作用（張火燦，1997）。

4. 薪酬管理（Compensation Management）：依據《勞動基準法》第2條之規定：「謂勞工因工作而獲得之報酬；包括工資、薪金及按計時、計日、計月、計件以現金或實物等方式給付之獎金、津貼及其他任何名義之經常性給與均屬之。」由此可知，薪酬

通常指雇主付給員工財務性、有形或具體的報酬，是雇用關係中的一部份，薪酬的給付主要包括：基本薪資（base pay）、獎金（incentives）和福利（benefits）。前兩者大都以現金採直接方式給付，而福利則以非現金間接方式給付居多，其中各部分所佔的比例常隨國情、組織、職位等的不同而有所差異。

薪酬是人力資源管理中的重要功能，常是機構內員工關注的焦點，薪酬的設計與管理若能得宜，可協助機構吸引人力、激勵員工和留住人才。因此，要如何解決機構中令人困擾的薪酬問題，則必須以科學方法研究事實，並經一定步驟，訂出公平的報酬。例如：透過工作分析（job analysis）以獲得工作評價（job evaluation）之結果。

二、人力資源管理架構

若依傳統老人服務機構人力資源管理的架構來看，由於多數老人服務機構皆由基金會承辦，因此我們可以將老人服務機構之人力資源分成董事會、專職人員及志工三個部份，以下將這三類人力資源的特性分述於後。

（一）董事會

董事會是個具集體性、決策性、權威性與組織性的人民團體，通常具有下列幾種職責：

1.甄選、支持、評價行政主管。

2.檢視及維護組織的願景及任務。

3.督導組織執行計畫。

4.確保財務的穩定，參與募款的活動。

5. 膺任組織的大使及發言人。

6. 定期評估組織的方案。

7. 扮演社區及組織的溝通角色。

8. 成為組織內部衝突最後申訴管道。

9. 擔任組織法定角色及代理人。

10. 定期自我評價。

由於董事會代表一個機構，所以地位相當重要，一個好的、有功能的董事會可以使機構蓬勃發展，否則可能會給機構帶來許多的紛爭與阻礙。

（二）專職人員

所謂的專職人員即指支薪的工作人員，亦指行政人員及基層的專業工作人員，他們通常是提供第一線的服務，急難救助、緊急救援、教導學習，甚至提供各項助人及自我成長的服務，他們通常是支薪不高以服務人群作為自我期許之工作人員。由於專職人員的素質及訓練，也影響服務的推動及志工的整合運用，所以專職人員在老人服務機構中扮演極重要角色。

（三）志工人員

所謂志工人員即指以負責的態度，而非以金錢的利益來呈現個人所從事的服務行為，強調自由意志的內涵及助人的社會責任，志工包括：學生、青年人、婦女、年長者、專業人員，甚至是所有人擔任公益服務的一個過程。我國於 2001 年通過《志願服務法》之實施，對於從事志願工作者皆給予許多的鼓勵措施，使得我國志願服務有逐漸蓬勃發展的現象。此外，從老人服務機構未來的發展趨勢來看，我們可以預見老人

服務機構在志工的運用與管理上，未來將面臨更多的挑戰。所以未來志工將是老人服務機構的生命力，許多老人服務機構沒有志工，無法執行其服務方案及工作的任務，因此要如何整合及運用志工後援組織是相當重要的課題。志工的人力資源特質與受限，相較於一般員工人力資源特質最大不同，乃在於志工是一種志願投入的且非經濟報酬的人力資源。老人服務機構隨著社會之演進，實有必要加強志工管理的各項工作，以因應日趨複雜的志工管理問題，並進而提昇志工對機構管理的滿意度及組織承諾。

三、老人服務機構之人力資源管理

由以上說明可知，老人服務機構人力資源管理可定義為由機構中的相關人員——董事長、專職人員、志願工作者的任用、訓練和發展、績效評估、薪酬管理所組成的過程，以策略性和一致性的協調合作之方式來完成組織的目標。

由於老人服務機構之人員角色特殊，在實際的運作上與一般企業有所差異。其中最大之不同處是薪酬管理，因為董事和志工都不支薪，所以不能用一般的薪資給付來說明。因此藉由動機的觀點，以激勵的方式來處理，其他的功能雖然在實際運作上三種人員互有差異，不過這不影響其功能原來之作用。

第三節　任用管理

任用是人力資源管理的功能之一，亦是一項重要的工作，此項工作係由一連串的活動所組成，包括：招募、遴選和安置，因此在任用的過程中，使機構能有效獲得有能力和有意願工作的適當人選，以下則針對

董事成員、專職人員及志願工作者之任用管理進行討論。

一、董事成員的任用

老人服務機構通常招募成員的方式有四種（Houle, 1989）：

1. 由現任董事成員邀請：透過現任董事成員邀請外界的專家學者、知名人士、熱心人士或理念相同的資助者加入。

2. 由外界的相關機構任命：可邀請與本機構宗旨、性質相同或類似機構的董事加入。

3. 由一般民眾選出：利用民眾票選之方式，選出較受一般大眾歡迎的人士受邀成為董事。

4. 由該組織的會員選出：由機構中的會員以互推或票選的方式選出董事成員。

二、專職人員的任用

專職人員的任用過程分成下列四個階段（Stead & Chater, 1986）：

1. 成立遴薦委員會（Search committee）：大約以 5 至 7 人較為合適，通常是由董事們組成，但是也可包括專職人員或是其他組織的專業人員。

2. 招募候選人員：透過刊登廣告、求職網站、委託公私立的職業介紹所或人才仲介公司推薦，把消息公布在相關社團活動的場合及主動去告知已確認的可能人選，候選人愈多，選擇適當人選的機會愈大，但是數目的多寡並不是最重要的事，候選人的品質才是最重要的。

3. 審查候選人員：通常先審查應徵者的履歷表，並須附有相關的證明。但有些特質無法從履歷表中發現，如價值觀、哲學、創

造力及想像力等（Albert, 1989）。

4. 面談候選人員：各候選人皆經相同的面談程序後，由各遴薦委
員會面談的評分表加以評等比對，經過大家同意後即完成新人
的甄選工作。

三、志願工作者的任用

1. 志工的招募：老人服務機構在招募志工時，會有兩種型態的志
工出現，一為短期的志工，另一為長期的志工。短期志工傾向
以較少和較簡單的方式奉獻他們的時間，不願像過去志工的積
極深入（Macduff, 1980）；長期志工為傳統上對組織或事件奉
獻，對志工的行動有強烈的相關意識，也對組織意識密切相關
聯（McCurley & Lynch, 1989）。短期志工的徵募方法有三種：

(1) 工作本身的吸引力：機構不需使用特別的方法來招募志工，
因為志工直接對機構的特定志願服務工作有興趣，或是工作
的型態吸引他們，與完成機構工作無關。

(2) 參與特定活動：志工受到機構特定活動的型態所吸引而參與
志願服務工作，譬如週末運動活動，這種徵募方法並不需要
與活動負責人相關聯。

(3) 強迫選擇：他們被朋友或同事要求成為志工，他們會參與志
願服務，乃因為與請求者的關係，而非與機構的認識或認知
有關。短期志工的招募方法幾乎屬於志工本身的抉擇，機構
本身較不易掌握，但從另一角度看，如果機構的活動多樣，
內容豐富有意義，自然可以吸引更多的短期志工，這是機構
本身可以控制的，短期志工多，當然較可能培養出長期志工。
長期志工的招募事實上就是一般的志工招募，由於志工的招

募不像支薪的職員或是一般組織的員工有特別的程序和嚴謹的過程，因為後者要算人力成本，而前者是不領薪的自由身，流動性大，所以招募的方法非常的彈性，可以用很簡單的自我推薦或是很複雜的行銷過程，只要能有效的找到適當的志工，加以延聘即可。

而一般志工的招募約可分如下數項（江明修，1999；Fletcher, 1987）：

(1) 個人直接邀約：經由志工或專職人員直接邀約親戚朋友或其所認識的人參加。或是藉由過去社會福利機構的服務對象及其親戚，因其感謝機構的協助，亦可邀其參加志工的行列。

(2) 演說者傳播方式：經由志工或工作人員對社會和相關團體的介紹，讓其認識該機構進而能夠招募到志工。

(3) 開放參觀：藉由機構的開放參觀，增進外界對機構的瞭解。

(4) 郵寄宣傳品、通訊函：經由郵寄的文宣品、通訊函達到告知機構訊息和招募志工的目的。

(5) 文宣促銷：藉由海報、看板、帆布的宣傳提昇機構的知名度，並告知民眾對志工的需求。另一方面亦可探索其他組織贊助的意願，可將捐助者的名稱公布在文宣上做回饋之用。

(6) 大眾媒體的運用：藉由電視、電台和報紙的報導來招募志工。

(7) 公開展示：於展覽會或是人群聚集場所擺設攤位，告知大眾相關訊息。

(8) 建立志願服務網絡的途徑：老人服務機構可以與資訊科技相結合，將有熱忱且願意從事志願服務工作的應徵者，以電腦將其資料建立檔案，並且成立志工人力銀行，將志工與志願服務團體的電腦檔案以網絡連結，作為志願組織和志工應徵

者之間的聯繫橋樑。

(9) 聯合招募志工博覽會：志願服務團體仿造聯合勸募的方式，舉辦志願協會博覽會，除了可呈現志願服務團體的服務成果和宣導公益的理念外，亦可實施聯合招募志工的方案。

如何讓民眾認識志願服務機構而願意投入志工行列，志願服務行銷是重要的方法，形象佳、信譽良好且具有公信力的機構，比較能獲得民眾的信賴，吸引民眾加入其志工組織。因此，平時多舉辦公益活動、塑造良好且公平的機構形象，以獲得民眾的認同是非營利組織的重點工作，亦是招募志工的良方。

2. 志工的甄選：甄選的目的在於進一步獲得應徵者的詳細資料，並加以評估以求能招募到最適合的人選。主持甄選工作必須就工作條件、機構狀況和應徵者的個人資料做充分的比較分析，然後再做選用的決定。而甄選的方法主要可分為：

(1) 筆試：以文字問答的方式，由應徵者作答，以推斷其知識和能力，進而選取的方式。

(2) 口試或稱面談：在面對面的對談中提出問題，由應試者以語言表達方式來答覆，以瞭解應試者的過去、現在和未來。

(3) 實作測驗：以實際工作表演來測量受試者是否具有職務上所需的知能和技術。

(4) 心理測驗：是一種經過機構和選擇的刺激物，用以列出個人的心性對它所作的反應，及測量個人的特性和特徵的量數。一般說來心理測驗的內容至少包含能力和人格兩大部分，主要有成就測驗、智力測驗、性向測驗、人格測驗和興趣測驗等。

(5) 管理評價中心：前述的方法，大多以非管理人員的甄選為主，

至於管理人員可用管理才能評價中心來甄選人才。所謂管理評價中心係為有效達成管理目標，獲致管理知識、技術、態度和遠見，所實施的有系統培訓過程，也即是對具有管理潛力的非管理人員加以拔升或甄選，隨時灌輸管理新知，磨鍊實際管理經驗的方法（黃英忠，1997）。

一般說來，老人服務機構志工人員的甄選，需視志工所擔任的工作性質來決定，像生命線志工因擔任預防自殺的協談工作，其甄選確實要比較慎重，但像一般活動支援性、臨時性的志工就要放寬條件，否則會阻礙志工參與的熱誠和機構的發展。為使老人服務機構能夠招募到符合機構所需的志工，甄選方案格外重要，避免造成資源的浪費。

志工的甄選方式可分別如下：

(1) 提供組織的志工手冊：老人服務機構必須將機構的目標、政策、服務方式、志工的角色定位、工作內容、倫理規範、所需要的志工人數等製成志工手冊，提供給所招募的應徵者參考。

(2) 填寫甄選資料表格：老人服務機構須要求應徵者詳細填寫個人的履歷、經驗、所能夠投入的時間、專長、願意參與志工的工作性質與種類、期望等資料，以作為篩選的重要參考。當應徵者發現其所願意擔任的志工工作，與招募單位不相符時，可以退出甄選的行列。

(3) 初次篩選：老人服務機構依照組織章程成立的人力資源甄選小組，依據應徵者所填寫的資料，參考機構志工手冊所需的志工人力、工作倫理規範、應徵者的專長興趣為基礎，初步篩選出具有潛力且符合該機構需求的應徵者，接受甄選小組進一步面談後錄用。

(4) 有效的面談：①決定應徵者是否適合志工的工作，重點在於應徵者的服務動機、使命感、認同志願服務的價值、專長技能興趣與知識、人格特質等，以決定應徵者是否適合擔任機構的志工工作；②將志工工作的有關內容、性質、服務項目、時間地點、工作倫理規範等告訴應徵者；③不論面談結果如何，都要令應徵者留下好印象，作為日後甄選的來源。

第四節　訓練與發展

一、董事成員的訓練發展

為幫助董事成員早日進入狀況，正式的職前引導（Orientation）的安排是必要的，不只要教育新成員瞭解機構和他的職責，同時也要傳達董事會成員重要性的訊息。

新董事會的職前引導通常採用小型會議的方式，一般安排在第一次正式董事會之前，由董事會主席召集新成員和會務有關的工作人員出席，一方面表示歡迎之意。一方面也讓他們認識有關人員和環境，同時也由各業務相關人員就業務提出簡報，而一些資深的董事也會向他們說明未來的工作及角色；這種會議應該是開放、公正及集中於機構的潛能上，而不是揭露機構內幕和建立政治聯盟的時候，它應該弄清董事成員是隱含高標準的道德和成就感（Gelatt, 1992）。當然會中還要發放許多相關書面資料，這些資料分列如下：

1. 董事會日期行事曆，包括：開會日期、組織行事和歷史性的重要日期。
2. 董事成員和職員的姓名、電話和傳真號碼的詳細資料。

3. 組織圖表。

4. 各委員會的相關消息。

5. 組織的任務說明及策略規劃。

6. 最近幾年的年度報告書和財務收支報告書。

7. 最近一年的董事會會議記錄。

8. 主要活動記錄和負責人姓名。

9. 重要的統計資料：如服務人次、會員分布等。

10. 工作描述：機構中每位人員的工作職責。

11. 募款的記錄。

12. 公共關係計畫。

13. 部分個案處理檔案。

這些資料不一定要完全提供給新董事會成員，可以選擇最需要的幾項資料，以符合講習的目的。

二、專職人員的訓練與發展

（一）專職人員的職前引導

當一位專職人員進入老人服務機構時，需要調適的過程，去學習工作場所的新價值和新規範，這是一種社會化的過程。無論新人帶著何種技術或經驗，皆必須接受訓練，以適應新環境。機構為幫助新人的適應，應發展員工的職前引導，除了介紹新進人員認識機構成員外，也要告知有關機構目標、歷史、哲學、程序和規則，以及有關人事政策的種種規定，如工作時間、請假規則等，瞭解工作上的特別職責，引導認識機構環境和設備，同時減輕其焦慮等，如果能同時提供員工人事手冊則更為方便。除了上述正常的職前引導外，在目前的老人服務機構中，應

該要增加更多個人的接觸，讓員工能夠認識組織氣氛和組織文化，使他知道機構裡的角色規範和價值，以及機構內特有的工作關係等。這種職前引導通常由行政主管指定其他專職人員辦理，使得新人知道如何在機構中生存或發展，這段過程可用社會化的方法來延伸為個人生涯發展的助力。

（二）專職人員的一般訓練

專職人員工作一段時間後，因環境的變遷、新技術的出現或是機構新任務的出現，專職人員必須要接受訓練，傳統上，此種訓練有下列幾種方式：

1. 至學校進修：例如以在職進修之方式，攻讀企管或相關專業之碩士，以習得管理理論和方法來協助機構改進效率。
2. 採用工作輪調的制度：使專職人員熟悉不同的工作，學習不同的工作技能。
3. 聘請外界專家來安排訓練課程或接受訓練工作的諮詢。
4. 至外界訓練機構參加長期或短期的講習。

三、志願工作者的訓練與發展

志工訓練一般可分為職前引導、服務前、服務中訓練。職前引導是讓志工對機構中的工作瞭解，而且感到舒服的過程；服務前訓練有如初級訓練或技術發展訓練，它包括評估志工的能力和提供志工完成指定工作所需的技巧；服務中訓練包括：觀察、模仿、結構式訓練，機構最常用的方式有教導和工作輪調（Cezo& Robbins, 1994），而志工訓練方法大致有：

1. 職前引導：採工作坊、演講研討會、開會、幻燈片介紹、實地

參觀的方式。

2. 服務前訓練：採工作坊、演講研討會、開會的方式。

3. 服務中訓練：採工作輪調和教導的方式。訓練告訴志工的事務超過工作上所需要知道的，或是訓練造成大部份的志工無聊、壓力或疏離時，訓練就是超量了；最好的訓練是提供志工成功的完成工作所需要的技巧和態度，以及提供學習、激勵和個人成長的機會。

Fisher 和 Cole（1993）另以學習的角度提出五種學習活動：

1. 從機構中學習：讓志工熟悉機構就是學習的過程，這過程開始於志工的正式或非正式接觸機構。他可能是從公共資訊中得知志工團體的情形，也可能和其他志工或專職人員交談過。在進入機構後，經由引導訓練或歡迎活動，新志工可藉由活動或相關的書面資料更認識機構，愈掌握內部資訊，愈受到尊重，也就愈有向心力。

2. 從特定工作中學習：讓志工以所具有的技巧、知識和動機去從事特定的工作，為了能有額外準備的需求，一些正式的訓練活動和非正式的教育活動，例如：觀察、監護人、在職訓練等，則需根據要學習的工作機會及志工已瞭解多少的程度來加以安排。這種對特定工作學習的方案要依靠一些因素，例如：志工的經驗和背景、要訓練的志工數目、可以使用的時間，以及工作的性質和複雜性。如果有些工作是已經標準化的工作表現，志工就會被教導如何以明確的方式來完成工作。學習標準化的過程，需要志工的實際練習，直到能符合標準的規定，如果學習判斷能力，那就需要儘可能安排與實際情況相近的情境，讓志工從中學習。

3. 從變遷和轉換中學習：志工的管理者通常總是設法讓各種方案能平穩的完成，但事實上卻有各種變化發生，例如：服務對象、人員、關係、權責、政策等的變化，經常會發生在方案中，雖然這些變化可能只需要志工們增加效率，或是改變影響方案的內外力量，但是如果不經過細心計劃，是不可能成功的。志工們通常不喜歡見到這些變遷來干擾他們的方案，如果因為不喜歡而採用漠視或強烈的極端反應，而不去正視變遷的問題，會造成服務品質的低落。志工的發展方案必須針對變遷來設計，這些方式可分下列幾項：(1)增加志工在責任上處理變遷所需要的技巧和知識；(2)確定變遷的來源和原理；(3)加入志工在變遷的規劃中；(4)發展志工支持變遷的態度；(5)在不確定和轉換期間對志工提供支持力量；(6)鼓勵志工解決變遷所引起的問題；(7)通常在變遷的環境中，志工會有新的職責，來配合變遷過程，使得志工的聲音能夠被聽取，而他們的動機和承諾才能完整的維持下來。

4. 從增加職責學習：志工可從增加機構的職責中學習。當機構評估他們未來領導者的需求時，可從志工的經驗和潛力來判斷他們是否能成為志工的徵募者、訓練者和督導者，或是成為社區組織的代表，或是政策決定小組的成員。在此評估的基礎上，機構可選擇潛在的志工領導者，同時為他們發展出一種得到必須技巧和知識的計劃。設計領袖發展方案是要從多方面考慮，正式的學習行動通常需要審視有關職位、職責和程序等的基本資料，對即將參與發展方案的準領導者，可能由有經驗的志工加以觀察或一起工作。對於志工領導者的訓練可安排會議、工作坊、自我導向學習活動或其他機構安排的研討會等，這些都

是很重要的學習方法。

5. 為個人成長和豐富化學習：當機構為志工的新職位設計活動時，這種發展過程的主要受益人是機構，因為他有機會去儲備未來領導者。機構協助志工們個人的成長和豐富化是確認他們對機構的貢獻。機構要讓志工如正常人般的成長，成長方案必須加強自我實現，增加方案有關的知識及分享專職人員們的專業知識。比如志工的每月聚會，專職人員們可以與志工們一起討論他們專業的領域、新的展示方法或最新發現，如此的聚會可使志工增加他們對相關主題的知識。志工們把志願服務工作當作自我發展的方式，而學習機會更是他們工作滿足的重要因素。

第五節　績效評估

一、董事會的績效評估

在實務的運作過程中，大多數的董事會很少直接注意他們自己的表現，也很少花時間去反應他們執行職責的情況，因為邀請外面的專家評估花費較大，很少董事會願意尋求外力來評估他們的表現。偶爾有些選民團體，例如：消費者、校友會等，願意主動提供意見，但是很少董事會會從事工作表現的系統評估，事實上也很少人知道如何去進行這樣的行動。以下針對董事會績效自我評估的方式，區分為六項回饋循環步驟：

1. 由董事們決定及選取董事會的目標與擬訂行動計畫。

2. 依計畫執行。

3. 行動後對董事會、機構和環境產生了影響。

4. 蒐集會影響董事會、機構和環境間的資訊。

5. 董事們將目標與執行成果做一比較,並找出差異。

6. 因差異的產生而引發董事會更大的動機與作為,然後不斷的循環而且修正。

二、專職人員的績效評估

機構績效考核的目的可分為:(1)行政目的:績效考核結果,在行政上可作為員工升遷調任的依據和選用、留用員工的參考及淘汰不適任的冗員,另外亦可作為訂定和調整員工薪資的標準;(2)發展目的:績效考核結果,可使機構和員工瞭解其工作的優缺點,工作優點能提昇員工工作的滿足感和勝任感,使員工樂於工作,適任其工作並發揮其成就感。而工作缺點使員工瞭解其工作缺陷進而改善,機構亦可依此作為訓練和發展的依據;(3)研究目的:績效考核可作為各種人力研究的佐證,比如可協助主管觀察員工行為,維持員工工作水準,改善其工作績效。在評估考核結果後,機構應分析其真正原因所在,並提出改善方案,才可達到真正的績效(黃英忠,1997)。

績效評估的目的在促進人力資源有效運用,可作為加薪、獎金、晉升、培訓、職位調整、個人與機構人力資源的評估、員工生涯規劃以及解僱、資遣和提早退休等的參考。而在老人服務機構之中,進行績效評估之目的亦是希望促使機構內之人力資源能夠有效之利用,因此基層專職人員應每年接受主管的績效評估。由於績效評估所使用之方法繁多,例如:目標管理(MBO)、評估表格評分等,為避免受考核之基層專職人員於績效考核時受到不公平之結果,故應注重:

1. 考績標準的多元化:指防止受評人因某種特殊考核標準而獲益,或因無法合乎某種特定的工作條件要求而受害。

2. 考核方式的多元化:利用其它考績方式以消除直屬主管單獨做

考績的缺失。

三、志願工作者之績效評估

志工的績效考核是針對志工的工作表現與所訂標準的關係，所進行的系統化正式的評鑑過程，同時將評鑑結果與志工溝通，也就是說績效考核包括評鑑和溝通兩部份。在一般機關中績效考核的結果常被當做加薪與否的依據，但是志工的績效考核主要是瞭解志工工作表現的優缺點，一方面讓志工能知道自己工作的情形，一方面和志工一起討論如何來改進這些問題，使工作做得更好。更進一步來說，針對所發掘出來的志工特色，進行工作調整，使每個志工能適得其所，發揮專長，同時也作為推薦志工領導者的參考。也可透過考核的共同參與過程，加強志工與機構的關係，機構也可藉此表示對志工的感謝，同時也可確定志工在其職位上仍有持續的興趣。績效考核不是傳統的區分其好壞的作法，而是對機構的管理、對志工本身的成長都有莫大幫助。Vineyard（1988）表示，有效的志工評估原則為：(1)志工對其將從事的工作必須清楚，而機構也要清楚；(2)評估必須公平；(3)著重工作的評估而不是個人；(4)評估應在合作的氣氛下進行；(5)志工應有完成工作所需的工具、資訊和支持；(6)應立即糾正志工的明顯錯誤。

此外，評估志工的方法可分為：

1. 督導者評估：由直接督導志工的人擔任，他們可以在工作關係中觀察志工的表現，並且判斷他們服務表現與機構目標的關係，這是最通常使用的途徑。

2. 自我評估：由志工評估自己的工作表現，志工可依設計好的問卷，就個人工作表現在問卷分數表上選擇適當數字。此外，亦可以當做重新檢查志工的工作說明，瞭解志工執行的責任和預

定目標的相差程度，或是著重在評估自己處理問題的優缺點，最大的好處在於此評估必須經由督導者和自評者一起討論，藉此瞭解彼此的期待和認知。

3. 同伴評估：同伴們透過工作頻繁的互動，對彼此的情況有較深入的瞭解；志工相互評估的信度較高。

4. 服務對象評估：利用問卷之方式，送請志工所服務過的對象加以評估，這種方式受到顧客本身好惡的觀念影響，會有極端的反應出現，這種外在的客觀評估，可以當做志工服務情形的瞭解及發掘問題的參考。

5. 團體或委員會的評估：除了督導的評估外，相關的工作團體，如委員會或相關的工作小組，也可以一起來評估，透過不同層級的人來評估，其結果的信度較高。

在進行志工評估前，先要考慮是否要全面進行正式的評估，因志工的工作性質及難易不一，責任也有輕重不同，使用正式的評估，可能對擔任簡易工作者不適宜，通常以常識則可分辨其好壞。但是有許多志工需要正式的評估，有些半職業的志工或是準備將它當作工作經驗者，此部分則是重要的溝通工具，評估者可以從資料中瞭解志工的情形。在進行志工評估時，必須先讓志工和專職人員們在知識上有充分的認知，在觀念上願意合作，使志工知道，他在工作一段時間後，機構會對他進行評估。

志工管理者或督導者可以事先設計一些評估表格，評估表的內容係依據機構的任務及每種工作的不同和所需的條件、行為來訂定，比如可分成與專職人員或服務對象的關係、與其他志工的關係、對政策和方案的順從意願、會議的出席率、敏感度、創造性和特別工作的責任。這些表格在訂定時最好請專職人員和志工們共同參與，因為此部分牽涉到雙

方的立場和期待,透過共同設計出來的表格來評鑑志工,才容易被志工接受。志工評估考核開始前,他們應該知道要評估什麼。評估表格和相關人事政策應早已包含在志工手冊中,否則就要設法送交讓志工知道機構的期待和整個評估過程,如此可減少他們對評估的不安或壓力。不管使用何種方法,在所訂的時間內要進行評估,並與志工約好個別面談時間,針對已填好的評估表進行討論,並就工作上的優缺點交換意見,提出可以改進的做法,如果志工表現良好,也可藉此機會表示感謝和讚佩之意,在雙方同意下,就評估結果在評估表上簽名,送給受評志工一份影印本,原本予以建檔,完成評估過程。

志工的評估對於工作表現的效率和機構的變遷有很大的影響,經過設計後的慎重評估必須跟隨行動,也就是評估結果的追蹤和實行,如此才能使組織避免衰退,同時保持人員的活力,機構也必須鼓勵志工有較好的表現,如此才能對客戶有較好的服務。

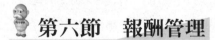 **第六節 報酬管理**

一、董事會成員的報酬管理

董事會成員是不支薪且還必須付出金錢、時間及體力的,但為什麼仍有人願意成為董事會成員呢?根據學者(Setterberg & Schulman, 1985)的調查,可歸納為以下六項:

1. 願意協助奮鬥目標。
2. 同意組織的原則和目的。
3. 有志於學習新技術和得到專業知識。
4. 增加自己外出的機會。

5. 有志於擴大個人的社會關係圈。

6. 期待得到社團中較高的評價，擁有較高之社會地位。

　　許多人加入董事會後，有的自我利益動機，可能會逐漸提昇到利他的觀點，當董事們進入董事會後，經過不斷的接觸和瞭解，也逐漸看到具體的成果時，董事們的己身利益也轉化成對機構任務的服務，這個董事會才會完全成熟。因此要建構一個有效的董事會，董事成員們的工作動機必須有效的激勵，在董事會中，此種激勵來自於自我導向和團體導向的動機。

二、專職人員的報酬管理

　　薪酬管理是策略、政策和系統的發展和執行過程，經由得到和保有符合需要的員工並增加他們的動機和承諾，以達成機構的目標。薪酬管理並不只是錢的問題，它包括非金錢的報酬，也就是內在動機（intrinsic motivation）和外在動機（extrinsic motivation）。內在動機來自於自我產生的因素，它影響人們呈現特定的行為，它會以挑戰、責任、影響決策、成就感、認知、技術發展和生涯機會等來滿足個人需求；外在動機則是關於員工做了些什麼來激勵他們，包括：薪資、讚揚、晉升職位、處罰等。外在動機是立即的效果，但是不會持續太久，內在動機則有較深入和較長期的影響，因為它是來自於個人心中，不是由外面深入的。

　　基於報酬管理對員工的激勵有相當的影響，因此就老人服務機構的角度看，專職人員們可以在薪資和內在動機方面來加以說明，以便瞭解此兩種報酬對專職人員之影響。

（一）專職人員的薪資

　　老人服務機構的專職人員在高度的激勵需求中，應該給予適當的薪

資。根據美國 1992 年至 1993 年的非營利年鑑（Nonprofit Almanac）的統計資料顯示：非營利部門的平均工資和薪水低於企業和政府部門（Hodgkinson et al., 1992）；在 1989 年，非營利部門員工的平均薪資低於非農業（即靠薪資收入），不過也有些人認為非營利部門員工的薪資並不是最重要的，因為他們有很多機會在公共場所曝光，可用非物質的報酬來抵償，然而就是因為他們在工作上有許多機會與公眾接觸，要處理機構管理和政策的事務，所以報酬層級和福利計劃對他們自身象徵有很大的意義。

到底要付多少薪資才算合理？要設定薪資的層級是非常困難的工作，但是仍有可行的方法來協助機構完成薪資的決定。首先檢視其他的老人服務機構的薪資調查資料，以顯示相關工作所付出薪水的範圍；其次，鎖定一些相似的機構，瞭解其薪資和福利計畫，這些資料可以加以整理，找出每個職位的最低、最高和平均薪資等級，在配合福利計劃的範圍，將這些資料送交董事會參考。此外，進一步研究機構的預算處理，瞭解人事費用可以有多少，一般必須的行政費有多少，對於留給機構舉辦活動的費用，是否在總預算中有太高的比例？對於預算的分配有所瞭解後，再來就是檢視機構內部的工作是否可重新設計，以節省人事費用；可否以志工、顧問、部份工時勞工之方式來取代支薪專職人員；可否勸募更多的經費。如此的做法便使機構的人事費用可以有個較合適的安排。

（二）專職人員的內在動機

老人服務機構的員工之薪資與政府、企業等員工相較，顯然是較低的。由於這部分的活動主要是靠慈善和志願性的人力，因此在邏輯上，總希望支薪的員工比企業界和政府界的員工，在自我犧牲和非金錢的動

機方面有較高的程度。這種想法是因為在老人服務機構工作，通常被視為有愛心且有較佳的名聲，因此能吸引較低的薪資任職，不過老人服務機構是否能夠長期提供內在動機的利益來彌補較低的薪資，或是有些專業人員是否能有相當或高於其他行業的待遇，這對老人服務機構的員工管理有很大的關係。由於老人服務機構組織上的限制，因此專職人員較缺乏晉升的機會，面對的助人情境大多是負面問題，工作辛苦卻常看不到結果，使得他們的內在需求也無法滿足。如能在此方面加以注意，對機構員工的激勵將會有很大的助益。

三、志願工作者的決策參與、激勵和報償

一般企業福利措施基本上可分經濟性、娛樂性和設施性三種：經濟性福利措施包含：退休金、團體保險、撫卹等基本薪資和獎金以外的經濟安全服務；娛樂性福利措施包含：各種球類活動、提供運動設施、郊遊和同樂會等社交活動及電影欣賞、插花、攝影的社團參與等特別活動；設施性福利措施則如：員工餐廳、福利社、醫務室等設備（黃英思，1997）。志工的報酬可分為內在動機（精神面）和外在動機（物質面）。志工願意奉獻其時間、精力、金錢，主要是內在動機的驅使所致，此外依志工的動機論而言，可分為：(1)社會服務的志工：此型志工主要是幫助他人或為別人做事，其所受的激勵來自於服務的對象；(2)議題取向的志工：這些志工關心特定的社會議題，比如環保、人權等；(3)完美或自我表現的志工：志工參加團體主要的目的是為了喜悅或個人表現；(4)職業或經濟上的自我利益志工：志工們從事商業工會、專業協會或企業家的組織，他們的動機來自期待加強他們的事業、工作地位或經濟權力；(5)慈善或基金的志工：此型志工主要為志工組織捐款或募款，並不提供直接的服務。

　　而在如何運用動機的需求來促成志工加入機構並繼續工作，機構必須建立一套彈性的做法，使得不僅能激勵志工，也能導引他們的動機趨向積極的方向，以下將一些簡單但可行的作法進行說明：（Ilsely, 1990; Ilsely & Niemi, 1981）：(1)允許志工參加問題解決和有意義的決策；(2)分配適合志工個人需求和興趣的工作和角色；(3)提供志工一種工作，使他能具有個人發展和有意義服務的機會；(4)當志工加入機構後，訂出一種明確的協議，說明對時間資源的彈性承諾，同時允許在時間、精力和興趣方面有個人的差異性；(5)提供志工在職訓練的經驗，包括：研究評估及機構服務目標和行動的規劃及設計，大部分志工的持續動機來自於很清楚的看見逐步朝向完成目標的步驟；(6)提供工作的架構，允許個人透過一系列的步驟，導向職責、技巧和影響力的較高層級；(7)發展出一種從顧客、工作伙伴、管理人員或領導者回饋的管道，以及由機構和社會對志工人員加以肯定的途徑；(8)鼓勵機構內外有意義的學習行動。

摘要

老人福利服務以非營利部門為福利的供給主流，而非營利部門對福利服務的提供，因為財源不穩定，欠缺誘因的工作動機，機構的結構限制，都可能導致其服務的不盡理想。近年來因為大量的組織投入，使得老人安養護及長期照護服務的公益慈善機構頓時倍感競爭壓力，在不斷的競爭壓力下，如何使機構內人員之人力資源運用發揮最大之效用，以因應外界急遽之變化，是目前老人服務機構最重要的課題。

問題習作

1. 人力資源管理的主要功能為何？
2. 老人服務機構招募志工的方式為何？
3. 志願工作者的教育訓練方式為何？
4. 工作評價（job evaluation）之目的為何？
5. 績效評估的目的可分為哪幾項？

名詞解釋

人力資源管理	績效評估	薪酬管理
工作分析	志願工作者	

參考文獻

一、中文部份

江明修（1994）。非營利組織領導行為之研究。台北市：行政院國科會科資中心。

江明修（1999）。第三部門經營策略與社會參與。台北市：智勝。

張火燦（1997）。策略性人力資源管理。台北市：揚智。

黃英忠（1997）。人力資源管理。台北市：三民。

二、英文部份

Albert, S. (1989). *Hiring the executive director.* Downers Groves, IL: VMSystems-Heritage Arts Publishing.

Cezo, O. A., & Robbins, S. T. (1994). *Human resource management: Concepts & practices* (4th ed.). New York: John Wiley & Sons.

Fisher, J. C., & Cole, K. M. (1993). *Leadership and management of volunteer programs: A guide for volunteer administrators.* San Francisco: Jossey-Bass.

Fletcher, K. B. (1987). *The 9 keys to successful volunteer programs.* Rockville, MD: The Taft Group.

Gelatt, J, P. (1992). *Managing nonprofit organizations in the 21st century.* Phoenix, AZ: The Oryx Press.

Hodgkinson, V. A., Weitzman, M. S., Toppe, C. M., & Nopa, S. M. (1992). *Nonprofit almance (1992-1993): Dimensions of the independent sector.* San Francisco:

Jossey-Bass.

Houle, C. O. (1989). *Governing boards: Their nature and nurture.* San Francisco: Jossey-Bass.

Ilsley, P. J. (1990). *Enhancing the volunteer experience.* San Francisco: Jossey-Bass.

Ilsley, P. J., & Niemi, T. A. (1981). *Recruiting and training volunteers.* New York: McGraw-Hill.

Macduff, N. (1980). Episodic volunteering: Reality for the future. *Voluntary Action Leadership.*

McCurley, S., & Lynch, R. (1989). *Essential volunteer management.* Downers Grove, IL: VMSystems and Heritage Arts Publishing.

Setterberg, F., & Schulman, K. (1985). *Beyond profit: The complete guide to managing the nonprofit organization.* New York: Harper & Row, Publishers.

Stead, R. S., & Chater, S. S. (1986). How to hire a chief staff officer. In *Aiming high on a small budget:* Executive searches of the nonprofit sector. Washington, D.C.: Independent Sector.

Vineyard, S. (1988). *Evaluating volunteers, programs and events.* Downers Grove, IL: VMSystems Heritage Arts Publishing.

第八章

老人服務機構的文書管理

黃梓松

學習目標 ▶▶

研讀本章內容後，學習者應能：

一、瞭解文書製作的過程。

二、培養學習者文書製作的能力。

三、瞭解檔案管理的流程和規則。

四、瞭解機構評鑑與文書管理的關聯性和重要性。

社會福利機構無論其性質為何，仍是以照顧服務為主要內容，所以行政管理人員數量較少，甚至沒有設置專職的文書管理人員，以致在往來的公文書中發生許多繆誤或不適當的處理情形，不僅影響機構的運作，更會傷害機構對外形象，值得吾人關注。

第一節　文書類別的介紹及範例

文書一詞，對機構而言係指處理與機構有關之所有文件書表。凡機構與機關或機構與被服務者及其家屬往來之文書，機構內部通行之文書，以及公文以外之文書而與機構事務有關者，均包括在內。一般機構的主要公文類別有「令」、「函」、「公告」、其他公文等四種，茲說明如下：

1. 令：為公布人事命令時使用。如需張貼週知，不宜以公告為之。
2. 函：機構處理事務有下列情形之一時使用：
   (1) 機構對政府機關有所請求或報告時。
   (2) 機構與機構間相互行文時。
   (3) 機構與被服務者及其家屬間之往來及答覆時。
3. 公告：機構就主管業務，向公眾或特定之對象宣布週知時使用。其方式得張貼於機關之公布欄，或利用報刊等大眾傳播工具廣為宣布。
4. 其他公文：
   (1) 書函：一般於處理事項未決階段需要磋商、徵詢意見或通報時，可使用書函代替正式函文來簡化作業。也可以代替過去之便函、備忘錄、簡便行文表……等非正式文件，其適用範圍較為廣泛，舉凡答復簡單案情，寄送普通文件、書刊，或

為一般聯繫、查詢等事項行文時均可使用，其性質不如函之正式性。

(2) 開會通知單：召集會議時使用。

(3) 電話紀錄：凡公務上之聯繫、洽詢、通知等可用電話簡單正確說明之事項，經通話後可將通話作成紀錄，以供日後之參考。

(4) 其他定型化處理之公文：如果處理之文書為一般通用、使用頻繁且形式上可套用者，可製成定型化稿件大量使用以節省製作時程。

機構使用文書之類別除上述外，得視機構事務之性質使用以下文書，說明如下：

1. 手令或手諭：機構長官對所屬有所指示或交辦時使用。

2. 簽：承辦人員就職掌事項，對機構本身有所陳述、請示、請求、建議時使用。

3. 報告：如調查報告、研究報告、評估報告……等；或機構所屬人員就個人事務有所陳請時使用。

4. 箋函或便箋：以個人或單位名義於洽商或回復公務時使用。

5. 聘書：聘用人員時或聘任顧問職務時使用。

6. 證明書：對人、事、物之證明時使用，如員工在職証明、入住繳費証明、車輛使用証明……等屬之。

7. 證書：對個人或團體依法令規定取得特定資格時使用，如董監事當選証書、代訓之結業証書、志工証書……等屬之。

8. 契約書：當事人雙方意思表示一致，成立契約關係時使用，如與當事人之服務契約、特約醫療院所合作契約、與員工之勞動契約、與廠商之供應契約……等屬之。

9. 提案：對會議提出報告或討論事項時使用，於內部會議或預備參加之外部會議，事先提出討論事項及提綱，便於會議進行。

10. 紀錄：會議經過、決議或結論之紀錄、服務紀錄、工作紀錄、各項管理紀錄……等屬之。

11. 說帖：詳述機構掌理業務辦理情形，請相關機關或部門予以支持時使用，如機構辦理募款時，得詳細說明募款緣由、預計金額、用途、徵信方式……等，以取得大眾信賴。

機構的文書製作，雖無明令規範必須使用何種形式，各機構均可使用自行設計的文書格式，但一般以政府機關慣用之格式為標準來書寫，以利各機關間與內部的識別和閱讀；以下就機構常用的文書，試作成範例格式以供參考。

一、函的形式

試以某中心向市政府申請活動經費之函為例。

檔號：
保存年限：

台北市私立日月老人養護中心　函（稿）

地址：100 台北市中正區成功路 1 號
聯絡方式：02-08009211-252 林佳人

受文者：台北市政府

發文日期：中華民國 96 年 11 月 1 日

發文字號：日月○○字第 095110001 號

速別：最速件

密等及解密條件或保密期限：普通

附件：聖誕節活動計畫書一份（附件不宜以「如主旨」、「如說明」植入）

主旨：檢送本中心辦理中正社區 96 年度聖誕晚會活動計畫書乙份，惠

　　　請　審核並補助經費。

（惠請二字後空一格，稱為抬頭，是對被期望者表示尊敬之意）

說明：

一、依據　鈞府 96 年度辦理社區活動補助計畫項目辦理。

二、本活動預訂於 12 月 25 日舉行，所需經費計 30 萬元整，除由社

　　　區及本機構自籌 5 萬元外，尚不足 25 萬元，亟待　鈞府補助以

　　　利活動進行。

正本：台北市政府

副本：本中心活動組

主任　王○○

承辦單位	會辦單位	決行
承辦人： 組長： 主任：	○○組	

註：這是在公文還在機構內部的函稿狀態，所以表頭要有（稿）的字樣，主任也
　　以王○○代替，不直稱其名諱，最後的承辦單位需分層蓋章，如有會辦必要
　　時，需加註會辦單位名稱，最後由主管決行，簽註「發」字並簽註日期，完
　　成內部簽辦程序。

二、開會通知的形式

延續聖誕活動之籌備會開會通會通知為例。

2.5cm

檔號：
保存年限：

台北市私立日月老人養護中心　開會通知單

（郵遞區號）□□□

（地址）（填入受文者住址）

受文者：（將出列席者一一填入，每份通知寫一名受文者，職稱宜一併填寫）

發文日期：中華民國 96 年 11 月 21 日

發文字號：日月○○字第 095110003 號

速別：普通

密等及解密條件或保密期限：

附件：96 年度中正社區聖誕晚會活動計畫書乙份

開會事由：召開 96 年度中正社區聖誕晚會活動籌備會議

開會時間：中華民國 96 年 12 月 1 日（星期五）上午 10 時

開會地點：中正社區活動中心

主持人：王主任仁德

聯絡人及電話：林佳人 02-08009211-252

出席者：張理事長光明、趙里長榮義、李組長致遠、周校長江河、吳主任意妤

列席者：林課長瑩玲、鄭議員山田、王主席竹山

副本：中正區公所

備註：請事先閱讀活動計畫以利討論

（蓋章戳）

台北市私立日月老人養護中心

2.5cm

第 1 頁（共 1 頁）

裝　　訂　　線

1.5cm　1cm

178

三、簽的形式

簽在機關或機構內部經常使用，主要是對職掌業務未經授權核定，請求直屬長官核示是否可行之流程，一方面也是使核定權文字化的一種作為，以免口說無憑滋生日後查證的困擾，凡金額較大或特別的動支案、活動計畫、日期行程、變更政策、整批物品採購、報廢……等，大都以「簽」的形式呈現。

檔號：

保存期限：

簽於社會局

主旨：私立日月老人養護中心為辦理 96 年度中正社區聖誕晚會申請補助案，擬由社會活動補助費項下補助新台幣 25 萬元正，簽請　核示。

說明：一、依據私立日月老人養護中心 96.11.1 號函辦理。

二、該中心所送計畫為本府核定之 96 年度辦理社區活動補助計畫項目之一，為鼓勵社團機構辦理社區活動擴大民間參與，已編列相關預算支應。

擬辦：奉請　鈞長核示後函復申請單位並動支預算補助。

敬陳
主任秘書
副市長
市長

社會局王大年（職章）謹簽 96.11.5

（課長、副局長、局長逐一簽章/日期）

第二節　檔案管理的概念

一個文件或資料必然有其存在的價值，才會成為檔案被收錄保存起來；一個沒有存在價值的資料或文件，和廢紙或廣告信函沒什麼兩樣，如果把它變成檔案只會增加工作量和存放空間罷了，不僅在政府機關如此，老人機構空間有限更是如此。

我國將老人服務機構分為：長期照護機構、養護機構、安養機構、文康機構和服務機構五大類，另還允許不對外募款、不接受補助或享受租稅減免，床位少於 49 床的小型機構設立。各個機構的床數規模小至十數床，大者甚或上千床，差異甚大。但唯一相同者就是不管機構的大小，都必需處理許多文書表件和各項記錄，一個機構的檔案管理的良窳，直接影響著機構行政管理的體現，無論是行政效率或績效展現，都必需仰賴一個好的檔案管理制度。

依照《檔案法》及其施行細則的定義，檔案係指各機關依照管理程序，而歸檔管理之文字或非文字資料及其附件。所謂文字或非文字資料及其附件，指各機關處理公務或因公務而產生之各類紀錄資料及其附件，包括：各機關所持有或保管之文書、圖片、紀錄、照片、錄影（音）、微縮片、電腦處理資料等，可供聽、讀、閱覽或藉助科技得以閱覽或理解之文書或物品。由此可見，檔案所涵蓋的範圍不僅只是文書、圖片、紀錄和照片等文件而已，錄音帶、錄影帶、縮影片、電腦磁片、光碟片、隨身碟……等科技衍生的儲存方式，也成為檔案的一部份。

相對於老人服務機構而言，處理機構事務也會產生許多文字或非文字資料，以行政制度項目為例，需具備機構收容辦法、出入院辦法、員工手冊、意外事故處理辦法、決策與諮詢單位意見匯整記錄、個案管理

資料、個案管理統計與分析、文書處理作業程序、董監事會會議記錄、年度業務計畫、短中長期營運計畫、服務簡介、資訊化管理更新記錄……等，可供檢證的檔案資料。

　　一般檔案可分為進行中的檔案和結案後的檔案二類，尚在進行中的檔案大多由承辦人自行保管運用，在進行中必需注意辦理時限、處理流程、安全維護、保密原則、資料分類……等，因為它尚在進行中，大都由個人負責，故不在本文討論之列。結案後的資料檔案管理，是指承辦人結案後之文件或非文字資料，交由檔案管理者統一保管的程序，以做為機構往後行政的憑據、法律信賴的保證、績效呈現的證明、資訊公開的標的、記錄機構的歷史，甚至可做為學術研究的重要參據資料，其重要性不言而喻。

　　老人服務機構是以「人」為服務的單位，顧客導向的服務目標應是齊一的普世價值，機構的檔案同時還具備徵信、績效、公開等功能，可以讓現有顧客更加認同機構的服務，也可以讓潛在顧客瞭解機構的概況，甚至讓一般民眾認識這個機構，對機構的行銷來說，檔案可說是一個無聲的最佳代言人。

　　機構的檔案資料來源概分為內部資料和外部資料二種，如表 8-1 之整理如下：

 表 8-1　老人服務機構檔案資料來源

外部資料	內部資料
政府單位的公函、行政命令、工作指導和社區、非營利組織、一般民眾、捐款人、媒體、被服務者家屬的意見或反應	財產管理、年度財務報告、人事資料、員工訓練、董監事會會議、組織章程、社會資源連結、個案管理、服務記錄、活動企畫書、活動成果

綜合上述文件資料來源，歸納老人服務機構需歸檔的文件範圍為：

1. 各級政府機關函令、非政府單位函件。

2. 本機構發文文稿及附件。

3. 內部管理之相關簿冊表件、紀錄。

4. 簽呈報告及有關機構事務之電函。

5. 組織章程、董、監事會會議記錄。

6. 活動及服務成果報告、圖片。

7. 其他應行歸檔之函件、影音紀錄。

第三節　檔案管理的步驟

機構的資訊主要來自於檔案所呈現的內涵；當檔案的各類價值經過時間的累積與加值後，如何將資料轉化成資訊，再由資訊轉化為知識，是檔案管理逐步延伸為知識管理的基礎環節（陳士伯，2002）。根據 Kim Ann Zimmermann 的調查研究顯示，各機構對檔案管理的認知因人而異，主要有以下幾點值得注意：

1. 許多機構對所有檔案保護有加，僅提供機構內部人員使用，絕不對外提供。

2. 大部份機構的檔案目錄仍是以紙本方式管理，僅能以人工調閱。

3. 檔案管理人員人力不足，且資訊化設備缺乏，無法因應資訊化的應用。

4. 各機構的檔案管理作業隨心所欲，沒有一定的作業程序。

為避免這些作業缺失，使機構對檔案管理有一個較制式化的作業標準，試將我國《檔案法》的作業事項步驟及相關名詞定義介紹如後：

1. 點收：指檔案管理單位或人員將辦畢歸檔之案件，予以清點受領。

2. 立案：指就檔案之性質及案情，歸入適當類目，並建立簡要案名。

3. 編目：指就檔案之內容及形式特徵，依檔案編目規範著錄整理後，製成檔案目錄。

4. 保管：指將檔案依序整理完竣，以原件裝訂或併採微縮、電子或其他方式儲存後，分置妥善存放。

5. 檢調：指機關內或機關間因業務需要，提出檔案借調或調用申請，由檔案管理人員依權責長官之核定，檢取檔案提供參閱。

6. 清理：指依檔案目錄逐案核對，將逾保存年限之檔案或已屆移轉年限之永久保存檔案，分別辦理銷毀或移轉，或為其他必要之處理。

7. 安全維護：指為維護檔案的安全及完整，避免檔案受損、變質、消滅、失竊等，而採行之防護及對已受損檔案進行之修護。

對於《檔案法》所定義的名詞和說明，以初學者來說，可能過於簡略，無法在字裡行間就上手管理檔案，有必要加以進一步說明，以期建立符合老人服務機構的一套檔案管理模式，

案件點收的範圍包含文件本身及其附件，如屬非文字者，則為歸檔物件，文件附件如過於龐大者，可考慮另存放於其他適當處所，但必需在本文件中註明存放處，以免往後調閱困難。點收時應注意送交案件內容是否齊備？有無缺損？非文件物件是否可正常開啟？是否為加密文件？保存期限、檔號等各欄位是否填列清楚？……，再予以簽收登記。

立案指建立檔案類目名稱，檔案類目名稱之編訂，以二至九字為宜，並應符合下列原則：(1)涵蓋周延；(2)具體通用；(3)範圍適中；(4)類目相稱；(5)屬性分明；(6)字句簡明。

檔案分類號填註於稿件左上方。如一案可分入二類者，應分入較適

當之項目內，並在有關之案卷放置分存單，以資查考。重要案件，應以一事一案為原則，並根據案件內容，預測將來可能發展之情形決定案名，每一案名之涵義，須能包括該案既有文件及將來併入文件之全部內容。

　　一般而言，機構文件較為單純，不若公務機關繁雜，案件數量亦較少，有些機構採來文機關方式編目，可收窗口單一之效，如縣政府公函、內政部公函、其他單位公函各為一個類目。也有以收文字號之順序排編歸，程序簡單且容易調閱，如從 960001、960002、960003……960100[1]依序往下排放，一般以一百號為一冊裝訂，調閱時只要按收文號序，很容易就可以找到需要的檔案。

　　但個人建議可參照老人服務機構評鑑項目來編類目，一來類目清楚且符合編訂原則，二來可因應機構評鑑之需要，不致在評鑑時又要拼湊各項資料。依照評鑑項目，機構檔案可分成五個類目：(1)行政組織及經營管理；(2)生活照顧及專業服務；(3)環境設施及安全維護；(4)權益保障；(5)改進創新。如有需要可另加(6)其他，這樣就可涵蓋機構檔案內的全部內涵。

　　當類目確定清楚後，可按文件編號順序分入各類目下的細項卷中歸檔。一般在檔案目錄名稱中採混合編寫方式較多，即文字和數字混用方式，便於節省調閱辨識時間。例如：行政組織及經營管理－行政制度－第一次董監事會會議記錄，可編為「96－壹－－（一）第一次董監事會會議記錄」；如在目項下還有細目，可再延伸使用阿拉伯數字 1、2、3……，（1）、（2）、（3）……來表示。96－代表這個文件屬民國 96

---

1 960001，指該機構 96 年所收或發的第一號文件，也有人編為 96010001，96 是年度，第三、四碼 01 是月份，後四碼 0001 則是文件流水號。如果換月份時，第三、四碼需修正，流水號則需繼續遞增，如 96030137，表示是三月份辦理的文件，收文號為第 0137 號。

年度，壹－代表行政組織及經營管理類，一則代表行政制度綱，（一）則代表董監事會會議記錄節，1 代表各個目，（1）則是細目，依此層級依序排列。

　　檔案保管，一般先以年度做為區分，不同年度應分別歸檔置放，以利調閱；但重大案件且具連續性質者，可單獨設一專檔存放。檔案存放前應儘量整齊劃一，以 A4 紙張大小為準進行裝訂，完成後依序直立置放於檔案架上。保管地點應注意防潮、防蟲、防火、防震……等措施，以防止蟲、鼠、水、火、煙、光、熱、塵、污、黴、菌、盜及震等之損壞；存放場所並應保持通風潔淨，以免檔案受損。

　　申請借調檔案時，應以案件或案卷為申請單位，並由調案人填具調案單，載明下列事項，經承辦單位主管或機構負責人核准後，送檔案管理人調取：

　　1.調案人姓名及單位。

　　2.檔案年度、文號及檔號。

　　3.案由或案名。

　　4.調案申請日期。

　　5.借調之檔案如有微縮、電子或其他方式儲存之媒體者，應註明微縮號、電子檔號或其他相關編號，以利調取。

　　檔案經調出後，檔案管理人員應作成調案紀錄，記載調案人、調案單位、調案日期、案名、案由、文號、稽催情形、應歸還日期及歸還日期等資料，以利日後控管。借調或調用之檔案應妥慎保管，不得遺失、轉借、轉抄，或有拆散、污損、添註、塗改、更換、抽取、增加、圈點等破壞檔案或變更檔案內容之情事。借調或調用檔案應於調案期限內歸還。屆期如需繼續使用，應提出展期申請，並經主管或機構負責人核准，知會檔案管理單位後，始得續借。一般展期次數以三次為限，展期

次數超過三次，仍需使用檔案者，應先行歸還檔案後，再依規定辦理借調。對於逾期末歸還之檔案，檔案管理人員應定期辦理稽催；經洽催三次仍不歸還時，應簽請機構權責主管處理，以免日久遺失或缺損影響檔案真確性。

大部份的文件都訂有保存期限，機構也需針對不同的文件訂出保存期限，以免日積月累的檔案占據存放空間，所以機構在檔案管理時至少每年應辦理檔案清理一次，對不具保存期效的檔案予以清理、銷毀。

第四節　檔案管理與機構評鑑

內政部為鼓勵優良之私立老人服務機構，訂有《老人福利機構評鑑及獎勵辦法》，依據這個辦法規定每三年至少要進行一次機構評鑑，對機構而言是個重要且繁複的年度盛事，可藉由外部評鑑機制瞭解機構本身的優缺點，做為改進的依據和方向；也可由評鑑分數、等第瞭解機構的績效與對外環境的競爭力。雖然評比準備工作繁瑣，但仍受機構極度重視。

評鑑結果分為優等、甲、乙、丙、丁五個等級，由內政部組成評鑑小組，對於全國各老人福利機構分別評定，經評定為甲等以上者，由內政部公開表揚及發給獎牌，並酌給獎金。

評鑑列為優等或甲等之機構，得優先接受政府補助或委辦業務；評鑑成績為丙等或丁等者，由主管機關定期輔導限期改善，並得停止政府委辦或補助業務。

由於評鑑結果事關機構聲譽及後續的獎勵和補助，成績列為丙等或丁等甚至會面臨機構的生死存亡關鍵，職是之故，每個機構無不戰戰兢兢、卯足全力來準備評鑑工作。根據《老人福利機構評鑑及獎勵辦法》

規定，私立老人服務機構評鑑項目有六大項：

1. 行政組織及經營管理。

2. 生活照顧及專業服務。

3. 環境設施及安全維護。

4. 權益保障。

5. 改進創新。

6. 其他經評鑑小組決議評鑑之項目。

評鑑項目中除了環境設施及安全維護是採實地現況評定分數外，其餘項目因係評定上年度實施情形，所以都需要檔案資料來佐證機構的績效；如果資料遺失、不全、缺損或零散、無妥善保存，在評鑑時將無法得到滿意的成績，甚至得不到分數。假設機構在需要資料佐證的項目中提不出相關資料，整體評鑑成績必然低落，影響機構甚鉅，這也是檔案管理之所以重要的原因之一。

一般在評鑑時，機構必需依照內政部公告的評鑑項目表進行自評，機構可按評鑑表的編排項目分別呈現，試以評鑑項目「行政組織及經營管理」為例：行政組織及經營管理是一個大項，底下再分成行政制度、財務管理、員工制度等三個小項，行政制度項下又再分為以下八個評鑑項目：

1. 機構是否訂定收容辦法、出入院辦法及處理流程、員工手冊、意外事故處理辦法等行政管理規定。

2. 機構決策單位、諮詢組織（顧問）與行政部門之配合情形。

3. 院民個案資料管理、統計分析與應用。

4. 機構文書、文件處理及保管情形。

5. 董事會或決策單位組織及功能。

6. 業務計畫與政策方針與執行之擬訂情形。

7. 製作機構服務宗旨、目標、對象、人數、服務方式與內容等簡
介，提供給社會人士及相關服務機構參閱。

8. 機構資訊化管理狀況。

根據這樣的階層分類做為檔案的類、綱、目、細目，對機構而言應
已足夠。依此，可編成「壹之一之（一）……」、「壹之二之（一）
……」、「壹之三之（一）……」的形式，大寫「壹」代表評鑑類別
「行政組織及經營管理」，國字「一」，代表行政組織及經營管理項下
的「行政制度」，括弧（一）則是評鑑項目，如果評鑑項目下有許多細
項可用阿拉伯數字 1、2、3……。

以（八）機構資訊化管理狀況為例，則可編為「96 － 壹－一－
（八）」，資訊化可能不只一個細項，如：電腦設備、資料更新維護、
保密措施、網站架設、資訊共享、軟體應用、操作人員素質（證照）……
等許多可以呈現績效的細項，此時就可在 96 － 壹－一－（八）之後，用
阿拉伯數字「1、2、3、4…」來代表，編成 96 － 壹－一－（八）－ 1。

評鑑時有部份項目不是經常變動且永久保存的檔案，如（一）機構
是否訂定收容辦法、出入院辦法及處理流程、員工手冊、意外事故處理
辦法等行政管理規定，可能訂定後就很少修訂過，這個部分就不需隨著
年度更換檔案，但需注意保存，最好留有備份，避免損壞或遺失。

評鑑準備時，建議採用顏色管理概念，儘量將每個評鑑項目用一個
卷宗夾顯示陳列，並將上項編碼條貼入卷宗夾標示處（即側封面），每
個大項採用同一顏色的卷宗夾擺放，力求一致，不僅容易找到需要的資
料，在歸檔時也較易於辨識。

第五節　現代化文書管理

　　十年前，甚至更久以前，到醫院或診所掛號，人們必需先報上自己的大名，掛號的小姐開始在貼有姓氏的格子櫃上尋找病歷表，遇到比較大的姓氏如：陳、林、黃、劉、李……等姓，她就必需在一大疊的病歷中一頁一頁的往下找，較大的醫院一個姓可能要放好幾格櫃子，如果一時找不到，她會問你什麼時候有來過；再找不到她會再問正確的名字怎麼寫？請你寫在紙上，然後拿著寫了姓名的紙條重新找一次；如果還是找不到，她就會要你重新填一張新的空白病歷。

　　這是早期單一資料的管理，它採用姓氏為綱做為分類的第一步，再細的以名字第一個字的筆劃作第二層歸類，第三層則以時間序列為準。當求診者看完診後，掛號的工作人員會把病歷放在同姓氏最上面，所以很久沒來求診者可能會被壓在較下面，掛號人員會以人們的看診時間來判斷大概會在哪一個地方，如果求診者忘記何時來過，它的第三層歸檔就無法判斷而失靈。這樣的檔案管理在當時不失為一個有系統的方式，但費時又費事，而且容易損壞病歷紙張，更嚴重的是萬一找不到時必需重填一張，原有的病史將完全看不到，醫生得依經驗重新診斷，一切重來，對醫生、求診者、掛號處人員來說都不盡理想。

　　電腦的發明和普及使用改變了這一切，對單一大量資料的處理、查詢，提供了有利的工作環境，現在的掛號系統，只要報上電話號碼或身分證字號，馬上可以找到求診者的完整資料。紙本的存檔作業不再是唯一的工作形式，更多元的檔案管理工作正快速發展，從縮影片、膠卷、磁片、光碟、網路……等，不斷的有新的媒介和應用軟體可資運用，相信在未來，會有更新更便捷的檔案管理方式可供人們使用。

　　檔案的本質不僅只是保存和調閱的目的而已，一個現代化的檔案管理還是要回到檔案本質，發揮檔案應有的功能和效用。一個文件或資料必然有其存在的價值，才會成為檔案被收錄保存起來；一個沒有存在價值的資料或文件，和廢紙或廣告信函沒什麼兩樣，如果把它變成檔案只會增加工作量和存放空間罷了。

　　現代化文書管理需具備以下的要件：

1. 制式化：大量使用電腦軟體製作公文。

2. 極速化：使用電子網路傳輸系統交換文書，立即收發，減少公文往返的時間。

3. 少紙化：以電腦製作之文書可直接存放於檔案中，除重要且需特別保存文件要列印外，無需使用紙張，只要做成備份檔案來管理即可。

4. 減量化：電腦化後一次可發給多位收文者，無需一張一張製作，可減少公文數量。保存形式改變後，存放空間將大大降低，機構空間可做更多規劃利用。

5. 權限化：調閱檔案手續繁複，且有遺失的危險，改用限定權限管制，在授權範圍內可直接在自己的電腦中調出需用的文件，電腦會紀錄調閱次數與內容，管理更加容易。

6. 公開化：以往機關內部公文或檔案，大多供單位內部使用，外部調閱或查找不易，對資訊流通及方案研究多所阻礙，《檔案法》施行及電子化之後，開放有效檔案提供使用者參考有其必要性。

第六節　結語

　　文書類別繁多，本文無法一一做範例列舉，在實際製作文書時可參照機構內原有的文書加以學習，初學者應注意文書格式的使用，詞句和用字的規範，多加練習、日益求精。針對不同類型的文書需認識它的使用目的和功能，才不致誤用。

　　現代以電子化公文為趨勢，坊間有多種應用軟體可供選用，可減少初學者摸索的時間，但在製作時需注意資訊安全，以保障機構內部文書安全，如加裝開啓密碼、使用個人專屬電腦或機構統一管理軟體使用權……等措施，可減少公文書製作的繆誤和資料保全。

　　機構評鑑制度的建立，除整體經營的觀感和績效外，檔案的呈現占很重要的地位，也最能獲得評鑑委員的信任，再完整的說詞和辯解都抵不過書面資料的佐證，評鑑成績不佳的機構，大都是因為文書資料準備不足，即使當事人覺得自己很用心經營，投入大量愛心和經費，但成績不盡人意，其實是在資料呈現上無法顯示真正的績效，殊屬可惜。

　　文書處理和檔案管理在行政上屬一般事務，讓許多人不自覺的疏忽其重要性，其實所有的行政事務都需要從根本做起才能茁壯，紮實的行政訓練是機構發展基礎，也是必要路徑。

老人服務事業
經營與管理

摘要

　　文書往返是機構經營管理不可或缺的一環，但因屬一般行政事務，往往被機構所忽略，因而影響了機構管理，甚至阻礙了機構的發展，尤其是在機構評鑑時，文書作業可能直接關乎評鑑成績的優劣，實不可不慎。

　　在機構中，文書製作和管理算是一個入門的工作，無論是「函」、「簽」、「開會通知」、「提案」或是一般通知書……等，大都有固定的通用格式和撰寫方式，甚至還有統一用語，只要清楚瞭解這些文件的內涵和運用模式，讀者也可以快速輕鬆成為一個傑出的文書人才。

問題習作

1. 何謂文書？主要公文類別有哪些？
2. 試擬某機構向縣市政府申請「老人終身學習訓練計畫」補助函一封。
3. 試擬某機構召開「社區老人服務方案」說明會之會議通知一份。
4. 何謂檔案管理？檔案管理有哪幾個重要步驟？

名詞解釋

提案　　　　　　　　簽　　　　　　　　檔案

安全維護

附錄　數字用法舉例一覽表（行政院 2004 年 9 月增訂）

阿拉伯數字／中文數字	用語類別	用法舉例
阿拉伯數字	代號（碼）、國民身分證統一編號、編號、發文字號	ISBN 988-133-005-1、M234567890、附表（件）1、院臺秘字第 0930086517 號、臺 79 內字第 095512 號
	序數	第 4 屆第 6 會期、第 1 階段、第 1 優先、第 2 次、第 3 名、第 4 季、第 5 會議室、第 6 次會議紀錄、第 7 組
	日期、時間	民國 93 年 7 月 8 日、93 年度、21 世紀、公元 2000 年、7 時 50 分、挑戰 2008：國家發展重點計畫、520 就職典禮、72 水災、921 大地震、911 恐怖事件、228 事件、38 婦女節、延後 3 週辦理
	電話、傳真	（02）3356-6500
	郵遞區號、門牌號碼	100 台北市中正區忠孝東路 1 段 2 號 3 樓 304 室
	計量單位	150 公分、35 公斤、30 度、2 萬元、5 角、35 立方公尺、7.36 公頃、土地 1.5 筆
	統計數據（如百分比、金額、人數、比數等）	80%、3.59%、6 億 3,944 萬 2,789 元、639,442,789 人、1：3
中文數字	描述性用語	一律、一致性、再一次、一再強調、一流大學、前一年、一分子、三大面向、四大施政主軸、一次補助、一個多元族群的社會、每一位同仁、一支部隊、一套規範、不二法門、三生有幸、新十大建設、國土三法、組織四法、零歲教育、核四廠、第一線上、第二專長、第三部門、公正第三人、第一夫人、三級制政府、國小三年級

阿拉伯數字／中文數字	用語類別	用法舉例
中文數字	專有名詞（如地名、書名、人名、店名、頭銜等）	九九峰、三國演義、李四、五南書局、恩史瓦第三世
	慣用語（如星期、比例、概數、約數）	星期一、週一、正月初五、十分之一、三讀、三軍部隊、約三、四天、二三百架次、幾十萬分之一、七千餘人、二百多人
阿拉伯數字	法規條項款目、編章節款目之統計數據	事務管理規則共分 15 編、415 條條文
	法規內容之引敘或摘述	依兒童福利法第 44 條規定：「違反第 2 條第 2 項規定者，處新臺幣 1 千元以上 3 萬元以下罰鍰。」
		兒童出生後 10 日內，接生人如未將出生之相關資料通報戶政及衛生主管機關備查，依兒童福利法第 44 條規定，可處 1 千元以上、3 萬元以下罰鍰。
中文數字	法規制訂、修正及廢止案之法制作業公文書（如令、函、法規草案總說明、條文對照表等）	1. 行政院令：修正「事務管理規則」第一百十一條條文。 2. 行政院函：修正「事務管理手冊」財產管理第五十點、第五十一點、第五十二點，並自中華民國九十三年二月十六日生效……。 3. 「○○法」草案總說明：……爰擬具「○○法」草案，計五十一條。 關稅法施行細則部分條文修正草案條文對照表之「說明」欄－修正條文第十六條之說明：一、關稅法第十二條第一項計算關稅完稅價格附加比例已減低為百分之五，本條第一項爰予配合修正。

第九章

老人服務機構的
社會工作內涵

辛振三

學習目標 ▶▶

研讀本章內容後，學習者應能：

一、瞭解老人老化的結果對老人的影響。

二、瞭解老人社會工作的功能。

三、建立老人社會工作人員應有的條件與專業素養。

四、運用三大老人社會工作方法之相關理論。

老人服務事業

經營與管理

第一節　前言

隨著高齡化社會的來臨，愈來愈多的老年人壽命增長、慢性疾病增多，且能照顧他們的子女變少；相較以往，其家人可能分散各地造成空巢期，故有更多的老年人獨自生活。除此之外，也因為愈來愈多的女性進入就業市場，因此無法扮演傳統提供照顧的角色，這樣的變化使得照顧老年人的服務需求大增，已超過現有老人機構所能提供服務的範圍，所以透過專業的社會工作者來滿足上述的需求。

老人服務機構有鑑於老人照顧和照護需求的殷切與多樣，乃如雨後春筍般的設立，大專校院亦紛紛開設相關科系所，使社會工作更趨於專業化。社會工作雖像其他專業學科一樣，專以研討有關幫助人群調整社會關係，解決社會問題的學問；然而目前的實際情況是，老人輔導服務工作欲建立專業化，適時並有效的解決老人所遭遇之困境與問題，仍有待共同努力。

第二節　高齡化與老化衝擊

隨著老人人口的增加，高齡化社會的來臨，以及因為老化現象對老人之衝擊，為老人服務機構及社會工作人員在從事老人社會工作時，所應瞭解的基本知識。人的生物學特徵在人類社會的構成上無所貢獻，年齡也許使我們所有人都趨於衰弱，但在老年人所享有的聲望和權力方面，各個文化卻有著相當的差異（李康譯，1999）。我國 65 歲以上的老年人口於 1993 年底，占總人口數 7.10%，已達到聯合國世界衛生組織（WHO）所訂的高齡化社會指標；迄至 2007 年 7 月止，老年人口更增

加到 2,312,359 人，占總人口數 22,911,299 人之 10.09%。另依據行政院經建會推估，至 2026 年左右，老年人口將達總人口數的 20.63%，即每 5 人中就有 1 位是老人。如果再根據內政部統計資料，可以發現：至 2007 年 7 月止，人口老化指數為 56.65%，老年人口依賴比（即扶老比）為 14.00%，即平均每 7 位工作年齡人口要負擔 1 位老年人口，如表 9-1，顯示老人人口比例持續增加。由此可見，醫療衛生、科技的進步，促使國民平均餘命延長，加快人口老化的速度，卻由於老人相關政策措施的不足與緩慢，也因為家庭結構的變遷，以及「弱而長壽」的狀態，老年人根本無法享受到長壽的樂趣。

💡 表 9-1　我國老人人口概況

年　月＼區別	總人口數	65 歲以上人口數	老年人口占總人口%	老化指數%	老年人口依賴比%	扶養比%
2007 年 7 月	22,911,299 人	2,312,359 人	10.09	56.65	14.00	38.71

資料來源：內政部（2007）
註：1.老化指數：65 歲以上人口÷0～14 歲人口×100
　　2.扶老比（老年人口依賴比）：65 歲以上人口÷15～64 歲人口×100
　　3.扶養比：（0～14 歲人口+65 歲以上人口）÷15～64 歲人口×100
　　4.依聯合國定義，一個地區 65 歲以上人口超過 7%，即可稱為「高齡化社會」。

　　從以上資料顯示，高齡化社會之快速變遷，將引發新的需求與問題，而其需求與問題亦因社會及家庭型態的改變，使複雜性與困難度更甚以往；此現象已成為政府及民間關注的焦點，因而從法規的修訂、機構的設置、人員的編制、志願服務的推展、公私合夥的倡導，乃至服務性的社會工作等均為必要，才能有效落實老人福利服務。然而，從政府所公布我國老人長期照護、養護及安養機構概況中可發現，設置數量及可供進住人數

均明顯不足，再加上分布性的資源分配不均，使得此福利措施的使用率有所打折，見表 9-2；而工作人員數包括：行政人員、護理人員、社會工作人員、服務人員以及其他人員，截至 2006 年底總計有 14,919 人。

表 9-2　我國老人長期照護、養護及安養機構概況

區別　　　年底	長期照護機構 Long-term Nursing Org.		養護機構 Nursing Org.		安養機構 Caring Org.		社區安養堂 Elderly community shelter		老人公寓 Elderly Residential Settling	
2006	32 所		870 所		61 所		10 所		5 所	
	可供進住	實際進住	可供進住	實際進住	可供進住	實際進住	可供進住	實際進住	可供進住	實際進住
	1,771 人	1,198 人	35,879 人	26,674 人	21,583 人	16,585 人	345 人	104 人	860 人	393 人

資料來源：內政部（2006）

　　人一到年老的階段，就會陸陸續續出現軀體與生理，以及精神功能上的變化。軀體與生理的變化不止有視力的變化、聽力的減低、味覺的衰退、皮膚與頭髮的變化、骨骼與關節的變質、消化與營養的減低、循環系統的疾病、排泄系統的變化等，老人對性的慾望與能力也隨著生理功能的減退而減退；而在精神功能上的變化就會有腦力的衰退、記憶力的減退、心理上漸趨保守、感情與情緒較脆弱、性格與態度的轉變，另外也會有慮病傾向（曾文星，2004）。即一位老年人不論在外表面貌、情緒心理、行動反應等方面，均異於一般年輕人和成年人，主要是因為每位老人皆面對「老化」的衝擊，包括年歲老化（chronological aging）、生理老化（biological aging）、心理老化（psychological aging）、功能老化（functional aging）和社會老化（social aging）。學者李誠曰（1987）和謝美娥（1993）指出，老化的結果對老人影響，可就生理、心理、經濟、家庭、社會、未來等六層面來說明，茲略列述之。

一、生理與疾病

老人容易生病，主要原因在於生理上的改變，使老人對疾病的抵抗力普遍降低，而生理修復之功能也隨之減退，也由於生理老化的漸進與綿長，造成對老人情緒心理莫大的影響。

二、心理與人格

老人心理變化通常受到生理疾病或局部性生理上之老年特徵、社會關係之變化，以及經濟所得之銳減等因素所影響；而老人人格係受到其社會經歷、教育學歷、家世背景、職業生涯、婚姻狀況及家庭型態等因素所影響。

三、經濟所得與生活安全

每個老人對經濟的需求有所不同，然而經濟生活缺乏保障是老人面對老化的另一項衝擊，而且老年人罹病比例較年輕人高，尤其是罹患慢性疾病，需要一筆龐大的醫療費用來診治。當然，老人也有追求住宅、衣食及育樂的需求與滿足。

四、社會地位與退休調適

老年人也許常會感嘆「世風日下，老而無用」，一方面是感受社會給予老年人的關懷與支持不夠；另一方面是感慨自己對這種社會情境欲振乏力，力不從心。而退休是晚年生活調適的關鍵點，完全撤出或是再度出擊？是老年階段人生舞台上的一大轉捩點。

五、家庭關係改變

老人家庭關係的改變，主要來自兩方面：一為老人與其中生代成年子女之間的關係，即代間關係的衝突（multigenerational conflict）；一為老人夫婦間的關係，即老年夫婦間關係的危機。

六、面對死亡的問題

老人面對死亡的問題，可以分為兩方面看：一為親友的死亡，也就是死別；一為自己邁向死亡之歷程。死別是老年人所面臨最大的情緒遭遇，自然會產生悲哀、心痛、受苦、罪惡感和不快樂的情緒，而這種悲傷的強度，可能導致身體和心理上的損害。精神病醫生古伯樂羅絲（Elizabeth Kubler-Ross）則對死亡提出一個更詳細的五階段論：否認和隔離（denial and isolation）、憤怒（anger）、討價還價（bargaining）、消沉（depression）、接受（acceptance）（蔡文輝，2002）。

第三節　功能與困境

何謂「社會工作」？眾說紛紜，有多種不同的說法，本篇參酌我國《社會工作師法》等相關法令條文及實施現況，採用美國社會工作人員協會（National Association of Social Workers, NASW）在「社會服務人力標準」（Standards for Social Service Manpower）文獻中之定義：「社會工作係指由政府機構或民間團體所從事以協助個人、家庭、團體或社會，發揮其潛能、調整其關係、解除或預防其問題，並改進其生活或促進其福利的一種專業工作」（Zastrow, 1995）。學者林勝義（2003）即綜觀各種不同定義，歸納出社會工作的特點有五：是一門專業的學科、是一

種藝術科學和專業、是一種專業的活動、是一種助人的方法、是一種助人的過程，以及是一種社會制度。由此我們可以將「老人社會工作」（social work with the aged）定義為：「是運用社會工作個案、團體、社區等直接服務方法，與社會行政、諮商、研究、督導等間接服務方法，去推行與老人生理或心理健康有關之社會政策或措施的一種工作過程。」其目的是協助老人維持身心健康，保障老年生活各項必要之福利服務，使老人能適應各種不良的社會環境，進而過著正常而安全的生活（江亮演，2007）。

由此，我們知道社會工作的目的和功能是要協助個人和社會等解決問題、發揮個人潛能、改進個人生活並增進社會福利。換言之，社會工作關注的不只是個人的問題或外在環境的問題而已，更關注二者間的互動。Skidmore、Thackeray和Farley（1994）融合微視面與鉅視面的觀點，來說明社會工作的功能有三。

一、恢復的功能

恢復的功能（restoration）指恢復受傷的社會功能，包括治療和復健兩個層面。社會工作藉著治療或處遇計畫，消除引起功能崩潰和問題產生的因素；也藉復原或重組，維持生活功能與制度。

二、提供資源的功能

提供資源的功能（provision of resources）指發掘及提供個人和社會的資源，以積極的發展社會生活。不但使民眾認識所處環境中的種種社會資源，也讓資源發揮更有效的社會功能。

三、預防的功能

預防的功能（prevention）指早期發現並預防問題的產生與再生，以防止社會功能的失調。除了要預防個人和團體之間的問題，也要預防社會病態（social ills）。

學者徐立忠（1983）也列出四項老人社會工作的特殊功能如下。

一、恢復老人受損的社會功能與社會關係

社會工作人員以治療和矯正的方式，消除導致老人社會功能瓦解或退化的因素。例如：補助老人購置老花眼鏡。

二、維持老人正常的生活功能

透過社會工作幫助老人在老化的過程中，恢復其身、心、社會等方面的功能，或防止受損功能的惡化。例如：針對失能老人的協助。

三、提供老人所需要的資源

運用社會工作方法幫助老人恢復其功能時，需要找出、協調、整合政府部門的正式資源與民間部門的非正式資源。例如：老人社區照顧福利服務的實施。

四、預防老人社會功能的退縮

老人本身也是寶貴的人力資源，應減少影響其正常社會功能的因素，以增加並強化其與他人、團體和社區間的互動。例如：透過社區巡守隊的巡防與訪視。

依 Erikson 在《人類行為與社會環境》一書中，提及八個發展階段的危機與轉機，對於人類的行為面和心理面有相當的貢獻，從嬰兒時期的基本信賴與不信賴的衝突，到最後一個階段——「老年期」的統整和失望，是每一個人生命過程中都要經歷的掙扎與成長（萬育維，2006）；尤其要面臨最後一個「自我統整與失望」之間的危機，這是一種心理狀態，能夠統整生命的人還是有能力保衛自己，抵禦威脅，也因為有了「一個人的生活僅是整個歷史一部分」之認識，死亡便不再是恐懼和威脅了；反的來說，是來自於對死亡的恐懼，生命的絕望肇因於感覺到時間太短，將不久人世。Harrigan 與 Farmer（1992）就列舉出一般人對老年人看法的迷思（myth），助長了對老人的刻板印象以及負面印象：

1. 老人身體不好。
2. 老人活動力弱。
3. 老人無法做體能活動。
4. 老人嗜睡且老是心情不好。
5. 老人是無趣的。
6. 老人對性不感興趣。
7. 老人墨守成規且不易改變。
8. 老人腦筋不清楚。
9. 老人學習力差，記憶力不好。
10. 老人無法思考和解決問題。
11. 老人脫離社會，因代溝被冷落，而且喜歡一個人。
12. 老人不能且不想工作。

有些老人機構及社會工作人員也受到這些迷思影響，而降低了對老人案主協助的品質和意願，甚至老人受虐事件層出不窮，時有所聞。

從事老人個案的社會工作，常會遇到許多工作上的兩難與困境，造

成社工人員的困擾與挫折，也較其他如兒童福利等社會服務領域，獲得更少專業認可和尊敬，直接影響老人社會工作的實際成效。這些工作兩難與困境，在社會工作人員本身，在老人案主本身，以及兩者周遭環境和制度上都有，茲概述如下。

一、社會工作人員方面

從事老人服務社會工作，專業社會工作人員未能普遍被聘用，而直接服務人員人力亦有不足之現象，除了政府社會福利部門專業社工人力配置不足外，尤其在安養機構內，情況更顯嚴重，常見外籍看護工負責吃重之照護工作，在社會工作專業的立場，已直接影響受照顧老人之身心以及家屬之感受：

1. 倫理兩難的問題：社會工作者為了協助老人案主，是要顧慮老人本身的感受？還是家屬的反應？亦是考量機構的立場？三者實在難以拿捏。

2. 老人案主的特性：前已提及一般人對老人觀念的迷思，雖不全然卻有此特徵，使得專業素養的社會工作人員望而卻步；現職人員如再缺乏針對老人輔導工作方面的在職訓練，提昇輔導技巧，將無法達到預期的成效。

3. 社會價值和態度：輔導老人案主是一項非常繁雜且吃力不討好的工作，再多的工作熱忱，往往因受到一般社會人士或家屬的指責而心灰意冷，欠缺鼓勵與肯定，加上對老人機構的刻板印象，使得社會工作者減少對工作的投入。

4. 工作特性與本質：由於所輔導案主的老人在世期間究竟不長，社會工作人員的努力也只是讓老人頤養天年而已，所以所獲得的成就感較小，易讓社會工作人員心理產生困惑。

二、老人案主方面

老人日常言行產生異狀，乃肇因於生理狀況的老化和心理情緒的失衡，因此，特別需要生活照顧、醫療服務，以及心理諮商與輔導等。但因老人個別差異大、需求多樣化，增添社會工作的複雜度；有些老人接受輔導初期恢復正常，但其內心感受是否也恢復，仍需特別加以瞭解，以免狀況復發甚至惡化。如果社會工作進行時，所產生的困境是屬於老人本身的話，絕非一朝一夕就能圓滿完成：

1. 失落感問題：輔導老人時，最常發現老人有失落感（loss）方面的問題，其失落感可能是因生理上的退化、家庭關係的改變、環境上的適應、心理上的障礙或社會現實的因素，也可能是同時兩個以上因素存在，尤其轉介到社會工作單位機構的老人案主，通常是有某些問題產生困境的個案了。

2. 面對死亡的問題：老人面對死亡的問題有二：一是死別；一是死亡。惟老人如面臨時，最大的情緒遭遇乃是悲哀、心痛、憂鬱、後悔、罪惡感等反應，甚至產生恐懼的困境，而社會工作人員因未曾經歷老年階段，因此在輔導工作上，更容易碰到瓶頸，老人的困境無法立即獲得紓解。

3. 人格差異的問題：老人因生理老化而行動遲緩、反應較鈍、體力無法持久，影響其活動的參與度，有些老人咄咄逼人、誣控濫告，甚至無理取鬧；有些老人意志消沉、恍惚度日；尤其身在老人機構中的老年人，日見機構中的同伴逐漸衰老或死別離去，更影響其思想及人格。社會工作人員的輔導工作需更費心思。

4. 溝通困難的問題：有些老人因為前述的問題而退縮、不相信他人，逐漸封閉自我；有些老人係因為失能或癡呆、鄉音重、文

盲等因素，造成與社會工作人員溝通上的困難，嚴重的話，會有誤會與摩擦，甚至拒絕輔導情事發生。

三、制度與環境方面

從《老人福利法》訂頒實施以來，針對老人的福利服務措施仍尚未建立一套完善的政策與制度，每當選舉來臨時，諸如發老人津貼等淺層的老人福利政見始競相開支票，而對於中層的老人生活社會環境改善、深層的法令制度建立，卻付之闕如。制度的不完備和環境的未改善使社會工作亦顯困難：

1. 輸送制度的問題：老人社會工作的服務輸送體系應是可近性的、連續性的、整體性的和可及性的，有任何服務空隙應立即予以填補；相當多的研究報告顯示，許多需求者對於政策方案的內容並不知曉，也不知道如何申請；同樣地，服務機構亦無法立即且完整地知曉需求者的需求；這就是制度與體系的問題。

2. 委外措施的問題：在實施多年社會福利措施之後，發現福利服務提供者並不止於政府部門、商業部門、第三部門，乃至第四部門，都是可提供福利服務的，商業部門及第三部門是政府在公私合夥倡導下，能接受委外經營的對象。然而，須注意到民間機構是否有承接能力？政府與民間機構是否充滿信任？資訊不對稱（information asymmetry）是否存在？使用的障礙是否能去除等等問題。

3. 機構本身的問題：大部分老人服務機構對於人力、物力及財力資源的瞭解與運用仍然有限，不管是來自公部門的資源，或是來自社會的資源，開拓財源和運用資源的方式缺乏創新。這可藉著「資源點存」（resource inventory）蒐集不同型態的服務機

構及其他資源，將有助於清楚瞭解社會資源。

4. 法令制定的問題：(1)重新規劃一套長遠的老人福利服務政策；
   (2)明訂老人社會工作人員的人力編制；(3)修改外勞相關法令，
   提昇照顧品質；(4)嚴格要求所有公私立老人機構採用社會工作
   人員，並予以評鑑。

第四節　專業素養與專業關係

　　人口結構的老化已為各國普遍的現象，為因應人口老化的衝擊，皆
會制訂社會福利政策或提供社會服務和醫療衛生等服務。在老人社會照
顧體系中，正式照顧體系包括政治和經濟制度、公私立社會福利機構，
和基於血緣、地緣、種族結合而成的人民團體；非正式照顧體系係由親
屬、朋友和鄰居等三部分所組成，親屬所構成的基本支持網絡包含：配
偶、子女、手足與其他親戚，是離老人最近並涉入老人日常生活最多
的，也就是與老人互動最頻繁的重要他人。學者呂寶靜（2001）在 1996
年針對我國社會型日間照顧中心老人使用者之研究報告中指出：有五成
八的老人回答「經常」從日間照顧中心工作員獲得協助的項目是供應餐
食：三成五的老人「經常」獲得工作員在娛樂性活動的協助，但在「協
助金錢管理」、「協助處理家庭問題」、「倡導」等三個項目上，沒有
一位老人回答工作員「經常有」協助，關心或慰藉只有一成多，傾聽問
題（談心事）則不到一成；研究中可發現，老人從日間照顧中心工作員
「經常有」獲得協助項目的範疇相當有限，其研究結果所呈現之現象，
實值得深思與探討。

　　既然社會工作所關注的是透過社會個案工作、社會團體工作和社區
工作的方式，維持人與社會環境的互動，解決個人在相關的資源體系服

務網絡聯結上所遭遇和面臨的問題，自有其工作目標；反觀老年人的需求層面是既深且廣，而且個別差異大，各個老年人的生理狀況、心理需求、經濟能力、社會關係等皆迥然不同；也就是說，老人機構中的社會工作者每天面對的是複雜多變的個人與社會環境，為瞭解複雜、多變且乏味的老人與情境互動，可能產生的迷惑與兩難，社會工作者除了要用較深思熟慮的、有系統的、專業性技巧的方法，來瞭解老人與情境的關係外，更需先具備老人社會工作人員應有的條件與專業素養：

1. 對於老人福利工作甚感興趣者：喜歡從事老人福利或老人有關的工作者。

2. 對老人心理、生理有相當認識且深入研究者：非常瞭解各種老人疾病的認識與防治，以及如何預防或調適老人心理上各種問題者。

3. 對《老人福利法》及相關法令非常熟悉者：對老人醫療衛生、社會保險、社會救助、安養照顧等福利服務法令非常瞭解者。

4. 具備社會工作專業學識及技能者：對社會工作個案、團體、社區等直接服務方法，與行政、諮商、研究、督導等間接服務方法等，有相當認識及技能者。

5. 對與社會工作相關之學科有研究者：對與社會工作有密切關係之社會學、心理學、人類學、教育學、政治學、經濟學、法律學等學科有涉獵研究者。

6. 對老人特殊人格、行為有瞭解而能妥適處理者：對老人異常情緒、失落感、恐懼、憂鬱、嘮叨等人格行為，能有愛心和耐性對待者。

7. 具有溝通和協調能力者：社會工作人員服務個案時，對案主及其家屬、所處機構、同事、社會資源等，要具有溝通、協調、

判斷、整合、推行等能力者。

8. 能及時瞭解老人問題與掌握老人需求者：社會工作人員在服務
    個案時，要能隨時注意其問題與需求，以便及時防止、解決與
    反映（李增祿，2007）。

老人社會工作係經由接案、調查、分析和處遇等採取個案、團體或
社區工作方法，來協助老人案主獲得生活調適及滿足需求；由於老年人
的需求內容和滿意程度，不同於其他年齡層的案主，因此其社會工作所
運用的輔導方法和工作技巧，必須適合於老年人的需要，透過持續性的
處遇過程來解決其問題，方能使社會工作符合實際及有效性。首先，社
會工作者與老人案主之間必須建立良好的工作關係，一方面藉以消除案
主的焦慮和防衛；另一方面則充權（empowerment）案主以本身的力量，
去解決自己所面對的困難與問題。各層面的社會工作只要是牽涉到專業
工作和受助案主的關係，莫不以學者Biestek（1957）所提原則性的觀念
與做法為行動的準則，以引導社會工作人員正確反應老人案主之問題、
需求及目標（引自林勝義，2003）。

一、個別化（Individualization）

應將老人案主當作一個人（person）看待，而不是將老人視為一個
案件，再依據老人不同的問題、需求及目標，運用不同的方法與技巧，
協助老人做最好的適應或恢復。

二、有目的之情感表達（Purposeful expression of feeling）

社會工作者應該讓老人適當表達其內心感受的需要，也應該作有目
的的傾聽，而兩者在相互表達感受時，必須避免情感轉移作用（transfer-
ence reaction）或情感反轉移作用（counter-transference reaction），社會工

作者須將老人的情感轉移視為處遇過程中必然發生的一種心理現象。

三、有控制的情感介入（Controlled emotional involvement）

社會工作者對老人所表達出來的情感或感受，能夠很快地加以瞭解與適當反應，介入案主情感活動是有控制的、是在建立「專業關係」的，是應理性考量問題解決之可行性和有效途徑。

四、接納（Acceptance）

每一個老人都需要被視為是有價值的、具有尊嚴的，是特別需要被接納的，都是社會工作者真心誠意對待老人的一種展現與行動，老人受到尊重因而能夠自我接納，經由專業輔導就可以重新培養信心。

五、不妄加批評的態度（Non-judgmental attitude）

社會工作者對於老人提供服務是基於專業和老人的需要，要設身處地去體會和瞭解老人的感受，不可任意批評或責罵老人；反之，應協助老人正視其問題，並提供建設性的建議。

六、案主自我抉擇（Self-determination）

案主有問題，案主就有解決其問題的責任，社會工作者不可自作主張幫老人決定，而是應協助或激勵老人認清問題，找出解決方法和適當的運用社會資源，以增強其社會功能；也就是說，尊重案主的自我決定權。

七、保密（Confidentiality）

社會工作者對老人的私人資料有保守秘密的責任與義務，這不僅是

一種專業倫理，也是建立彼此間互信關係的重要關鍵，以使老人能更有安全感地透露其感受及秘密，更有利於服務工作順利地進行。

雖然社會工作愈來愈被認為是專業，但在機構或組織中，許多社會工作者的工作會受到組織結構、組織目標的約束，產生社會工作者專業目標和組織目標之間的矛盾。學者 Hartman（1991）指出，侵蝕社會工作專業自主的因素有四（引自胡慧嫈譯，1997）：

1. 社會服務機構不斷增加的科層組織，破壞了對案主服務的整體性。

2. 藉由商業界的階級組織型態，將專業人員視為組織之要素，其服務輸送主要目標為效率，而非效果。

3. 僱用接受商業訓練的官僚者而非社會工作師去管理機構，將使機構不再奠基於社會工作專業價值之上。

4. 增加對財政資源的控制高於實務服務，將導致社會工作者以較少資源服務更多案主。

第五節　社會工作理論之運用

案例：老人照顧網絡

在美國加州巴莎迪那地區，有一所杭丁頓紀念醫院，它是私人的非營利機構，有 606 個床位，現在由社會工作人員管理方案的發展和執行——「老人照顧網絡」（Senior Care Network, SCN），是一個以醫院為基礎所發展的方案模式，最初是在社區提供長期的照顧服務。這個方案是在 1984 年所設計，目的是增進健康和獨立、提供資訊和服務的通路，以及提昇社區的能力來支持老年人。一開始，方案所處理的需求和問題是由社工員所完成，其最主要的工作是觀察老人照顧的協調和持續

性的結果落差。

　　本方案的焦點在確保任何有需要的人，都能得到適當的專業協助；醫療補助計畫和州基金支持個案管理，並爲符合資格的族群購買在宅服務。SCN的文化重視創新、創意、團隊工作、專業訓練以及盡可能提供最高品質的服務給案主。SCN 最具挑戰性的是要求品質控制、品質保障，卻不干擾彼此之間的平衡，保持這項平衡的能力是 SCN 的主要任務之一。

　　SCN 中的服務品質保證：(1)統一管理的接案；(2)個案分派；(3)文件的內容和形式；(4)組織架構和溝通；(5)個別的督導；(6)團隊照顧計畫；(7)在職訓練（林武雄譯，2000）。

　　老人社會工作主要目的是在充權（empowerment）及協助老人案主調適其人際關係，改善其所處的社會環境，增強其社會功能，以利於滿足需要、克服困境或解決問題；而老人服務機構欲達此目的，其社會工作者常運用包括：個案工作、團體工作、社區工作、社會工作行政和社會工作研究等的社會工作方法，其中個案工作、團體工作和社區工作屬於直接服務方法，社會工作行政和研究屬於間接服務方法；而近年來則傾向於採取綜融途徑，將各種方法整合為社會工作方法。茲將三大社會工作方法分述如下（李增祿，2007；林勝義，2003；林萬億，2006；黃維憲等，1985；潘淑滿，2003；謝美娥，2007）。

一、老人個案工作

　　對老人實施個案工作，主要目的和功能是要協助老人和社會等解決問題，發揮老人潛能，改進老人生活並增進社會福利。由此，老人個案工作可定義為：「老人個案工作包括一連串的協助過程，以一對一的方

式，有計畫地協調老人與其社會關係的適應，從而促進老人人格的發展。」老人個案工作的方法很多，自從 Richmond 提出社會個案工作的定義之後，此方法即普遍被家庭、機構、學校、醫院及法院等採用，同時所發展出各種不同的理論模式亦可運用於老人個案工作，例如：充權（empowerment）取向的個案工作包括：鼓勵老人辨認問題、連接問題與環境、分享助人過程的控制，以及擴展老人對他或她的問題的視野。以下茲舉其主要者。

（一）功能學派工作理論（the functional approach）

係 1930 年代起源於美國賓州大學社會工作學院，代表人物為 Taft 和 Robinson，重點特別強調社會個案工作者透過助人專業關係與不同時間階段的運用，提供心理的幫助，將受助者的潛能激發出來。

理論運用：將老人個案工作的過程分成開始、中間及結束三個階段，以便每一個老人在每一階段都能充分運用資源與專業關係，去增進老人的社會功能。

（二）心理暨社會學派工作理論（the psychosocial approach）

係於 1940 年代由美國哥倫比亞大學所主導，代表人物為 Hamilton 和 Hollis，強調個人的行為同時是由個體內在心理與外在環境交互互動的結果。

理論運用：一方面深入老人內在的經驗，一方面重視「人在情境中」（person-in-situation）的關係。

（三）問題解決學派工作理論（the problem-solving approach）

係於 1950 年代由美國芝加哥大學所提出，代表人物為 Perlman，重

視必須從某些影響問題的心理因素方面著手，以協助案主解決問題。

理論運用：直接以問題做為處遇的核心，分析診斷急需處理的問題，將之分割成幾個可以處理的部分，然後逐一解決。

（四）行為修正學派工作理論（the behavior-modification approach）

於 1970 年代廣泛應用於社會工作界，代表人物為 Thomas 和 Skinner，重點係運用社會學習理論來觀察人類行為，重視外在環境對個人行為的刺激、制約與改變的效果。

理論運用：必須特別注意老人外在、可以觀察到的行為，然後運用正增強或負增強等技巧，一方面協助老人放棄不良的行為型態，另一方面促使老人去學習符合社會所期待的行為。

（五）過程行動派工作理論（the process-action approach）

為 Lowy 於 1985 年提出，經由 Compton 和 Galaway 發揚，著重社會工作的過程以及每一過程中的具體行動形成的綜合性方法。

理論運用：將老人社會工作方法分為五個階段：(1)開始階段；(2)達成服務契約；(3)界定任務；(4)採取行動；(5)結束階段。

二、老人團體工作

每一個人在成長的過程中，都會有各種不同的團體經驗，在不同的團體會獲得不同的生活經驗，譬如在原生家庭中、同儕團體中、學校中、職場中或自組家庭中；老年時期則會有社會團體、社區組織、廟宇活動或老人機構等的經驗，並可提供老人不同程度的生（心）理輔助。Trecker（1972）認為，團體工作是一種方法，在機構或團體中的組成份

子，接受工作人員的協助，根據他們的能力和興趣，在團體活動中與他人發生交互作用，以獲得團體生活經驗，並促成團體與社區的發展。

各種不同的社會團體工作理論模式，亦可運用於老人團體工作，例如：充權取向的團體工作要求工作者辨認共同問題與目標、開發集體智慧和貢獻、提高相互支持，與促進意識的提昇和平等的關係；團體提供環境讓老人相信自己能力、願意嘗試新的行為、提供相互支持、討論禁忌主題，以及設定與達成共同目標（趙善如、趙仁愛譯，2001）。Papell與 Rothman（1966）從團體工作的歷史發展過程中，發現有三個可資區別的模式，茲分述如下（引自林萬億，2006）。

（一）社會目標模式（social goals model）

本模式之提倡有 Coyle、Konopka、Miller 等數位學者，認為藉著共同參與團體情境中，個人就能影響社會變遷，同時亦關心民主的生活，增加個人的社會功能以及個人和團體的社會權力：其中心概念是社會意識（social consciousness）和社會責任（social responsibility），功能是在增加市民更廣泛的知識與技巧。而工作者是一個「影響者」，是立基於本身的社會職責感，來鼓勵、增強案主的行為模式，以合乎公民的責任，進而導向社會變遷。

理論運用：老人透過參與以改變社會環境為目標的團體，可以自我覺察（self-awareness）而變得更有社會意識和社會責任，會因社會參與而變得更有信心。

（二）治療模式（remedial model）

此模式近來由 Robert Vinter 加以發展並集大成，強調透過團體經驗來治療個人心理、社會等的適應問題，社會工作者是扮演「變遷媒介」，

催化團體成員互動來達成個人的改變，幫助個人獲得自我認知和增進個人自覺力及解決問題的能力，所以團體的互動比較容易改變自己的態度和行為；老人和工作員間的關係是依賴的。

理論運用：社會工作者開始先要對老人進行評估，才能整合老人需求於需求滿足系統中，再進而團體的組成；透過社會工作者的帶領，協助老人做深入探索；社會工作者也可與老人進行團體聚會，協助老人表達感受而得以自處。

（三）交互模式（reciprocal model）

又稱為調解模式（mediating model）， William Schwartz 和 Tropp 對此模式貢獻最多。團體的功能包含了預防、儲備與復元，是社會工作者與案主組成的體系，雙方交互影響，亦即團體的形成是由團體成員互動的結果而決定，團體成員分擔對團體的責任；所以工作者的形象是「調解者」（mediator）或是「使能者」（enabler）。此模式深為社會工作者所偏好。

理論運用：要注重「此時此地」（here-and-now）經驗和情感的交流，也要認清團體中的衝突是普遍和不可避免的，允許老人參與人際關係的互動以便協助解決問題，尋求老人需求的共同基礎，激勵老人的合作，增強老人應付衝突的能力，使得衝突能產生正面的能力。

三、老人社區工作

所謂「社區工作」（community work），學者各有其觀點，依據 Kramer 與 Specht（1983）的定義為：「社區工作是經由專業工作者運用各種工作方法，去協助一個社區行動系統，包括：個人、團體及機構，在民主價值觀念指引下，以改變環境及機構條件為工作目標，參與有計

畫的集體行動，以解決社會問題。」（引自林勝義，2003）本質上，社區工作的實施，是由社會工作者介入社區之中，有計畫地協助居民改善本社區的生活條件；其過程包括一連串的工作方法、步驟以及應用的技巧。那社區工作的範圍又包括哪些？如以社會工作方法整合的觀點來看，所有在社區內進行的個案工作、團體工作、社區計畫、社區行動及社區發展工作等皆是。

　　老人的社區工作主要有二個層面：一為發展老人的社區網絡，以照顧老人的社區生活；一為透過社區行動與解決問題的能力，集體地解決老人在社區生活上共同遭遇的問題。雖然依據美國 Rothman 以及英國 Popple 的主張，社區工作的主要工作模式共有八種，茲舉其重要相關者分述如下。

（一）社區發展模式（community development model）

　　又稱為地方發展模式（locality development model），係透過社會工作者的協助，促成社區居民民主參與，並確定其需要與目標，在政府及有關機構幫助下，有效運用社會資源解決社區問題，改善社區居民生活。例如：成立社區長壽俱樂部，滿足社區老人的休閒需求。

（二）社會計畫模式（social planning model）

　　社會計畫為未來整個國家的社會福利採取行動，並希望社會服務機構達成所負的社會目標，並設計與協調社會服務方案，協助社區居民解決特定的社區問題與需求。例如：成立社區老人關懷站，以解決社區老人日間照顧問題。

（三）社會行動模式（social action model）

社會行動是針對社區內某些現象，在社會工作者的協助下，將問題具體化並以群眾基礎（mass base），以實際行動向有關當局或機構施加壓力，進行社區改革。例如：向社區內老人服務機構施壓，要求提供老人外展服務。

（四）社區照顧模式（community care model）

社區照顧網絡的建立是社會照顧計畫（social care planning）的一環，係鼓勵社區居民主動參與志願服務，使得社區內弱勢族群獲得適當的照護與支持，盡可能地過著正常的生活。例如：社區志工為獨居老人送餐服務或居家服務。

（五）社區組織模式（community organization model）

社區組織是社會工作者或其他專業，經由有計畫的集體行動，來協助具有共同利益或住在同一地理區域內的個人、團體或集體，解決社會問題和促進社會福利的干預過程。例如：成立社區發展協會或社區老人會之社區組織。

（六）社區教育模式（community education model）

社區教育是擬經由教育的方式，啓發居民對社區事務的關心，並達到自我成長，以及獲得自我調適與問題解決的能力。例如：開辦社區老人大學，提供社區居民參與以及社區老人再成長的機會。

第六節　結論

　　近年來老年人口有急遽增加的趨勢，而未來更是如此，但是來自政府部門或是民間機構團體所做的老人福利服務，可說是尚在開始發展的階段，根本還無法趕上老年人口增加的速度。所以在未來幾年，有關老人福利服務仍會持續且大量地增加，主要是因為老人福利服務需求的大量增加，以及該方面的議題普遍獲得政治界的廣泛注意，這可從老人福利相關團體提出的訴求、專家學者的相關研究報告、社會工作未來的服務趨勢，及選舉支票的承諾與兌現等現象中窺見端倪，在我國更是變得顯而易見且迫切急需要做的。因此，未來老人福利服務專業人員及社會工作人員的需求會快速增加，且在社會大眾愈來愈關注老人的福利服務需求下，持續強化社會工作的專業化為政府與民間共同努力的一大課題。

老人服務事業
經營與管理

摘要

　　從政府所公布有關老人人口的各項數據顯示，老年人口比例持續增加，而隨著高齡人口的增加，對於老人長期照護、養護及安養機構之需求，亦隨之增加，尤其人一到年老的階段，就會出現軀體與生理以及精神功能上的變化，也會產生衝擊；再加上社會及家庭型態的改變，使老人福利服務工作之複雜性與困難度，更甚以往。因此，老人服務機構設置分布之資源分配，以及妥善運用老人個案、團體與社區三大社會工作方法，協助老人維持身心健康，保障老年生活各項必要之福利服務，進而過著正常而安全的生活。

　　老人社會工作主要目的是在充權（empowerment）及協助老人案主調適其人際關係，改善其所處的社會環境，增強其社會功能，以利於滿足需要、克服困境或解決問題；而老人服務機構之社會工作人員除了須先建立正確的觀念，更須具備應有之條件與專業素養，透過持續性的處遇過程來解決老人的問題，方能使社會工作符合實際及有效性。因此，在公私部門愈來愈關注老人福利服務的同時，持續強化老人社會工作的專業化之課題，亦不容忽視。

問題習作

1. 試略述老化對老人各層面之影響。
2. 老人社會工作的特殊功能為何？
3. 老人社會工作人員需先具備何種條件與專業素養？
4. 各層面的社會工作所應有的原則性觀念與準則為何？
5. 試分述老人三大社會工作方法及其理論。

名詞解釋

老化指數	倫理兩難	老人社會工作
老人個案工作	老人團體工作	老人社區工作

參考文獻

中文部分

內政部統計處（2006）。台閩地區老人長期照護、養護及安養機構概況。2007
年 8 月 15 日，取自 http://sowf.moi.gov.tw/04/04/07.htm

內政部統計處（2007）。我國老人人口概況。2007 年 8 月 15 日，取自 http://
sowf.moi.gov.tw/04/04/07.htm

江亮演（2007）。老人福利工作。載於李增祿（主編），社會工作概論。台北
市：巨流。

呂寶靜（2001）。老人照顧：老人、家庭、正式服務。台北市：五南。

李　康（譯）（1999）。S. Bruce 著。社會學。香港：牛津大學。

李誠日（1987）。老人福利服務。台北市：台灣商務。

李增祿（編）（2007）。社會工作概論。台北市：五南。

林武雄（譯）（2000）。B. S. Vourlekis & R. R. Greene 編。社會工作個案管理。
台北市：揚智。

林勝義（2003）。社會工作概論。台北市：五南。

林萬億（2006）。當代社會工作——理論與方法。台北市：五南。

胡慧嫈（譯）（1997）。K. McInnis-Dittrich 著。整合社會福利政策與社會工作
實務。台北市：揚智。

徐立忠（1983）。高齡化社會與老人福利。台北市：台灣商務。

曾文星（2004）。老人心理。香港：中文大學。

黃維憲等（1985）。社會個案工作。台北市：五南。

萬育維（2006）。社會福利服務——理論與實踐。台北市：三民。

趙善如、趙仁愛（譯）（2001）。E. O. Cox & R. J. Parsons 著。老人社會工作——權能激發取向。台北市：揚智。

潘淑滿（2003）。社會個案工作。台北市：心理。

蔡文輝（2002）。社會學。台北市：三民。

謝美娥（1993）。老人長期照護的相關議題。台北市：桂冠。

英文部分

Harrigan, M. P., & Farmer, R. L. (1992). *The myths and facts of aging*. Chicago: Nelson-Hall.

Skidmore, R. A., Thackeray, M. G., & Farley, O. W. (1994). *Introduction to social work* (6th ed.). Englewood Cliffs, NJ: Prentice-Hall.

Trecker, H. B. (1972). *Social group work: Principles and practices*. Chicago: Association Press.

Zastrow, C. (1995). *The practice of social work* (5th ed.). Pacific Grove, CA: Brook/Cole.

第十章

老人服務機構的
服務品質管理

吳秀鳳、周慧敏

學習目標 ▶▶

研讀本章內容後，學習者應能：

一、瞭解老人機構住民生理照顧需求及提供之服務內容。

二、瞭解老人機構住民心理、社會照顧需求及提供之服務內容。

三、瞭解老人機構住民靈性照顧需求及提供之服務內容。

四、瞭解老人機構住民身、心、靈合一的全人照顧方式。

五、營造一個健康快樂、平安善終的老人機構環境之方法。

老人服務事業
經營與管理

前言

　　政府機關團體不分社政或衛政，多年來均致力於推動老人機構的服務，從試辦計劃到各項補助案的鼓勵措施；讓有志於老人照護機構經營的醫院及業者，如雨後春筍般，各自展露頭角。機構的經營有別於醫院或商家，既延續著慢性疾病的醫療照顧需求，又有日常生活照顧的食衣住行育樂及社會化活動需要滿足。重要的家庭問題的糾葛，以面臨人生最後階段死亡問題的處理，都在這一階段要面對與完成；一個能夠全面性考量以上需求，並提供符合老人個別化的機構，不但對家庭、個人而言是一個莫大的幫助，對於社會、國家老人照顧問題的解決與形象的提昇有相對的重要性，這也是現代及未來我們面對老年化社會所共同追求的目標與理想。

　　近年來對於老人服務機構的評鑑是促進機構提昇服務品質的措施之一，政府部門所要求的各項指標或為促進機構的發展，可運用管理學上的觀念及作法，配合機構的特性建立機構的管理方式，第十四章會介紹一些常見的管理工具，如：目標管理、計畫評核術、全面品質管理、平衡計分卡等績效評估的觀念及作法。

　　本章則由瞭解老人機構住民（院民）生理、心理與社會、靈性照顧需求，及所提供之全人照顧服務，期望提供機構的經營與管理者，能在實務面營造一個真正讓老人生活有品質、生命有尊嚴、在健康、平安喜樂走完人生的最後階段時，圓滿的面對與接受自己的生命歷程中的全部，也是我們未來希望理想中的老人機構環境。

第一節　老人機構住民生理照顧需求及所提供之服務

一、老人機構住民生理照顧需求

　　老人服務機構是住民第二個家，如何讓住民活得好又有生活品質，像住在自己的家一樣溫暖，是照護管理者首要關心的議題。老人需要入住機構最常見的理由是：身體健康的因素、家庭照顧資源不足，或家中照顧者無力負荷。而老人機構的服務，是針對需長期照護者，提供綜合性與連續性之服務，在一個具專業、安全，且人性化的環境下，透過護理、醫藥、營養、復健、社工等各專業人員團隊的合作，滿足住民生理、心理、社會功能及靈性的全面照護需求。

　　老人機構在專業團隊合作服務型態下，護理有其獨立性功能，在執行照護工作時，扮演一個個案管理者的角色；其中最重要的第一個步驟是，完整的評估老人生理照顧需求，才能正確掌握住民的問題，進一步的執行照護工作，擬定照護計畫，並協同照顧團隊提供相關的服務需求，以滿足住民生理照顧需求。照護計畫是因應每個人的個別性而來，因此擬定「適合老人」的照護計畫非常重要，才能真正滿足老人的期望與需求，並按照其個別需要進行照護工作。

　　依 TAI（Typology of the Aged with Illustrations）高齡者照護計畫之制定——分類分級評量（林仁川、顏懿宏譯，2002），照護制定系統歸納長期照護具體需求項目有六大範圍：

　　1.精神：因應精神方面（如：失智、行為異常、譫妄、憂鬱等）適當對策的需求；因應視聽覺及大腦皮質高層次功能障礙之需

求；維護良好互動關係之需求。

2. 活動：行動輔助之需求；預防跌倒之需求。

3. 飲食：達到飲食（包括：用餐、點心、補充水分）滿足之需求。

4. 排泄：排泄順暢之需求。

5. 清潔：服裝、儀容、沐浴等之需求。

6. 其他：確認基本事項之需求；醫療及復健方面之需求；因應突發狀況之需求。

二、機構住民生活照顧及專業服務

（一）精神方面

1. 因應精神方面（如：失智、行為異常、譫妄、憂鬱等）適當對策的需求：

(1) 失智：失智的初期症狀以健忘或忘記放置物品地方的「短期記憶障礙」為多，時間及地點的定向感障礙、情緒控制變差、憂鬱、集中注意力的能力變差、判斷力變差、暫時性妄想、對外表不注重（高潔純，2004）。

(2) 行為異常：

　①辨識力減退／找不到房間，迷路；

　②藏匿／把髒衣服藏起來發出臭味；

　③漫遊／走來走去，想回家，找東西，找食物，睡不著；

　④混亂／在床上不能安靜，掉落床下；

　⑤妄想／被偷了；

　⑥破壞／撕破看護墊、尿布；

　⑦異食癖／吃衛生紙或肥皂；

⑧幻聽幻覺／看到、聽到實際不存在的東西，因此害怕不敢
作、呼喊大叫；

⑨不潔行為舉止／拆下尿褲，污染周圍（不管是什麼，反正
不舒服就拆下）；

⑩惡言暴力／不中意就嚷嚷打人；

⑪夜間譫妄／夜間起來，東摸西摸，發出聲響干擾他人。

大半的異常行為起因於，失智或人格特質上的本因、病狀的
惡化等內因、用藥及環境變化等外因而發生。

(3) 譫妄：譫妄與失智相比較，其徵狀變動比較大。因此，如果
精神狀態時好時壞，就要特別考量譫妄的可能性。導致腦功
能障礙之譫妄原因有：

①用藥，特別是服用精神治療藥物。

②脫水、營養障礙。

③全身性疾病，發燒、缺氧、肝腎功能變差、呼吸循環器官障礙。

2. 心理社會問題──憂鬱傾向：

(1) 憂鬱：老人很容易因喪失身體功能，社會地位或職位，及親
朋好友而陷入憂鬱狀態，在情緒低落時，最重要的是心理社
會層面的照護。

(2) 照護處置：

①口頭溝通應緩慢清楚並使用簡短句子。

②提供定向感，書面或口頭或圖繪標示。

③定期櫥櫃管理，老人不在時，立即處理。

④應用手勢或肢體接觸做有效的溝通，引導並示範。

⑤適當的陪伴與協助。

⑥例行日常活動或個人用物的安排時，要考慮老人對改變的情

　　緒及反應。

　⑦鼓勵參與機構活動。

　⑧增加觀察的頻率。

　⑨注意服用精神治療藥物的副作用。

　⑩適度的約束。

　⑪各種層面的照護都要維持安全。

　⑫對行為異常的處理態度一致化，不加責備。

3. 因應視聽覺及大腦皮質高層次功能障礙之需求：

(1) 視覺障礙照護處置：

　①眼科醫師的檢查，以瞭解視野障礙與協助。

　②眼鏡調整。

　③接受障礙的事實。

　④房間走廊光線要明亮。

　⑤各種標示要夠大。

　⑥整理通路物品，除去高低落差。

　⑦觀察與適時有效的指示與引導。

　⑧物品要有統一的置放位置。

　⑨誘導以觸摸確認物品的位置。

　⑩可考慮床欄的使用。

(2) 聽覺障礙照護處置：

　①耐心聽老人講話。

　②慢慢講、大聲講、講清楚。

　③談話以外，輔以肢體語言手勢或觸摸或筆談。

　④考慮使用輔具（助聽器、繪圖板）。

　⑤手語。

(3) 辨識能力行動能力喪失：生活照顧予完全協助。

4. 維護良好互動關係之需求：老人服務機構內的人際關係有三個
重點：能與工作人員保持良好關係、能與入住老人相處和諧、
機構的活動計畫合適積極。

（二）活動方面

正常老化過程中，骨骼肌肉系統會發生改變，如：肌肉張力變差，
韌帶、肌腱與軟骨彈性降低，椎間盤變薄，骨骼強度降低，關節退化
等，若老人本身又有其他疾病，如：腦中風、巴金森氏症、關節炎、老
年性失智症、慢性阻塞性肺疾病、鬱血性心臟病等，則更會影響老人的
活動自主性。

老人機構常用巴氏量表（Barthel Index）來評估老人日常活動功能，
所測量的項目包括：進食、移位、個人衛生、如廁、洗澡、平地上走
動、上下樓梯、穿脫衣褲、大便控制、小便控制。最高 100 分表示可完
全獨立，最低 0 分表示完全依賴。依老人活動程度不同之護理處置如：

1. 臥床無法自行翻身者：以坐姿訓練、耐久及良好姿位維持，安
全性與覺醒狀態的確保為目標。注意正確姿勢與擺位，每 2 小時
翻身 1 次，翻身時避免抓握腋下，易傷害臂神經叢。鼓勵做被動
關節運動。

2. 自己可以在床上翻身，但無法起床者：維持坐姿與立姿訓練復
健為主，鼓勵做主動關節運動，強化肌肉運動，如：抬臀、手
臂上舉、抬腿、腹肌、臀肌等長收縮。

3. 自己可以起床，但無法移動者：若沒有第三人積極協助，短時
間功能會快速退化，此時維持訓練是很重要的。活動動作訓練
以「起身訓練」、「站立訓練」為重點，訓練過程中注意老人是

否有頭暈、噁心、嘔吐、盜汗、心悸等生理不適,並避免跌倒等意外發生。

4. 自己可以移位活動,但下半身支撐力已衰弱者:訓練內容以「走動訓練」、「起身訓練」、「站立訓練」為重點,並利用各種適當的輔具,訓練老人做日常生活活動,訓練指導宜簡單富彈性,對老人的活動能力及限制要清楚,預防跌倒,以鼓勵取代強迫,並讓照護團隊人員瞭解老人目前的訓練進展。

5. 下半身支撐力還健全者:鼓勵獨立完成日常生活活動外,訓練內容以「健康與功能維持」為目的的適度運動,並參加機構內活動。

老人是易發生跌倒的高危險群,要預防跌倒可以從運動來加強肌肉力量和平衡功能著手,照顧者可教導老人下列運動,來改善肌肉萎縮與平衡不良的現象:

1. 提膝運動:坐姿或站姿下,彎曲膝蓋成 90 度後,腳儘量往上提,再緩慢放回地面,依此方式雙腳輪流操作。

2. 舉腳運動:坐姿下,雙膝彎曲,雙足自然垂放於地板上,再將小腿伸直抬高至與椅面高度平行的位置,使腿伸展成一直線後,再緩慢放回地面,依此方式雙腳輪流操作。

3. 小腿後踢運動:站姿下,手握著椅子的靠背,雙手成水平位置,舉起腳並往後抬高 45 度,再緩慢放下,回到地面,依此方式雙腳輪流操作。

4. 抬腳趾運動:坐姿或站姿下,將腳跟踮起,再緩慢將腳跟放回地面,依此方式雙腳輪流操作。

（三）飲食方面

老人因基礎代謝率降低，腸胃器官功能減退，或因疾病、藥物、社會心理因素，影響飲食攝取的質和量，機構飲食服務要能提供舒適、合宜、美味餐飲，達到飲食（包括：用餐、點心、補充水分等）滿足之需求。

1. 用餐前要先培養輕鬆愉快，無壓力的用餐情緒，協助老人保持身心清爽的狀態，如：先上廁所或換上乾淨的尿布再進食。

2. 食物的準備上，採均衡攝取，高纖、少油、少鹽、少糖的飲食原則。

3. 以適當的食材及烹煮技巧，製作容易咀嚼、容易吞嚥的食物，解決老人常見的飲食問題，如：咬不動、吞嚥能力弱及容易嗆到的情況。

4. 鼓勵老人自己進食，飲食材料盡量調整為容易沾附湯匙，不易濺落者，並配合適當輔具使用，如：不易滑動的碗盤或粗柄餐具。

5. 收拾掉落之飯粒菜屑時，不傷害老人自尊。

6. 老人飲食採少量多餐，兩餐中間能安排點心，能有自由選取的菜單或提供快樂餐。

7. 食物盡量選擇含必要營養素，注意型態、刀工、味道、份量、盛法及適當熱度，增加食物的色、香、味。

8. 若需餵食服務時，採半坐或坐姿，每次的份量要合宜，由口腔健側送入，一口一口慢慢餵，注意食物不燙口，並與老人保持互動，用餐後口腔的清潔不可忽略。

9. 水分的補充，多喝水、少喝刺激性飲料，每天攝取 2,000cc（限水情況除外），安排在用餐時或兩餐之間供應。

10. 鼻胃管灌食者，採半坐姿，胃管在正確的位置下，查看消化情
形後，予以管灌飲食，原則上每 1cc 提供一大卡的熱量，並有適
當的營養配方，每 4 至 6 小時灌食一次，注重個人口腔護理及灌
食器的清潔衛生。

（四）排泄方面

TAI 將排泄一連串完整的動作，分成三個層面做考量，以擬定合宜
的個人照護計畫：

1. 尿意（便意）與控制。
2. 相關動作（站立、坐馬桶、下半身衣服的穿脫、排泄後的清理
工作等）。
3. 移動（起身、轉位動作）。

針對老人排泄功能有不同障礙的情形，護理處置重點如下：

1. 評估老人身體，收集影響因素：是否有攝護腺肥大，會陰肌肉
鬆弛，中樞神經損傷，周圍神經損傷，會陰肌肉局部創傷，腸
道功能異常——糞便嵌塞、腹瀉、直腸炎或腫瘤，行動不便或環
境因素等（林家綾、陳美芳，2007）。
2. 評估廁所、移動型便器、尿器的可近性、可用性及安全性。
3. 定時引導如廁服務，尊重老人的隱私性。
4. 養成定時規律排便習慣，教導適當排便技巧，如：坐姿身體前
傾、臥床者左右來回側躺，可增加腹部肌肉壓力，有助糞便排出。
5. 選擇容易穿脫的衣褲。
6. 尿管照護，保持管路通暢。
7. 攝取足夠水分，高纖食物。
8. 維持酸性尿液及細菌附著，可服用蔓越莓錠或果汁，預防泌尿

道感染。

9. 訓練會陰肌肉收縮運動，教導腹肌憋氣用力的動作及腹部按摩。

10. 執行肛門環狀刺激術，食指伸入肛門約 1 至 1.5 吋做圓環運動，引發反射排便。

11. 考慮失禁或失禁時，直接使用衛生護墊、尿布。

12. 維持清潔衛生：會陰衛生，皮膚乾燥、內衣褲清潔。

13. 觀察大、小便的量、次數、性質、形狀、顏色。

14. 藥物調整並注意副作用。

15. 讓失禁老人表達感受並予以心理支持。

（五）清潔方面

1. 服裝：材質要舒適、保暖、吸濕性及通風性良好，樣式重在穿脫要容易，鈕子少一點，袖口褲管開口大一點，腋下身軀部份寬一點，褲檔鬆緊適宜，顏色明亮一點。臥床個案可能穿睡袍比較方便，每天早上最好能換白天穿的衣服，可避免生活失去張力，引起生活動機的減退。另外，穿戴鬆緊合宜的棉襪或毛襪，保暖兼保護足部。

2. 儀容：梳理頭髮、刮鬍子、剪指甲等儀容整理，除了衛生外，還有更重要的社會意義，透過這些行為，老人可以重新認識自己，維持與社會之間的關係。

3. 沐浴：沐浴是保持皮膚清潔最有效的方法，而且可促進全身血液循環及新陳代謝，舒張肌膚，減輕疼痛，如果身體不清潔，黴菌容易繁殖，容易造成溼疹等皮膚問題。沐浴時，或坐浴、或臥浴，依老人之功能而定，予以適當協助，並注意水溫、浴室環境安全，及輔具設備的應用。教導老人不要天天洗澡及長

時間泡澡，並於沐浴後擦抹潤膚乳液，可避免皮膚乾燥、發癢及不適感。若老人有失禁情形，應勤換尿布，可用淋浴、沖洗瓶沖洗、抬高腰部或翻身的方式來清洗，減少排泄物對皮膚的傷害。

（六）其他

1. 機構要有每位住民完整的個人基本資料建檔，定型化契約，醫療、用藥、護理、物理、職能、營養、社工等各種紀錄。

2. 有醫師提供老人定期的診視，若住民有醫療及復健方面之需求，能即時介入處置，並有門診、急診轉送流程規範。

3. 重視意外事件的預防與處理訓練，如：跌倒骨折、燙傷、嗆噎、走失、自殺、錯誤用藥或失智混亂突發狀況之因應。

4. 監測與處置住民疾病與感染，做好機構感染控制，確保住民及員工的安全。

第二節　老人機構住民心理及社會照顧需求及所提供之服務

一、機構住民心理及社會問題與照顧需求

老年期所面臨的心理及社會層面的挑戰，可謂人生的多重失落階段。發展心理學家Erikson認為，老年期的重要任務是「統整與絕望」，即要在先前生活已產生的「持久的統整感」，與老年期面對的「破碎的分裂感」間取得平衡，走出隨失落而來的空虛、孤獨與哀傷的心情。老年期調適的重要課題包括（馬鳳岐總校閱，2003）：

1. 喪偶：失去協助者、同伴及性伴侶。

2. 退休：失去工作、職場人際關係、經濟來源。

3. 老人歧視：失去社會認同、社會孤立。

4. 慢性疾病與功能缺損：失去原有的認知或活動能力，須依賴藥物或他人協助、生理變得脆弱、無法從事原可完成的活動。

5. 遷居：失去生活空間、鄰居改變、遠離朋友。

6. 朋友或家人死亡：失去同伴、失去親人、面對自己死亡的威脅。

然而，當面臨生理老化、自我照顧功能降低及家庭照顧無法負荷時，為避免在家中照料的危險，或自己造成家人的負擔，老年人接受了照顧機構的安排。在現今社會快速的變遷下，大家庭結構的式微，想讓老人家「在家終老」的情景已漸難再。研究更發現，大部分的老年人在入住前常未事先被告知或參與討論，更未參觀過安置場所，入住當天才首次看到陌生的住所。在機構中受照顧的老人，其生理及醫療上的需求可較獲得滿足，而在社會心理層面的滿足則是相去甚遠（萬育維譯，2004）。因此，在機構中的老年人再度經驗「失落」，常會有失去生活意義，沒有歸屬感及具憂鬱傾向。在生命的最後階段，面對新環境、新面孔及新床褥，入住後老年人開始依賴照顧人員及機構的生活安排。

事實上，機構生活本就是無法完全取代居家生活，經綜合以安置於機構老人為對象的研究發現，機構照顧的生活對老年的限制包括（萬育維譯，2004）：

1. 老年人失去了原來的生活。

2. 老年人失去了對生命原有的認同及重心。

3. 在機構中過著與社會隔離的生活。

4. 要重新學習去喜歡機構安排的不同活動，而許多活動過去並沒有參加過。

5. 工作人員的時間都被清潔、備餐及生理照護工作占滿，很少人有時間與老人談話。

發展心理學大師 Erikson（周怡利譯，2000）認為，老年人經過歲月與生活的洗鍊，對許多的人生變化會比年輕人有較高的忍受能力與人生智慧來面對。然而，老化的過程在失能與疾病的催促下，對老年人的自尊與控制生活的自信仍是相當嚴苛的挑戰。Nolan（萬育維譯，2004）則提出要持續讓老年人保有自尊與自信，提昇照顧服務的品質，機構應營造適宜的環境氣氛，讓老年人獲得下列六項的正向感受：

1. 安全感：生理和心理的需求受到重視和處理，並且覺得遠離威脅、傷害、恐懼、疼痛。

2. 持續感：個人一生的閱歷和獨特的過往受到重視，並賦予現在生活的意義，以及面對未來的準備。將過去、現在和未來放在生活脈絡中，串聯起統整的可能。

3. 歸屬感：有機會與他人、團體或社區發展有意義的關係，而且覺得自己也是團體的一份子。

4. 意義感：有機會從事有意義的活動，積極、正向的運用時間達到目標。

5. 完成感：有機會以自己的努力去完成自認為有意義的目標（非專業或他人設定的目標），而且對於最後的結果感到滿意。

6. 重要感：覺得有人在意他而且自己對別人而言也是相當重要的人，存在的價值受到自我與別人的肯定。

二、機構住民全人照顧的重要

前述 Nolan 提出的六項正向感受，實為從「人」的需求面作考量，強調重視個人的主觀和生活經驗的照顧服務，積極推動服務品質的決定

權應自專業人員移至受照顧者或使用者本身。也就是說再專業的服務設計,若未得到老年人的主觀認同,便無法達到所謂服務品質的滿意。要滿足在機構生活的老年人,除了硬體設施及設備的家庭化外,想同時能達到人性化的目標,軟體的服務品質更形重要。因為入機構的老年人,生活周圍常出現的人便是照護人員,包括:照顧服務員、護理人員、社工人員和其他相關工作人員。這些照護人員成為老年人生活的一部分,與照護人員間的相處便成為老年人的主要人際關係,亦影響著老年人對機構生活的主觀感受與想法。

曾有老年人說:「我喜歡看到××上班,因為她常有笑容而且會主動問我今天需不需要幫忙買東西!」

「我先生在這裡住到他過世,我跟工作人員都很熟,所以我住進來時覺得很安心,也很有親切感。」

在提供服務過程中,應如何將全人照顧的理念執行,使得老年人在社會心理層面可獲得滿足呢?Kivnick 和 Murray 於 1997 年(萬育維譯,2004)提出以人為中心的照顧模式(person-centered),強調瞭解、探討老年人的價值、信念和知識來源;重視兩個照顧服務的態度:(1)尊重一個人的本質;(2)重視人與人之間相互依賴的價值,以及這種態度是互動的及縮短專業與老年人之間的距離感。第一個論點提醒我們要具備照顧人的服務品質,營造照顧機構全人照顧的工作氣氛,須從認識與瞭解老年人開始。試想,機構照顧人員將在大部份的老年人身邊陪伴相當長的一段時間,老年人也將成為照顧人員生活的一部分。在長期的執行照顧工作後,若對老年人的個人生命歷程一知半解,怎能確實瞭解他們的想法、需求及行為,更遑論提供全人照顧的服務。

事實上,老年人在生活中最期待的是有人能分享他們存在的時刻與價值,那些過去與現在的喜怒哀樂,在分享的過程中讓老年人的故事得

以傳給對方，見證他們的存在。第二個論點則提醒我們從事照顧服務工作的初衷，是在改善受照顧者的生活品質。照顧服務的工作是身心皆須長期付出的專業服務，老年人在機構生活中獲得身心狀況的改善或是對照顧服務工作的幸福笑容，是從事照顧工作的成就感來源，也是堅持照顧服務品質的原動力。因此，照顧人員與老年人之間是有相互依賴關係的，老年人對照顧服務工作的貢獻，更值得我們給予肯定與省思！

三、老人憂鬱之評估與預防

據 2002 年林口長庚醫院及高雄醫學大學的研究發現，老人憂鬱症的盛行率約 12.9%至 21.7%，其中重度憂鬱症達 6.2%，輕度者為 6.8%至 15.5%，比 10 年前增加 10 倍以上，尤其是城市女性老人憂鬱的情形更嚴重，而台灣老人輕度憂鬱盛行率，則名列世界前幾名。一般而言，獨居、鰥寡、生離死別、重大疾病或養護機構的老人，其憂鬱症狀與自殺傾向又更為明顯。尤其老人們因為孤單或身體的長期病痛、失去心愛的物品或寵物，往往不自覺得就陷入憂鬱情緒。

下列是常見的老人憂鬱症的症狀，如果這些狀況持續出現超過二星期，就有尋求醫師協助的必要：

- ・有一種「空虛感」，且持續難過與焦慮的心情。
- ・易疲倦感，缺乏能量。
- ・對原來有興趣的活動失去興趣。
- ・睡眠障礙，包括：非常早起。
- ・飲食與體重出現過輕或過重的問題。
- ・經常在哭泣。
- ・持續出現有身體的疼痛現象。
- ・在專心、記憶及做決定時有困難。

‧感覺對未來沒有希望，有愧疚感、無助感及低自我價值感。

‧時常焦躁不安。

‧有死亡或自殺的想法、企圖。

　　就老年憂鬱症的臨床表現而言，由於老年人表達憂鬱情緒較困難，常以身體的不適來取代情緒的問題，研究顯示老年人對身體不適的抱怨與憂鬱症的發生呈現正相關。老年人常出現的生理症狀包括：失眠、頭暈、頭痛、易感疲倦、頸部酸痛或僵硬、腰酸背痛、手腳發麻或關節酸痛、便秘或腹瀉、腹部不適、心悸、胸悶、呼吸困難、喉嚨有異物感等症狀。其中，疼痛症狀特別與憂鬱有關，而又以頭痛與憂鬱最受到關注。老人若出現經常性頭痛、嚴重頭痛，在過去一年中有偏頭痛、慢性緊縮型頭痛，其發作時將有較高的機率會有憂鬱症狀產生。因為老人常以身體問題來取代其憂鬱情緒，高達50%的老年憂鬱在門診時會被遺漏掉。此外，老人輕度憂鬱的症狀出現時，如：記憶力下降的現象，與老年失智症相似，以致容易將老年憂鬱症當作失智症來處理，而忽略了憂鬱症狀的處理。實際上，老人憂鬱的記憶力主要受到憂鬱症狀的影響，在「憂鬱前」記憶力是正常的，「憂鬱時」記憶力明顯減退，「憂鬱症狀」消失後記憶力又恢復正常。而老年失智的記憶力在病發前是逐漸衰退的，且不會隨著情緒變化而改善。老年憂鬱較少有家族遺傳史，較易受到社會心理因素所誘發，也會出現認知功能缺失及合併精神症狀。其他症狀表現較不典型，例如會出現假性失智症，身體焦躁易怒的狀況（林皇吉，2006；康淑華、邱妙儒譯，2001）。

　　降低及預防老人憂鬱症的發生，照顧人員可協助在平時注意下列的事項：

　　1.對重大生活的改變做事前的心理準備，如：喪偶、親人過世、身體功能急速下降、遷移等。

2. 建立老人對身心互相影響的觀念，提供放鬆技巧練習，鼓勵用言語表達情緒與身心壓力，以問題解決為導向。

3. 鼓勵老年人與老朋友及親人保持聯絡，保持有助益的社交支持網絡，可協助面對重大的失落，如：失去配偶的傷痛。

4. 維持或學習培養嗜好、興趣或活動，增進老年人的頭腦與身體的持續活躍及老年人的自我效能。

5. 提供老年人維持生活獨立與自主的輔助器材，包括：助聽器、助行器及眼鏡等，降低老年人在生活不便的失落。

6. 配合醫師診療及服藥建議，避免因不同慢性疾病藥物的副作用引起的憂鬱。

7. 保持身體健康及營養，避免因疾病造成的失能而出現憂鬱情緒。許多腦血管病變，可能造成所謂的血管性憂鬱（vascular depression），中風就是老人憂鬱之好發、促發、延遲恢復因子，因此減少腦中風之危險因子如高血壓控制、高血脂控制，均是預防老年憂鬱的重點。

8. 加強老人憂鬱症的宣導，減少對於憂鬱症的羞辱感，可促進早期發現，提高接受治療的意願。

　　此外，應特別提醒的是，雖然自殺意念隨著年紀增長而下降，但當老年人有了自殺的想法，會執行且結束自己生命的自殺危險性較年輕人為高。老年人自殺死亡率約為年輕人兩倍，其中80%合併有憂鬱症。其他易造成老年人自殺的原因還包括：身體殘疾、失能及失去原有的社會支持網絡，特別是焦慮、固執、強迫性格的老人，影響最大。因此，照顧服務人員平時應仔細觀察老人的情緒及行為並瞭解其想法，因為有時憂鬱會隱身在笑臉的後面。憂鬱的老人可能會在有人關心或見醫生時感到心情較好些，憂鬱的症狀似乎消失了，但當老人是重鬱時，這些症狀

會立刻又出現。

以下列舉「老人憂鬱量表」（GDS）的一些指標，以供參考：

在過去一星期內，是否有以下感受：

1. 基本上你對自己生活感到滿意嗎？

2. 你是否已放棄了很多以往的活動和嗜好？

3. 你是否覺得生活空虛？

4. 你是否常常感到煩悶？

5. 你是否常常感到心情愉快呢？

6. 你是否害怕將會有不好的事情發生在你身上呢？

7. 你是否大部份時間感到快樂呢？

8. 你是否常常感到無助（即是沒有人能幫自己）？

9. 你是否寧願晚上留在家，而不愛出外做些有新意的事情（例如：

   和家人到一間新開張餐館吃晚飯）？

10. 你是否覺得你比大多數人有多些記憶的問題呢？

11. 你認為現在活著是一件好事嗎？

12. 你是否覺得自己現在是一無是處呢？

13. 你是否感到精力充足？

14. 你是否覺得自己的處境無望？

15. 你覺得大部份人的境況比自己好嗎？

第 2、3、4、6、8、9、10、12、14、15 題答案為「是」者得 1 分，
第 1、5、7、11、13 題答案為「否」者得 1 分。大於 5 分表示有憂鬱症
狀；大於 10 分表示已達憂鬱之診斷。

四、促進活躍老化，機構住民健康促進

心理學大師 Erikson 在其 90 歲時完成的老年期研究報告，提出除了

統整過去生命歷史，持續活躍的投入目前生活，亦是老年期的重要任務。WHO（2002）所提出之活躍老化（active ageing）觀念，已成為國際性組織對於老年健康政策擬定之主要參考架構。為了使老化成為正面的經驗，長壽必須具備持續的健康、參與和安全的機會，在此的活躍（active）指的是，持續地參與社會、經濟、文化、靈性與公共事務，不只是有身體活動能力或有勞動力參與（梅陳玉蟬、楊培珊，2005）。因此，老年人的生活品質是在身體老化的持續過程中，仍能發揮與享有前段生命中所累積與養成的價值體系及生活模式。

以社會學為基礎提出的優勢理論（strength based），提供更清楚的觀點及與老年人工作的核心態度（Nelson-Becker, Chapin, & Fast, 2006），即強調運用個人在其生命過程中發展出的能力，盡可能協助老人維持對生活的掌控，截長補短發揮其能做到的事情以補其失功能之處，在機構可接受的範圍內保持老人原來的生活型態。因此，若能尊重老年人的自主意見，深入了解其價值觀、過去生活經驗及興趣，照顧人員可與老年人共同規劃機構中的生活型態，設計除了生理照顧的服務，也找到在老人生活中有意義的活動。可運用轉介社工人員，或運用機構內部及社區資源求維持老人參與社會的互動（林怡君、余豎文、張宏哲，2004），以符合老年人的期待，鼓勵失能的老年人仍可擁有其活躍老化的生活。

所以，機構提供老人社會心理的服務方案前，應完成對老年人各方面的評估，除了老年人的生理功能外，在社會心理層面還須瞭解老年人各方面的資料，以利完成社會心理的評估。社會心理評估是一持續發生的過程，首次的評估結果及所擬訂的服務方案，可能在老年人入住機構後的生理、心理及社會層面的變化而有不同。在首次評估後仍應持續觀察，視老人生活適應的實際情形予以修正。

社會心理層面評估的面向，應包括：(1)生活史：重要大事；(2)溝通

能力；(3)家庭關係；(4)社交能力；(5)經濟能力；(6)嗜好與興趣；(7)老年調適的心態；(8)文化背景（種族、語言、宗教及習俗）；(9)對機構（目前）生活的期待等。

　　在社會心理評估之後，則須擬訂對老年人的服務方案，服務方案的設計可包括針對老年人個人及機構整體多數老年人的需求，可安排多元化的方案活動，以提昇老人社會心理層面的滿足與快樂（康淑華、邱妙儒譯，2001）。老人安養機構中可提供的輔助活動類型簡介如下：

1. 音樂治療。
2. 藝術（傳承）治療。
3. 懷舊治療。
4. 身心機能活化。
5. 寵物治療。
6. 園藝治療。
7. 感官放鬆治療。
8. 文康休閒活動：散步、歌唱、手語、體操、氣功等。
9. 宗教性活動。

第三節　老人機構住民靈性照顧需求及所提供之服務

　　靈性是什麼？靈性的需求是什麼？由 Holistic Model of Humans 中幾位學者的理論模式來介紹，在全人健康的概念中，首先介紹的模式是「Worldview as a Model」，這是由價值、人生觀的形成過程來探討人在靈性護理課程時所發展出來的模式（Kent State University School of Nursing）；他們認為人的生活是持續不斷的，且有五個關係相互影響：

1. 終極目標（Utimate Reality）：指人生最終的追尋目標或終極的
   實踐。

2. 環境（Environment）：人文、社區或文化等方面的互動。

3. 自己對自己的互動（Self）：如思考、情緒；因自己也會由外在
   刺激來評估自己。

4. 未來（Future）：是由過去到未來，過去：可成為人生經驗而產
   生影響；未來：是對終極目標的看法，甚至對死亡的認知。

5. 周遭的人（Others）：如朋友、同事……等。

在此五個關係中，都有可能產生正面或負向的影響，不同因素會使
這互動的關係產生不同的改變。

另一個模式是「Spiritual Dimensions of Nursing Practice」，作者為卡
森（Carson, 1989），他指出人的基本組成具有三個層面：最外層是生理
外在身體部分；第二層是心理、社會的層面，在此包括：意志（will）、
情感（emotion）、智力（intellect）和道德觀念（moral sense）四個部分；
而最內層的中心點就是靈性（Spirit）。這靈性也就是上一個模式中所提
到的終極目標，亦即連接大我、超我，使人知道自己為什麼要活著的部
分，而靈性也是最深層、最重要的，因為它會向外影響到社會、心理甚
至生理層面。這內、中、外三個層面是會相互影響的，因此靈性的需求
及靈性的完整，是會影響到整個人及全人的完整性（中華民國護士福音
團契編著，2000）。

護理人員通常傾向於把人的需要分成兩類：身體上的需要及心理社
會上的需要，有些人加了第三類——靈性需要。身體的需要是最優先考
慮的，情緒上的支持被認為最重要的，但要花時間，因此總留在不忙的
時候才做。如果要考慮到靈性上的需要，通常都被認為是神職人員的責
任。

一、靈性照顧需求

（一）有關靈性需要的研究（江其蕙譯，1994）

1976 年 5 月，Chaire Martin、Cherill Burrows 與 Jane Pomilio 在紐約州立大學 Utica-Rome 分部護理學系 Upper Division 進行了一項研究，研究設計選擇住院病人來進行，研究者設計了一份問卷，在住院期間，蒐集一些重要的數據資料，問卷在當天或一、天內收回，並在收回那天和病人面談。

調查研究的結果，在住院期間有 48%的人表明他們有靈性上的需要，其中 68%是女性，男性病人所表達的需要為：支持、希望、協助、交談、與神有關係，以及免於沮喪。女性病人的不同靈性需要為：除去緊張焦慮、憂慮、害怕、寂寞、擔心丈夫及孩子、害怕檢查過程及診斷結果，想知道神的同在及和他的關係，需要平安、安慰及救恩協助；想見神職人員，參加聖餐以及知道受苦的原因。

（二）老年人的靈性需求

根據 Koening 等人在 1992 年的研究指出，至少有 25%的住院老榮民認為：宗教是協助他們適應疾病最重要的因素，Koening（1994）提出十四項老年人常見的靈性需求：

1. 需要瞭解受苦的意義、目的及指望。
2. 需要有超越現況的意念。
3. 需要支持以面對喪失。
4. 需要生活的延續。
5. 需要他人肯定並支持其宗教行為。

6. 需要參與宗教活動。

7. 需要保有個人自尊與價值感。

8. 需要無條件的愛。

9. 需要表達憤怒及懷疑。

10. 需要感受到神的同在。

11. 需要付出愛及服侍別人。

12. 需要感恩。

13. 需要饒恕人與被饒恕。

14. 需要面對死亡的準備。

（三）靈性生活照顧及專業服務

　　護理人員如何做才能協助滿足住民的靈性需要，最常提到的反應是，住民希望護理人員能傾聽其所要講的話，及如果有請求時替他們聯絡神職人員。收集住民認為靈性照顧合適的護理措施，前幾項為傾聽他們說話、讓他們說話，其次為幫忙找神職人員、態度愉快、溫柔，及有禮貌、有瞭解的態度、為他們唸聖經、關心、安慰及鼓勵、給予好的照顧、問他們要什麼並照著去做，與他們談到神、建立他們的自我、保持希望、與他們一同禱告、對他們的需要敏感，解釋要做的各種（檢查）程序。

　　神職人員是他們想討論靈性需要時較喜歡找的對象。因為他們有關懷他人靈性需要的角色及專長，所以住民自然而然地喜歡選擇他們。有97%的人同意，護理人員可藉由對他們的關懷、愉快及溫和的態度來供給靈性照顧，且77%的人同意護理人員藉著傾聽他們的談話，就是靈性上幫助了他們。在靈性照顧上，認為恰當護理措施就是「傾聽及關懷病人」的觀念，這是被認為護理人員能做到的幾種靈性照顧之一。

我們可以從兩方面來看靈性照顧：一些特殊的技術性功能，由神職人員來做；而一些普通、支持性的行為，是可以由非神職人員來提供。護理人員可以提供支持性的照顧，不論是護理人員或住民的宗教背景為何；而神職人員能提供上述的雙重服務。有一位病人表示：「和別人談談，雖然他並沒有解決我的問題，但對我仍有幫助。」護理人員可經由「非宗教性」的行為來滿足病人的靈性需要。很多受訪者對「生病的人較常想到自己與神的關係」的敘述反應是正面的，一個人的靈性需要，在生病時比在健康時要多受到注意，這也許是疾病本身產生更多的需要。也許是因為住民的時間很多，體力有限，不能做很多的身體活動，因此有機會去發現、肯定或改變他對生命的意義、病痛及死亡的觀念。當他們在經歷這過程時，護理人員則是處在協助的立場，在旁傾聽。

Weiler（1975: 34-38）的研究指出，對於天主教的病人而言，聖禮儀式是最重要的，他的研究是在一所天主教醫院做的，這醫院有駐院神父的服務。因此，各種儀式及其對病人的重要性都比較普及。

護理工作的應用，73%的病人同意，護理人員應詢問他們是否想見神職人員。轉介給神職人員是靈性照顧很重要的一部分；研究結果指出，護理人員在提供靈性照顧時，不必因為他的宗教信仰和病人的信仰不同，而有所遲疑。因為表現溫和與做為病人意見的回聲板，是很有意義的。護理人員不需要因為對病人的宗教信仰不熟悉而焦慮。他們的責任不是要知道所有問題的答案，而是要讓病人訴說他的信仰及感受時做一個聽眾。臨床上，病人的反應顯示出，有人和他們深談及傾聽他們說話的需要沒有被滿足。

這研究調查結果顯示，女性比男性較多用言語來表達他們的靈性需要；神職人員是病人比較願意和他們談靈性需要的人。除去怕死的感覺、知道神的同在、從別人處得到關心及支持，以及聖禮儀式等是病人

認為四個最重要的靈性需要。病人看重護理人員的關懷及溫和態度，並希望能和護理人員說話，而護理人員也願意聆聽（Jamison, 1995）。針對老人的靈性需求，可運用的護理措施如下：

1. 親臨：親臨並非單純的陪伴，而需具備傾聽、同理心、人性關懷與奉獻等特質。

2. 運用經文、禱告、宗教性書刊：提供這些資源前，需先仔細評估個案的信仰經驗，以適切運用。

3. 提供不同種類的音樂，供個案選擇。

4. 鼓勵做人生回顧：協助肯定個人過去的經歷與貢獻。

5. 鼓勵並協助個案參與宗教活動。

6. 尊重並維護個案宗教相關物品。

7. 鼓勵個案談論個人的信仰經歷。

8. 傾聽並接納個案對各種失落所引發的悲傷反應。

9. 促使個案與親友和好。

10. 有效運用社會支持系統及宗教團體。

11. 將個案的靈性需求轉達同組的其他醫療專業人員以獲共識。

身、心、靈的照顧彼此密不可分，身心的健康可強化靈性的成長動力，而靈性上的成長可幫助身心的創傷，因此靈性護理無法獨立於身心照顧之外，應交織在各項身心護理活動中提供個案全人之關懷。

二、機構老人面對死亡與瀕死的照顧

（一）老年人對死亡的態度

死亡是人生過程中的必經之路，但大部分人對於死亡有著無名的恐懼，一來擔心死前會經歷許多的痛苦，再者害怕會遭遇到世界的遺棄，

因此大多數人選擇避免談論死亡。在老化的過程中個體經歷了許多的失落，失去身體健康、財富，失去親友，失去工作，失去社交生活或社會地位……等。這些失落無非是為了人生中最大的失落——「死亡」作準備。

雖然老年人較常思考到死亡的問題，使得他們在面對死亡時較年輕人平靜（Kalish & Reynolds, 1976）。但對老年人而言，死亡並不像年輕人所認為的那麼具悲劇性及破壞性。為何會有如此的差異？其中有三種解釋（郭靜晃、吳幸玲譯，1993）：(1)老年人較篤信宗教，會從宗教中找尋安慰；(2)老年人較能接受自己的生活及所做的選擇；(3)老年人對死亡有較多的準備。在研究當中也發現有宗教信仰及自評健康狀況較好的老人對死亡的焦慮較低。

（二）瀕死過程與臨死覺知

Kubler-Ross 在訪談過許多瀕死病人後，於 1969 年提出死亡的五個階段：否認、憤怒、討價還價、憂鬱和接受。因為對死亡的過程不清楚，使得大部分的病人產生恐懼，瀕死病人常會有孤獨的心理反應，尤其是缺乏支持系統及信仰的病人（Kemp, 1995）。當死亡逼近的時候（Near Death），瀕死者會出現一些較混亂的行為，如：口中唸唸有詞或是不斷的比劃著，而使得照顧者不知如何是好，以為病人已神智不清了，但經由耐心地傾聽病人的談話，及試著瞭解手勢所代表的意義後，會發現垂危者其實正在表達一些重要的訊息。

（三）瀕死者的照護

瀕死病人的醫療目標不在於治癒（cure），而是照護（care），期望能減輕病患身、心、靈的痛苦，達到善終（good dying）（趙可式，

1997）。在照顧瀕死病人之前，照顧者必須要瞭解自己對於瀕死和死亡的看法及感受，是否能夠將死亡看成是人生的一部份，否則當面對瀕死病人時，往往會覺得很不自在，且會出現逃避照顧病人的情形。

1. 當死亡是不可避免的時候，大部分的人都希望身體的痛苦能減至最輕（趙可式，1997），因此適當的疼痛控制及症狀處理是非常重要的：另外也要滿足病人舒適上的需要，讓病人覺得自己過著有品質的生活。

2. 每個人都有愛及歸屬感的需要，協助機構住民家屬喪葬事宜。

摘要

　　老人機構服務品質的管理內容，因考慮的層面不同而有其差異性存在，當以人為出發點的照顧理念為中心時，就是管理者要將全人照顧作為經營的重要目標之一。在服務品質上，瞭解住民生理、心理、社會、靈性的全面照顧需求，並提供適切的服務，才能真正營造一個符合長輩或失能者，快樂生活、平安善終的理想環境。

問題習作

1. 依 TAI 分類分級評量照護計畫制定系統，歸納長期照護具體需求項目的六大範圍為何？
2. 老人機構住民生活照護及專業服務，在精神、活動、飲食、排泄、清潔外，其他尚包括哪些內容？
3. 機構住民社會、心理與照護需求為何？
4. 老人憂鬱症的預防與全人照顧的重要性為何？
5. 老人的靈性照顧需求為何？
6. 靈性生活照顧與專業服務為何？

名詞解釋

TAI（高齡者照顧計畫之制定）　　　　Nolan 六項正向感受

全人照顧　　　　　　　　　　　　　靈性照顧

參考文獻

一、中文部分

中華民國護士福音團契（編著）（2000）。靈性護理的理論與實務（頁 15-17）。台北市：校園書房。

江其蕙（譯）（1994）。靈性照顧——護理人員的角色（頁 36）。台北市：校園書房。

林仁川、顏懿宏（譯）（2002）。**TAI** 高齡者照護計畫之制定（台灣版）。台北市：中華民國長期照護專業協會。

林怡君、余豎文、張宏哲（2004）。新店地區機構和非機構老人憂鬱情形及相關因素之調查。台灣家庭醫學雜誌，**14**（2），81-93。

林皇吉（2006）。老年憂鬱症之臨床表現與身心處預。台北市：臺灣憂鬱症防治協會。

林家綾、陳美芳（2007）。淺談大便失禁及護理處置。長期照護雜誌，**11**（1），101-106。

周怡利（譯）（2000）。E. Erikson、J. Erikson、H. Kivnick 著。**Erikson** 老年研究報告（Vital involvement of old age in: The experience of old age in our time）。台北市：張老師文化。

馬鳳歧（總校閱）（2003）。A. C. Miller 著。老人護理理論與實務（Nursing care of older adults: theory and practice）。台北市：五南。

高潔純（2004）。機構失智長者的問題行為。長期照護雜誌，**8**（2），251-261。

郭靜晃、吳幸玲（譯）（1993）。發展心理學。台北市：揚智。

梅陳玉蟬、楊培珊（2005）。台灣老人社會工作：理論與實務。台北市：雙葉。

康淑華、邱妙儒（譯）（2001）。B. Knight 著。老人心理治療（Psychotherapy with older adults）。台北市：心理。

萬育維（譯）（2004）。Mike Nolan、Sue Davies、Gordon Grant 主編。老人照護工作：護理與社工的專業合作（Working with older people and their families）。台北市：洪葉文化。

趙可式（1997）。台灣癌症末期病患對善終意義的體認。護理雜誌，**44**（1），48-55。

二、英文部分

Carson, V. B. (1989). *Spiritual dimensions of nursing practice* (pp. 4-23). Philadelphia: Saunders Company.

Jamison, S. L. (1995). *Spiritual needs of older adult*. Lectures in Nurses Christian Fellowship International 14th Interational Conference, 1-8 July, 1996, Hong-Kong.

Kalish, R. A., & Reynolds, D. K. (1976). *Death and ehnicity: A psychocultural study*. Los Angeles: University of Southern California Press.

Kent State University School of Nursing. In J. A. Shelly (Ed.), *Teaching spiritual care* (pp. 18-34). Madison, Wisconsin: Nurses Christian Fellowship.

Kemp, C. E. (1995). *Terminal illness: A guide to nursing cane*. Philadelphia, PA: Lippincott Company.

Koening, H. (1994). *Aging and god: Spiritual pathways to mental health in midlife and later years* (pp. 283-295). London: Haworth Pastoral Press.

Nelson-Becker, H., Chapin, R., & Fast, B. (2006). The strengths model with older adults. In P. Emeritus (Ed.), *The strengths perspective in social work practice* (pp.

148-169). Boston: Allyn & Bacon.

Weiler, C. (1975). Patient's evaluation of pastoral care (pp. 34-38). *Hospital Progress, 56.*

World Health Organization, WHO (2002) *Active ageing: A policy framework*. Madrid, Spain: Ageing and Life Curse Program, Second United Nations World Assembly on Aging Press.

第十章

老人服務機構的
公設民營

戴章洲

學習目標 ▶▶

研讀本章內容後，學習者應能：

一、瞭解我國老人服務機構的種類。

二、瞭解社會福利公設民營的背景。

三、瞭解老人服務機構公設民營的作業流程。

四、瞭解老人服務機構公設民營遭遇到的困境。

五、瞭解我國老人福利服務公設民營的未來發展。

老人服務機構是老人福利服務的重要核心，也是福利服務輸送的重要據點，依據《老人福利法》第 34 條以及《老人福利機構設立標準》第2條之規定，老人服務機構可分為三大類（長期照顧機構再分為三類），各有其不同的服務對象，分別為：

1. 長期照護型機構：以罹患長期慢性病，且需要醫護服務之老人為照顧對象。

2. 養護型機構：以生活自理能力缺損，需他人照顧之老人或需鼻胃管、導尿管護理服務需求之老人為照顧對象。

3. 失智照顧型機構：以神經科、精神科等專科醫師診斷為失智症中度以上、具行動能力，且需受照顧之老人為照顧對象。

4. 安養機構機構：以需他人照顧或無扶養義務親屬或扶養義務親屬無扶養能力，且日常生活能自理之老人為照顧對象。

5. 其他老人福利機構：提供安置服務及康樂、文藝、技藝、進修與聯誼活動服務及老人臨時照顧服務、志願服務、短期保護。

這些不同性質的機構主要是依照老人個別的需求，而提供不同的服務，但以目前政府社會福利部門的組織編制以及人員的專業，並無法全部都由政府部門來負責經營，而是與民間機構合作，以公私協力的方式來擴充服務的深度與廣度。因此，福利機構的公設民營方式，正好對此一困境提供了另外一個新的管道。

社會福利機構的公設民營方式，雖然在先進國家中，早在 1990 年代就蓬勃發展，但是在我國實施的時間，主要是從 1994 年之後才受到較大的重視；到目前為止政府部門採行福利服務「公設民營」的方式，也不過十多年的時間，從法制面與實務面而言，政府公部門在這方面的經驗尚不成熟，尤其地方社政部門更是普遍缺乏經驗，這些都可能影響後續的推動。因此，本章主要就我國老人服務機構「公設民營」背景、

現況、程序、遭遇到的問題,並以法制面以及實務面的角度作一介紹。

第一節 老人服務機構公設民營的意義與背景

大約在 1980 年代中期起,西方國家興起「福利多元主義」的思潮與推動福利民營化時,我國約於同一時期宣示「結合民間力量推展社會福利」,展開各種民營化的策略與措施。在實施民營化的背景方面,我國與先進國家稍有不同;先進國家實施社會福利服務民營化,主要是因為政府部門對於民眾福利的需求不斷的擴張,之後造成所謂「福利國家的危機」,因此希望藉由民營化的機制來引進民間資源,彌補政府方面的不足。

而我國發展民營化時期,則是政府方面的福利供給不足,民間的資源也較貧乏。由於發展的背景不同,使得我國的社會福利民營化和先進國家的發展呈現不同的風貌。先進國家福利民營化意味著政府的福利供給減少、補助減少、管制也減少;但是在我國,實施社會福利民營化的同時,政府的福利預算卻是顯著增加,相關的福利法規及福利機構的設置標準和服務提供的相關規定,也在此時成形(孫健忠,1991)。

一、公設民營的意義

老人福利服務是屬於社會福利的一環,社會福利服務的公設民營亦即機構委託,是指政府規劃福利服務的方式、項目、對象,並提供大部分或者全部的經費或設施,再透過政府與民間團體的契約關係,委由民間對於政府所要求的項目或標的去經營提供服務。

依據社會工作辭典(2000)的定義:所謂「社會福利民營化」(Social Service Privatization)即指政府將社會福利服務的供給,完全或部分轉移

到民營部門（Private Sector），同時引進市場經營的規則；達到民營化的方式有三：一為逐漸降低對政府撥款補助的依賴，回歸到私人取向；二是強調「收費」，象徵慈善「商業化」（Commercialization）或一種較新及更具營利性的風氣來經營服務的供給，伴隨收費而來的連鎖要素是營利性組織的增加；三為藉由社會福利使用的收費，代替利他傾向；社會福利服務民營化的目的是，減少政府的福利支出，提高服務效率，增加民眾參與等（江佳霖，2000：19）。

一般而言，老人服務機構的經營方式，不外下列三種模式：第一為公辦公營，也就是由政府部門自行提供福利服務；其次是民辦民營，乃是由私部門自營的福利機構；最後一種就是公設民營，由政府提供建築設備甚至於營運所需經費，交由民間機構來從事福利服務供給的方式。

二、公設民營的背景因素

1980年代後期，英國柴契爾夫人執政時期，實施政府改造運動，進行效率革新、財政節約、公營事業民營化、續階改革、政府機關民營化、組織精簡等革新措施，這就是所謂的「柴契爾夫人主義」，此後世界各國政府也基於政治行政改革與財政預算因素，陸續進行「政府改造」運動。但「政府改造」的，除了承續過去的行政改革、效率革新、績效改進、組織縮減以及私有化管理等內涵外，更進一步的強調「公共行政」與「公共管理」改革，或進行政府組織與管理的翻新：在政府的結構上強調要建構「精簡政府」；在政府的功能上強調要「授能」；在政府的管理上也試圖引進「企業型」的體制；在服務方面則實施「分權化」與「授能化」，並推動「民營化」措施。

在此背景之下，「民營化」意味著政府對於經營權、合夥方式與管理體制的改變；其做法上有：公營事業民營化、輔助私部門經營事業、

政府部分業務採取委外、公設民營等措施。一般而言，各國政府所推動的「民營化」有下列幾種範圍，例如：(1)國營事業改為民營（英國的電信事業轉為民營）；(2)行政機關的執行部門民營化（英國部分行政機關的執行機構由民營公司接掌）；(3)政府一部分事務委託地方或民營（如日本的國營林野現場）；(4)出售公營事業（如法國、美國）；(5)公共服務外包（美國的垃圾蒐集、環保回收）；(6)公設民營（若干先進國家的消防、警衛、監獄設施管理等）；(7)公共設施採取民間投資經營移轉方式（如 B.O.T.等），都屬於「民營化」的範圍。

至於我國社會福利與私部門的合作關係發展，大致可以分為以下三個階段與三種類型（林萬億，1998；陳小紅，1999；陳武雄，1997）。

（一）個案委託模式

此種模式始於 1960、1970 年代，在老人福利方面主要是以低收入老人的委託轉介為主。主要原因是政府公辦的收容設施容量不足，而非民間比政府做得好或政府無法做。這種「購買服務」在當時，政府與民間雙方皆不認為是種委託，而是補助，因此權利義務關係亦不甚明確。此種委託方式視個案需求而定，較為零散，且缺乏規劃。

（二）方案委託模式

是指政府機構與包括其他的公部門、志願服務組織以及半官方組織在內的受託機構，彼此之間訂定合法有效力的協議，就此將會使受託的機構提供服務給政府的案主，在此同時，政府也可以提供經費及資源給這些受託的民間機構。此種模式約略始於 1970 年代末期，成長於 1980年代。1983 年內政部訂頒「加強結合民間力量推展社會福利實施計畫」，規定社會司為策劃單位，省市政府社會局為執行單位，明文規定各縣市

政府為推展社會福利工作得以補助、獎勵或委託民間合法機構共同辦理。

（三）公設民營模式

　　第一所「公設民營」的機構開辦於 1985 年 3 月，由台北市政府社會局委託「第一兒童發展文教基金會」辦理的「台北市博愛兒童發展中心」，但是「公設民營」的蓬勃發展，則是在 1994 年以後（傅立葉，2003）。此一階段受委託機構的甄選政府部門，由過去的主動徵詢特定對象的意願轉變為公開招標的方式，以應徵者的計畫內容及基本條件做為評選的依據。

三、公設民營的主要類型

　　公設民營發展至今，依照各種業務的特性，政府與民間的合作協力關係也發展出許多不同的類型，其中較為常見的類型有：

1. 興建－營運－移轉（Build Operate Transfer, BOT）方式：係指政府與民間簽訂契約，由民間投資興建，政府提供土地等必要之協助，並由民間成立特許公司營運，契約期滿後移轉給政府。

2. 興建－擁有－營運（Build Own Operate, BOO）方式：就是民有民營的方式；由民間投資興建，並可完整的擁有該項產權及營運權利。

3. 興建－擁有－營運－移轉（Build Own Operate Transfer, BOOT）方式：此一類型與BOT的主要區別在於為了鼓勵民間投資興建，給予投資者擁有某些周邊物業的開發與經營特許。

4. 興建－移轉（Build Transfer, BT）方式：係指該公共建設在興建階段由民間負擔所有資金或部分工程款，但在完成驗收啓用後，則由政府或者該計畫業主以一次清償或分期方式付款給投資者。

5. 興建－移轉－出租（Build Transfer Lease, BTL）方式：亦即由民間開發興建完成後，直接轉交政府出租他人。

6. 設計－建造－償款－營運（Design Build Finance Operate, DBFO）方式：指興建之後，特許公司並不直接向使用者收費，而是依照政府與興建者雙方訂定一個影子費率契約，以政府預算支付的方式。

7. 租用－更新－營運－移轉（Lease Renovate Operate Transfer, LROT）方式：指民間與政府部門訂定翻新政府老舊建築物，並以契約方式同意民間營運一段期間，期滿後再交還給政府。

8. 興建－回租－移轉（Build Lease Transfer, BLT）方式：就是由民間興建後租予政府部門負責營運。

9. 資產出售或資產管理（Asset Sales or Asset Management, AS & AM）方式：係由政府將資產出售或將資產交由民間參與興建及營運。

第二節　老人服務機構公設民營的現況

一、公設民營政策形成的理由

關於政府對於社會福利實施民營化的主要動機，依據孫健忠引用國外學者的見解有：

1. 實用主義的壓力（pragmatic pressure）：主要目的為達到一個較好的政府；也就是基於「政府缺乏效率」的概念，認為政府介入過多容易造成浪費，民營化的社會福利服務較能符合成本效能的準則。

2. 意識型態的壓力（ideological pressure）：政治意識型態指出，過

於龐大的政府會妨礙到國民的自由，甚或侵犯到民主政治，民
營化將可減少政府的介入。

3. 商業行為的壓力（commercial pressure）：其目的在於要求更多的
商業發展空間。

4. 民粹主義的壓力（populist pressure）：指人民在公共服務方面應
該要有更多的抉擇，並應有權自行定義及呈現需求。

「公設民營」是世界各國推行「民營化」策略的途徑之一，也是推
動「政府改造」工作的重要途徑；主張政府將一部分非核心業務「民營
化」者，著眼於革新的潮流趨勢，認為民營化有助於引進民間企業化的
管理，增加政府的功能與效率，不但可以節省政府的支出，減少政府部
門組織員額的膨脹，同時更可藉由公私協力合作的機制，來促進民間的
參與和發展。

二、公設民營的法制面

在 1970 年代以前，政府委託民間辦理社會福利，都是由各地方政
府自行規劃辦理，中央政府鮮少介入，乃至於 1983 年內政部始訂頒「加
強結合民間力量推展社會福利實施計畫」，1994 年行政院會議通過「社
會福利政策綱領」，其基本原則第 7 項明定：「……並結合學術與民間
組織，共同發展合作模式的服務輸送體系」。並於「社會福利政策綱領
實施方案」的福利服務部分第 2 項規定：「採取補助、委辦、公設民營
等方式，並充分運用志願服務人力，由政府支援經費與設施，透過民間
組織提供多樣化及合適性的服務」。1997 年內政部更訂定「推動社會福
利民營化實施要點」及契約範本；1994 年訂定「內政部推展社會福利服
務補助作業要點」則以補助民主團體辦理社會福利業務為主，對於公設
民營措施方面的相關法規與作業準則仍嫌不足；因此，地方政府在推動

社會福利公設民營措施上，只有依照地方制度法規定自行訂定相關法規做為依據，例如：台北市政府的「台北市市有社會福利服務設施委託經營管理要點」、新竹市政府的「新竹市市有社會福利服務設施委託民間團體辦理社會福利自治條例」等。

三、老人服務機構公設民營的現況

依據內政部的統計，至 2005 年 6 月底止，台灣地區合法立案之老人長期照顧機構有 26 所，可收容長期照顧 1,272 人、養護 25 人，實際接受長期照顧者 790 人、養護 113 人；養護機構共有 825 家，可容納安養者 556 人、長期照顧 30,103 人、養護 692 人，但實際接受安養者 389 人、長期照顧 21,946 人、養護 389 人；安養機構 47 家，可收容安養 7,606 人，養護 3,813 人，實際收容安養 5,037 人，養護 2,538 人；社區安養堂 10 所，可住 345 人，實際進住只有 109 人；老人公寓有 4 所，可住 794 人，實際進住僅 381 人。

由以上統計資料可以發現，雖然整體的老人服務機構占老人人口比率上尚未普及，但目前台灣老人使用老人服務機構的比例也不高；在高齡人口比例逐漸增加，生活無法自理而必須接受養護或長期照護機構就養的老人人數不斷的成長之下，雖然目前許多老人養護機構尚有多餘空位，但就長遠趨勢上來看，以目前的容量和未來的需求上，尚無法滿足未來老人服務的提供。

根據《老人福利機構評鑑及獎勵辦法》規定，評鑑列為優等或甲等之機構，得優先接受政府補助或委辦業務。但在 2001 年內政部的老人服務機構評鑑，評鑑結果優等的只有 16 家，甲等 37 家，符合承接政府部門老人福利服務「公設民營」業務者，只占現有老人服務機構約 10% 左右。

老人福利服務之「公設民營」目前仍屬少數，台北市委託民間經營的有：文山老人養護中心、兆如老人安養護中心、至善老人安養護中心、陽明老人公寓。高雄市政府方面有：宏昌老人活動中心、楠梓區老人居家服務支援中心、民族老人活動中心、三民區老人居家服務支援中心、三民老人日間照顧中心、前金老人活動中心、崗山仔中區老人活動中心、旗津老人活動中心、小港區老人居家服務支援中心等。其他各縣市政府方面亦只有零星的設置，因此，老人服務機構的公設民營尚有極大的發展空間，有待各地方政府依據各地不同的需求，早日規劃推展。

第三節　老人服務機構公設民營的流程

政府部門辦理福利服務「公設民營」的受託對象，主要是以非營利的財團法人或專業的社會福利機構為主，並且必須經過下列幾項作業程序，這些過程包括：政府部門內部作業和與外界受委託機構之間的作業程序，因此，周延、公開以及明確的流程，有助於辦理「公設民營」的順利與否，茲將此作業過程分五階段說明如下。

一、公開甄選前的階段

目前內政部訂有「推動社會福利民營化實施要點及委託契約書範本」，是各級政府辦理福利服務「公設民營」的重要依據。另外，各地方政府為了針對各地方的個別情形，以及對內政部所訂規定不足之處有所規範，通常也以地方「自治條例」的方式，訂定各地方有關辦理社會福利業務委託機構來公設民營的自治條例。自 1999 年 5 月 27 日《政府採購法》施行以後，訊息的發布除了在報紙刊登外，同時也需在政府機關網路公告公開甄選的訊息，並依照《政府採購法》所規定的公告期限

辦理公告。

二、公開甄選階段

1. 訂定委託計畫：由社政部門依據內政部「推動社會福利民營化
   實施要點及委託契約書範本」，以及地方有關辦理社會福利業務
   委託機構來公設民營的自治條例，草擬委託計畫書及契約草案，
   並由政府相關官員與專家或學者組成評審小組。

2. 公開徵求：將欲委託「公設民營」之福利服務訊息，公開於政
   府採購公報暨行政院公共工程委員會資訊網路辦理招標。

3. 資格審查及評選：將送件的資料先行做資格審查，然後邀請符
   合資格之機構進行簡報說明，由評審小組審查評選受委託者。

4. 確定受委託機構：受委託機構的確定方式通常有兩種方式，分
   別為：以評選最高分的辦理最有利標決標，或者另外由負責採
   購之單位（通常為秘書室或行政室）另行通知合格者參加比價
   議價。

三、訂立契約

1. 訂定契約：與最後決標之機構正式簽訂「公設民營」契約書，
   因福利服務屬於勞務之採購，因此得免收押標金，但為保障委
   託單位順利執行，通常會以要求得標機構繳納「履約保證金」
   的方式處理。

2. 契約期間：依原訂計畫書所訂之委託期間為期間。在地方政府
   由於民選首長之任期為 4 年，因此，通常以不超過 4 年為原則。

四、執行委託

1. 經營管理計畫：第一次由受託機構於訂約後一個月內提交委託單位核備，爾後則於政府年度開始前兩個月按年分別提出，以供政府單位核備及做為編列預算之參考。

2. 設立專款專用帳戶：機構受委託承接「公設民營」業務後，其原有業務仍可繼續經營，但因承接「公設民營」業務後接受政府財務補助，為了避免機構將補助經費移做他用，以及在業務界限上產生混淆不清的情況，通常政府部門都要求承接之機構設立專戶管理，專款專用，並接受查核。

3. 履約管理：承接福利服務「公設民營」業務之機構，應該依照契約規範提供福利服務，政府部門所提供之場所或建築物等設施、設備不得任意轉租或轉讓其他人經營，業務也不得移轉第三人辦理。

五、績效評估與續約

1. 年度評鑑：政府部門為確保承接「公設民營」業務機構之服務績效，每年均應對承接機構辦理評鑑；通常先由受評鑑機構自評，然後再由政府部門組成之評鑑小組進行複評。評鑑主要的項目包括：設備設施的管理、行政管理、財務管理、服務管理、服務內容、服務績效等項目。

2. 評鑑小組：由政府部門邀請專業領域的學者、專家、政府部門財政主計單位的代表，以及承辦之業務部門人員組成評鑑小組。

3. 聯繫會報：主要是為加強政府與公設民營機構之間的合作與溝通，由業務單位督導機構定期辦理聯繫會報，討論互助模式、

協助問題處理，以及規劃共通性的管理架構。

4. 辦理續約：經評鑑合格之機構得辦理續約，並提出工作成果報告送交政府部門審議後續約；如未能於規定期限內辦理續約者，喪失續約之優先權。

第四節　公設民營推動的問題與困境

我國社會福利服務推動公設民營以來，雖然已經引進專業機構介入參與政府部門規劃的福利服務，但由於政府與民間機構間由於制度與角色的不同，所以在推動過程中遭遇到許多問題，茲就實務上較常遇到的問題說明如下。

一、公開甄審前的階段

政府部門人力及經費不足，試圖引用「公設民營」的策略來節省支出和擴大服務，社會福利服務的公設民營尚有扶植民間機構的政策目標，希望能夠與民間機構建立起合作的夥伴關係；但是由於目前社會福利機構能夠符合承接「公設民營」業務的機構為數不多，即使少數符合資格者，亦要視政府部門是否開出較有利益的條件，始有意願承接這項業務，否則就乏人問津。因此，與政府原先節省經費的構想互相違背，難以收到節省經費的目的。

福利服務的「公設民營」，依《政府採購法》的規定屬於「勞務採購」的一種，必須依照《政府採購法》規定的要件與程序來進行「委辦」，而「委辦業務」依《政府採購法》規定可採取「限制性招標」，但事前要經過公開甄選的程序，並以最有利標方式決標。

由於社會福利機構的服務通常與地域性關聯甚大，所以以地區而

言，目前符合承接「公設民營」的老人服務機構為數不多，以致於政府機構在尋求合作夥伴時，往往不是靠公告方式就可以吸引機構來參加投標，而是主辦單位要主動與機構接觸說明，以增加更多經營管理上較良好的老人機構來投標。

在政府部門的業務分工上，往往將採購的流程分為三個階段；社政部門負責前段與後段，而最熟悉採購流程的「採購中心」只負責中段工作，因此社政部門的人員需要另外摸索有關《政府採購法》的規定，增加社政人員的負擔。

此外，政府辦理公設民營，由政府所提供的建築物及硬體設備，在事先的規劃上，往往與得標機構的需求未盡相符，政府部門往往也要求承接之機構不得任意增建、整修或變更，即使經過法定程序報請政府部門同意，亦費事耗時。

二、甄審階段

《政府採購法》第 2 條規定：「採購，指工程之定作、財物之買受、定製、承租及勞務之委任或僱傭等」。社會福利服務「公設民營」屬於委託專業服務，可採「限制性招標」；做法上是先開資格標然後評選，再依評選優勝次序辦理議價，可採取最有利標方式來決標。

政府辦理福利服務「公設民營」委辦，在招標前要組織評選小組，聘請專家、學者及政府部門相關官員擔任評選委員，先行審核招標文件。在此一階段較容易遭遇到的問題是，評選小組往往倉促成軍，由於有這方面專業的委員不多，對於富有高度專業性質內容的委辦案件極具挑戰性，能否客觀、公平的審查，容易受到質疑。

三、訂立契約階段

政府與民間機構之間的福利服務「公設民營」，主要是以建立「夥伴關係」的合作模式，對於委託後的發展與營運的維持，應考慮服務的穩定與品質的維持，在這方面主要的影響因素為契約的期間和財務的依賴程度；如果契約期間太短，則在經營上成果不易顯現，在雙方經費的負擔上，補助款的多寡也攸關機構的發展，但是，許多政府部門因為受到年度預算的編列需送議會審查後始能有明確數額，所以在契約負擔經費的訂定上預留較大的彈性空間，甚至於以模糊的「依計畫編列預算」等字眼帶過，這些都容易影響福利服務「公設民營」的穩定與品質的維持。

四、執行委託階段

在執行委託階段主要面臨的問題有：政府部門的行政程序問題、計畫核定與經費補助的問題。

政府部門對於各項經費的會計核銷過程，與民間單位差異很大，一般民間單位都對於政府會計上的要求十分陌生，對於繁複的文書作業上的要求往往無法一次完成，而且業務部門對於承接單位所提出的會計報表、帳目、財務報表等，亦缺乏專業的審核能力，需要透過財務、主計部門才能審核。在退件補件上浪費不少時間，缺乏效率，甚至於耽誤下一期補助執行經費的核撥。

對於計畫的核定和經費的補助方面，是政府與機構在彼此認知差距最大的部分：政府部門希望民間機構自負盈虧，而民間機構則希望補助經費多多益善；此外機構通常希望補助經費能夠更有彈性運用，而政府部門則要求機構要嚴格遵守政府的會計制度，造成彼此角色的衝突。

五、評估與續約階段

「公設民營」績效的評估，主要是為了掌握機構能夠更有績效的經營管理，同時也是政府部門做為續約與否的重要依據。目前一般常用的評鑑項目主要有：設備設施的管理、行政管理、財務管理、服務內容及服務績效等五大項目。但這些項目都可以用書面報告來加以美化，而真正服務老人的過程應該才是福利服務的重點，也就是服務品質不容易呈現，這往往是進行福利機構評鑑上的盲點。

「公設民營」的續約，涉及到法令問題以及政府的政策、機構的理念等，民選首長的更迭往往提出新的政策方針，民營機構能否長期經營並無法事先確定，更何況即使民營機構能夠長期經營的話，也容易形成類似公部門而又變相不受政府法令嚴格規範的機構，人員任用也不受公務單位的資格限制，易於特權安插人事。

第五節　老人服務機構公設民營的未來發展

老人對於長期居住的地方，一般而言更有「在地老化」的觀念，因此，老人服務機構的設置或者以「公設民營」的方式委託民間機構經營，都必須要考量當地老人的特性，針對老人的需求規劃，始能達到老人樂於使用，福利能夠落實的目的。在過去，政府推動老人福利服務「公設民營」的過程中，固然遭遇到許多困境，福利服務「公設民營」雖然不是推行社會福利的萬靈丹，但如果能夠從過去執行的經驗提出檢討、改善缺失，那麼，福利服務「公設民營」提供了公共服務的另一個新的發展途徑則是毋庸置疑的。

一、福利機構公設民營的缺失與檢討

社會福利服務推動公設民營以來，固然可藉由公私部門協力合作減少政府部門的負擔，提供服務對象更專業的服務；但在執行上，學者也迭有研究發現存在一些缺失，有待後續推行上參考防範，舉其較為重大的可能缺失如下：

1. 擴大社會階層的分化：社會福利轉至民營化後，往往強調使用者付費的觀念，而使用者付費的能力常常是其能否享有較好服務的關鍵，因此對於付費能力較低或者完全無付費能力者，往往只能得到便宜或次級的服務，導致社會服務分等級，不但形成社會服務的雙元體系（Dual system of service），更使得不同社會階層的嫌隙加深（孫健忠，1988；趙維生，1988）。

2. 打擊社會服務的目標：社會福利服務主要的目標是建設一個安定、幸福、免於匱乏，進而建立一個互相關懷的社會和促進人際關係之和諧；因此，社會福利服務所強調的重點應該是對弱勢族群的服務，而不是將服務商品化透過市場機制來運作，因為市場機制往往強調價格機能，容易使經濟弱勢者無法取得適當的需求服務。

3. 容易造成政商勾結現象：公設民營的做法，如果有豐厚利潤可圖的話，民間團體為了取得受委託契約，往往會與官員勾結，發生利益輸送情形，甚至於部分掌權者往往假公設民營之名，逃避公部門嚴謹的規範來暗中圖利自己。

4. 民營化後服務常無法持續：有些民間單位因為缺乏執行公設民營的經驗和能力，貿然接手後才發現存在許多困難，因此不是要求公部門增加補助，就是以消極的態度執行受委託案，容易

造成福利服務斷斷續續的情形。

5. 容易造成委託單位對民營單位不當的干預：有時委託單位為逃避公部門法令的規範，於是透過補助受託民間單位當白手套來達成不法的作為，甚至於因為民營單位的人事法令較為寬鬆，易造成公部門安插沒有任用資格的親友至受委託單位任職，造成受委託單位的困擾。

此外，陳小紅（1999）認為，政府在推動「公設民營」尚有下列缺失：

1. 政府未通盤考量社會福利的發展，有計畫的進行公部門與私部門的分工，目前所發生的問題在於急就章的推展。而欠缺人力的推動項目包括既有或法定方案或機構，未經進一步評估就交由民間辦理、易混淆公私部門之分工。

2. 相關作業規定，限於政府法令，無法作大幅度的突破；因此，原以為引入民間經營彈性、活潑、不受限制之機制，容易失敗。民間團體接受政府委託辦理社會福利業務，仍須依照政府會計相關規定作業，因此彈性機制不僅是未達成，反而再度出現民間團體必須比照政府機關做法的矛盾現象。

3. 未作成本效益分析，同一項目由政府自辦或委託民間經營，其成本差距為何？效益差距為何？事前未做評估分析。因此施行後，常會發現單就成本一項，委託民間經營所需經費較政府自辦為高，至於效益、效率、服務品質的評估，更缺乏一套客觀的機制。

4. 民間團體承接能力未作全盤瞭解掌控，民間資源分布不均，致幾年之後，無法避免的出現寡占、壟斷之現象，反而形成一種社會福利資源的不平均。

二、老人服務機構公設民營的未來發展

老人福利的項目包羅甚廣，主要的項目有：老人健康的維護、老人經濟安全、老人休閒育樂、老人照護與老人保護等。這些項目並非社會福利部門所能獨自承擔，其所涉及的政府單位包括有：衛生、福利、交通、營建、司法、警政及勞工等相關機關。而政府部門在因應未來逐年漸增的老人福利需求上，勢必投入更多的經費資源與人力；因此，老人福利服務「公設民營」措施將來在執行上，應該不只是由社政部門來推動，而是政府部門在橫向聯繫上，必須要加緊密切的合作，讓業務的推動能夠發揮綜合性的效果。

林萬億、陳毓文、秦文力（1997）指出，我國政府委託民間辦理社會福利服務的發展有以下的發展趨勢：

1. 福利的委託，以往被政府視為給予民間福利組織的「德政」或「恩給」，發展到現今已經被當成與民間組織「合作」或「扶植」的策略。

2. 福利服務委託的條件，從早年的單方面設限，到 70 年代的不盡合理，但可協商；發展到今日已多半在平等互惠精神下，取得兩方面的妥協。

3. 委託的福利服務項目，自早年單純的個案收容安置為主，發展到包裹式的「方案委託」，而後又衍生到政府提供場地、設備，甚至負擔所有運作成本的「公設民營」為主要模式。項目亦由簡趨繁，涵蓋了各種福利服務的可能性。

4. 隨著福利服務委託外包的範圍和規模的不斷擴大，政府對福利服務的生產和提供的角色已逐漸地移轉到民間福利組織上。

5. 由於受委託辦理福利服務的民間機構和團體，數目上不斷的增

加，彼此間也有不斷互通訊息，甚至達成結合的可能。因此使機構和政府委託部門的權力——依附關係產生質變的可能性日益增高。

6. 鑑於政府辦理委託民間從事福利服務的經驗和教訓，未來政府委託民間福利組織辦理福利服務的做法將更趨於制度化；委託契約的監督管理將成為政府行政人員的主要項目。

7. 實施社會福利服務委託外包或民營化以來，政府官員對於政府在社會福利服務方面應負的責任或角色，似乎有認知更模糊或更不一致的趨勢。

在老人服務機構方面，未來機構的功能將不只是限於在機構內提供服務，而是要運用行銷策略將觸角的重心擴及於外展的服務；所以在服務的項目上，可以增加更多的內容在機構間彼此競爭趨緊的情況下，服務品質的良窳也將影響機構的存續與否。老人服務機構的經營在市場區隔的分工下，其體系也將愈趨嚴密，機構不僅要在彼此的「合作」與「競爭」中取得平衡位置，在政府的協力之下爭取老人福利服務的「公設民營」，未來許多地區性的福利機構，有可能壯大成為跨地區的大型單位，或者有能力同時承接不同地方政府「公設民營」的案件，如何爭取條件良好的機構來參與地方的委辦案件，亦將成為各地方政府所要努力的方向。

摘要

老人服務機構是老人福利服務的重要核心，也是福利服務輸送的重要據點，主要是依照老人個別的需求提供不同的服務。我國實施的時間，主要是從 1994 年之後才受到較大的重視。到目前為止，政府部門採行福利服務「公設民營」的方式，也不過十多年的時間，從法制面與實務面而言，政府公部門在這方面的經驗尚不成熟，尤其地方社政部門更是普遍缺乏經驗；政府部門為因應預算的緊縮以及為了提供更多的福利服務，開始引進公設民營的策略，希望藉由公私部門的協力合作來提高服務的品質與數量。

雖然老人服務機構的公設民營，為政府與老人服務機構的協力開啓了一個新的管道，但從過去許多地方政府的推動情形，事實上理想與實際尚存在很大的落差情形，也顯示公設民營政策的推動，仍然還需要政府部門與機構之間有正確的觀念，才能夠達到雙贏互利的目的，也才能使接受服務的老人們能夠享有較優質的服務。

問題習作

1. 試說明我國老人福利機構的種類。
2. 試說明社會福利公設民營的背景。
3. 試說明老人服務機構公設民營的作業流程。
4. 試說明老人服務機構公設民營遭遇到的困境。
5. 試說明我國老人福利服務公設民營的未來發展。

名詞解釋

公設民營	民營化	《政府採購法》
長期照顧	養護機構	安養機構

參考文獻

江佳霖（2000）。社會福利公設民營執行過程之分析——以花蓮縣政府社會局機構委託為例。私立慈濟大學社會工作研究所碩士論文，未出版，花蓮市。

林萬億、陳毓文、秦文力（1997）。社會福利公設民營模式與法制之研究。內政部委託研究報告。

林萬億（1998）。社會福利民營化——停看聽。台灣社會福利的發展——回顧與展望。台北市：五南。

陳小紅（1999）。台北市社會福利、社教機構「民營化」個案之檢視與評估。台北市政府研究發展考核委員會委託研究計劃報告。

陳武雄（1997）。我國推動社會福利民營化具體作法與政策發展。社區發展季刊，**80**，4-9。

傅立葉（2003）。福利資源的開發與運用。載於「**2010 年社會發展策略——社會福利研究報告**」。台北市：行政院研考會。

孫健忠（1988）。社會服務的私有化：理念與策略的探討。台北市：公共政策學報。

孫健忠（1991）。私有化與社會服務：執行面的理念與探討。人文及社會科學集刊，**4**（1），197-230。

趙維生（1988）。社會服務私營化：討論與啓示。香港社聯季刊。

第十二章

老人服務機構照顧服務資源的連結與運用

蔡芳文

學習目標 ▶▶

研讀本章內容後，學習者應能：

一、瞭解老人的特性。

二、如何給予老人一處具有安全及尊嚴的生活環境。

三、如何依據老人的健康情況給予符合需求的服務。

第一節　老人營養餐食之探討

　　提供恰當的營養，對於上了年紀的老人是非常重要的。因為老化的因素，老人身體各種器官的功能，在營養吸收方面多多少少都會受到某一程度的影響，而導致老人經常發生營養不良的問題。老人牙齒脫落，導致咀嚼能力下降、吞嚥情況不佳、腸胃的消化能力減弱等，這一連串的因素也影響了老人營養素代謝的問題，所以在選擇老人食物的工作上就需要更加注意，例如：油脂低、熱量少、纖維多、營養價值高的食物都是較佳選用的原則。水分的攝取也是一件重要的事，老人若不喜歡喝水，也應該從其他飲食來補充，例如：果汁、優酪乳、鮮奶、飲料或豆漿、米漿、菜湯類等，以避免便秘的困擾。另外，非醫療性因素所必須考量的老人食物供給方式，例如：少量多餐，以及依個人需求提供的一般餐食、剝碎食物、軟質食物、細碎食物、流質食物或管灌食物等不同的餐食。台灣高齡化人口與日俱增，為達到提昇老人健康，延緩老化疾病、衰退及健康促進等目的，老人營養飲食問題是不可忽視的課題。就雙連安養中心 366 位老人，平均年齡約 80 歲的長輩們，每日所供給的餐食、營養與方式摘錄如下以供參考。

一、考慮老人身體機能的變化

　　上了年紀的老年人，各種器官功能逐漸衰退，基因與細胞的缺損也增加，免疫力下降，身體組織的流失，導致產生了種種生理現象的變化，例如：身體組成的改變，胃腸道功能的衰退，新陳代謝的速率趨緩、多種疾病的現象等（參閱表 12-1）。老年人的味覺與嗅覺的敏感程度明顯逐漸的下降，品嚐食物變得較為遲鈍，口味也常常產生改變，所

表 12-1　雙連安養中心 366 位老人（592 人次）多種疾病統計（1995 年）

疾病類別	（一）高血壓	（二）心臟病	（三）糖尿病	（四）失智	（五）腦血管疾病	（六）骨折	（七）泌尿道感染
人次	227	137	69	48	42	37	32
人次%	38.34%	23.14%	11.66%	8.11%	7.09%	6.25%	5.41%
人數%	62.02%	37.43%	18.85%	13.11%	11.48%	10.11%	8.74%

以導致日常生活中選擇飲食時，都喜歡較重口味或懷舊的食物（如要較鹹一點的、要甜一點的、要酸一點的、要辣一點的、要油一點的……。）

　　另外明顯變化的是牙齒的咀嚼功能衰退與唾液分泌的減少，影響對食物吞嚥功能的下降。又活動量或運動量降低，以及腸胃蠕動情形減緩，食慾也就不好，往往所準備的食物，幾乎無法全部用盡。所以在準備老人食物時，必須考慮到飲用食物的種類、烹煮方式及質地類別等來因應以上機能衰退的困擾。在提供老人食物的營養知識如果不足，或採用不正確的方法，久而久之，就會直接影響老人營養素的攝取，隨之而來的老人身體健康情形就會惡化。

　　老人營養的規劃與提供要比其他壯年、青年或孩童階段的營養攝取，來得困難與複雜。所以我們要針對老人的特殊需求，甚至於每一個個案的需求，提供適宜的飲食、熱量、營養素和水分等，以符合老人每日生活中營養的需要。

二、老人營養的需求

　　老人健康飲食，要特別注意所謂的三低二高：三低就是：低油脂、低鹽與低糖，二高是指：高纖維與高鈣。可以採取少量多餐式的攝取均衡營養，白天要儘量配合喝水。同時最好每一天的熱量大約在 1,600 至

1,800 大卡，乳製品每天至少約 2,000 至 2,400C.C.，其他主要食物類，魚肉蛋豆類大約是 3 至 5 兩，蔬菜、水果類也大約是 2 至 3 小碟，油脂類約 3 小匙。

然而，要如何讓老人吃得更健康呢？除了以上的攝取份量之外，也應該特別重視質地的選擇。例如：主要食物的選取，應較多朝向粗糙化的食物為原則，儘量減少採用精製之食品，以全麥、五穀類，取代白麵及白米，以混合式的同煮飯食取代單一飯食，選用高機能性之麵包或三明治，同時以不同的烹飪方式，達到易於老人吞嚥的食品供老人選擇食用。

其次，應該增加蛋白質及不同顏色食物之供給，來促進老人的健康。當然大部份蛋白質的含量，在動物類食品中是非常豐富，但是在提供老人餐飲時，最好能以魚肉、豆製品及優酪乳之類的食物，來取代高脂肉品的豬肉、牛肉等動物類蛋白質。同時也增加海藻、海帶的攝取，適量補充膠質豐富的海參、蹄筋等。在不同的顏色食物的提供方面，多加運用不同蔬菜的組合取代單一蔬菜，選擇顏色鮮豔的蔬菜水果，混合食用或打成蔬菜汁飲用，以達到老人在營養攝取上的需求。

三、雙連安養中心提供老人營養實錄

雙連安養中心是一所機構式的老人照顧（護）中心，每天提供 366 位老人（含安養及養護）三餐或少量多餐式的食物給老人食用。每餐我們必須考慮的是：菜單（色）的多樣化、質地飲食的調理、個案營養評估與供應，同時做好衛生安全管理。

（一）菜單（色）的多樣化

為了撰寫本文，我們對 200 位老人做問卷，得到老人對食物種類的

選擇所佔比率如下：

1. 老人主食的喜好是多元的，不喜歡單一的選擇，例如：白飯占 32.10%，麵條占 20.66%，稀飯占 16.61%，地瓜飯占 11.07%，五穀飯占 9.96%，其他占 9.6%

2. 老人對菜餚選擇，青菜占 35.16%，魚占 29.35%，肉占 27.42%，醃製品占 2.90%，其他占 5.16%。

3. 老人對湯類的選擇，玉米湯占 13.85%，蛋花湯、青菜湯各占 13.71%，竹筍湯占 12.33%，紫菜湯占 11.91%，味噌湯占 11.50%，冬粉湯占 10.11%，酸辣湯占 8.59%，其他占 4.29%。

4. 水份取得的偏好，仍然以開水為最普遍占 43.25%，其次是果汁占 18.71%，茶占 17.79%，鮮奶占 11.66%，咖啡占 6.13%，其他占 2.45%。

5. 口味的偏好，喜歡清淡的占 40.34%，甜的占 28.99%，鹹的占 15.13%，辣的占 5.46%，酸的占 5.04%，苦的占 1.26%，其他占 3.78%。

6. 水果的偏好，西瓜所占的比率最高 13%，香蕉占 10%，葡萄、蘋果、香瓜所占的比率相當接近各占 9%，水梨占 8%，鳳梨占 7%，其次就是芭樂、蕃茄、荔枝、火龍果、楊桃所占比率也都幾乎相近各占 6%，其他占 5%。（硬度較硬的水果，由工作人員現場協助打成果汁，供給老人飲用）。

7. 對早餐選擇食物的偏好，我們也作了問卷，老人比較喜歡的是豆漿占 15.24%，稀飯占 13.78%，其次鮮奶、米漿、奶茶各占 10.70%、10.37%、10.21%。對於麵包、包子、土司、饅頭等四類，所占的比率是在 8.10% 至 10.53% 之間。

從以上的問卷統計結果，看到老人對菜色的選擇，是比較喜歡多樣

化的,不喜歡一成不變的食物。不論是主食類、蔬菜類或是水果類等,都期待有較多的選擇。另外從不同地區而來的老人(例如:有從台灣南部、客家區域、山東地區、四川地區……等),他們都帶著不同的生活飲食習慣相聚在一起,有的老人習慣客家菜,有的喜歡川菜,有的喜歡台菜……等,所以在菜單的準備上,一方面要符合老人營養所需,同時也要儘量符合老人攝取食物的口味與習慣性。

(二)質地飲食的調理

老人由於上了年紀,身體腸胃消化器官功能減弱、牙齒脫落,咀嚼能力下降,又每位老人所需求的營養不一,因此在質地的調理,就必須考慮有:(1)一般普通餐食;(2)軟質餐食;(3)剁碎餐食;(4)細碎餐食;(5)流質餐食等五種,以符合各種不同情況老人的需求。這也是供餐給老人食用者,應有的基本理念與原則。

一般普通餐食

特殊飲食-碎食

特殊飲食-軟食

(三)個案營養評估與供應

老人在中老年與老老年階段,身體體力與各項器官功能的衰退變化速度非常快。疾病的種類由單一種疾病,很容易就增加為多重疾病,對營養的攝取方式與成份,就必須依個案的營養需求,做不同的供給,並且隨時進行需求評估,以掌握每位老人在不同階段下,所需要供給的食物。

（四）衛生安全管理

1. 食物的採購與衛生安全，食物類的採購大致可分為蔬菜類、魚肉類、豬、牛、雞、鴨肉類、乾貨類與醃製品。不同類別的食物，有不同方式的衛生安全管理流程。比較簡單的，比如乾貨類與醃製品，有通風、乾淨的分別存放空間即可。但另外的三大類別（蔬菜類、魚類、肉類），就都必須經過：(1)前置處理區挑選合用的產品與清洗手續；(2)才進入冷藏或冷凍櫃的保存；(3)退冰、沖洗清潔後，才進入烹飪的階段。

衛生管理保存櫃

2. 廚房的硬體設備，前置處理區又依各類食物的類別，分開設置不同位置的處理區域，避免肉類、魚類、蔬菜類、水果類混合，產生衛生安全問題。為保持食物的新鮮，冷藏或冷凍的設備絕對不可少。清洗區、切食區、熟食區相隔之間，一定都要有一段距離的區隔，以防生鮮食物與熟食食物混合導致感染。烹飪區與配膳區，除了要區隔之外，還要保持整潔，每餐烹飪完成，或用餐完畢一定要清洗乾淨，特別是烹飪區的排水溝，一定要確實沖洗，不可有任何的溝垢，以免滋生蚊蟲。每餐每種食物均要保留一小碗，存放在衛生管理保存櫃，以防萬一食用後，有集體身體不適的現象時，可做為檢驗追蹤的依據。

3. 碗筷、餐盤的清洗：清毒、烘乾與存放，都要在嚴格的要求下，依序經過：(1)人工溫水式沖洗；(2)機械式熱水前後左右的沖洗；(3)高溫殺菌室的烘乾；(4)防菌室的存放；(5)加蓋而且通風式的

餐具取用設備。

4. 中央廚房、配膳區及餐廳的衛生處理：嚴格規定非廚房工作人員禁止進入廚房內，所有在廚房的工作人員，都必須穿著廚房的工作服，帶頭巾、帽子及口罩。工作人員每半年做一次 B 肝的健康檢查，若廚房工作人員，到外場配膳區或餐廳服務時，務必更換外場工作服，一方面乾淨整潔，另一方面可避免殘餘的生食與熟食混合。餐廳桌面、桌巾及桌上之小餐具，隨時保持乾燥、乾淨。萬一有殘留異味，務必使用空調或迴風儘速排除，若有餐食端出餐廳，或運送到他處（或另一個餐廳），在這個過程務必要加蓋或用適當的保溫餐車，不可以暴露在空氣中，以免感染。

第二節　老人穿著衣物之探討

七年來在雙連安養中心服務 366 位老人，每日所接觸以及每日所觀察，老人在穿著衣服合體的舒適情形、穿脫衣服的方便性、色彩與布料的選擇，甚至到了行動不便，老人必須被照顧（護）時，其衣服的穿著等問題之所見所聞，提出與諸位分享與探討。

一、老人合體舒適的穿著

上了年紀的老人，身軀的體型大部份就會有明顯的變化。例如：身高因為脊椎漸彎的關係，有變為愈來愈矮小的情形。肌肉也隨著年紀的增加，愈來愈鬆弛。皮膚也變得愈薄、脆弱、乾燥，排汗功能差，特別在冬天更嚴重。如果沒有慎選布料，不但穿著不舒適，反之會造成皮膚的疾病。由於活動、運動與勞動日趨減少，所以老人在選擇衣服的穿著

時，除了選擇合體舒適的衣服款式外，更要講究的是應該選擇對身體健康有利的服飾。

老人的行動比較緩慢，肢體的靈活度也較為僵硬，在選擇衣物上應力求柔軟、輕便、透氣，不要太過於緊身的衣服，要穿著比較寬鬆的衣服，易於老人走動的方便，甚至急救時的便利。

二、穿脫衣服的方便

上述所提，上了年紀的老年人，各種身體組織功能容易改變，甚至是疾病因素，導致肢體活動不便等原因。老人在選擇服裝方面，要考慮使用拉鏈或布繩比使用鈕扣更方便。但如果是使用鈕扣，鈕扣的尺寸要大一點的尺寸，不宜太精巧或太小的鈕扣，而且鈕扣用的衣孔在不會自行脫落的情況下要儘量寬一點，讓老人在上下鈕扣時較為方便。以免因為手指靈巧度遲鈍，帶來穿脫衣服的不方便。除非是冬天寒冷的季節，否則儘量不要選擇高領的襯衫，讓容易流汗的脖子保持清爽，也比較不會使經常活動的脖子皮膚產生過敏的現象。在選擇領子方面，最好是選擇圓領的襯衫。另外，不要選擇太厚重的衣服，使老年人走起路來很吃力，不但不方便甚至容易跌倒。在老人安養機構的長者，在提供衣服布料方面，要儘量避免靜電，因為靜電會影響病情的加重或誘發心律失常。還有若患有失智症、中風、巴金森氏症及身軀僵硬者，在穿脫衣服的工作，都必須依賴照顧服務人員的幫忙，所以，老人穿著衣服也要較為寬大。我們除了要特別注意冷熱，依氣溫調節衣服的多少、輕薄、透氣之外，更要考慮這種疾病的長者，大部份的時間是躺臥在床上，較多的時間坐在輪椅上，必須由照顧服務人員協助翻身或協助上下輪椅，在穿著衣物更需要考慮柔軟度與堅固性。

如果患有失智症、中風及巴金森氏症等的老人，在衣服的選擇上，

請儘量避免使用拉鏈材料或太硬的鈕扣材料，才不會使得老人的皮肉受傷。有時臥床或乘坐輪椅的老人，在穿、套衣服時，會有反穿或反套的情況，而且長時間躺臥，繩結不應太大或太硬，以防壓傷老人的皮肉及躺臥時的不舒服。

三、色彩與布料的選擇

在老人服務機構看到的老年人，大部份所穿著的衣服，多數還是朝向灰色、黑色、藍色或淺色系類的服裝，比較少看見色彩鮮豔的衣服。其實老人在穿著衣服時，除了布料舒適、穿脫方便和款式的選擇外，老年人衣服色彩的選擇也非常重要。色彩的巧妙搭配如果得宜，是會影響老人內心情緒的反映，也會關係到老人的心理健康。色彩設計的配套搭配，可以用多套的上衣與褲子（或裙子）交叉的搭配穿著，也是不錯的選擇。如果老人在衣服的穿著上，每天都有些微的搭配與變化，甚至於穿著有小細花、潔白、色彩明亮的衣服，並且在不影響行動的情形下，配上簡單的配件，這會使得老人的心情更具有喜樂感，每天與他人的互動都是精神奕奕。讓人感覺到老人們飽滿的生活熱情和積極的生活態度，同時也會受到他人的肯定與讚賞。相反的若每天一成不變，好像每天都是無精打采的樣子，會給別人帶來沉悶的感覺。

台灣在生產科技的進步、布料品質的提昇，設計製作多樣的款式及價格的合理等，都提供給消費者非常多樣化的選擇。所以在此建議老年人在選擇衣服時，應該依據自己的身型體態，選擇合體舒適的衣服，也依據各人的健康情況，選擇便於穿脫的衣物，更可依各人的喜好，選擇屬於自己喜歡的色彩，穿出健康，穿出好心情。

第三節　老人生活居住空間之探討

　　雖然，我國的平均壽命隨著醫藥的進步、衛生教育宣導的奏效，以及醫學發達，我國國民的平均壽命得以自 20 世紀平均壽命 47 歲，延長至 21 世紀的 75 歲。但是老化的情形仍然無法避免，隨著年齡之增加，人們感覺器官逐漸遲鈍，全身的機能也逐漸的衰退，致使慢性疾病如：高血壓、心臟病、糖尿病、失智症、腦血管疾病、骨折、泌尿道感染、關節炎、視力減退等也就可能隨之而來。這些老化現象或疾病，導致老人生理功能及身體構造上的變化，影響老人使用空間的能力，因此老人居住空間的建造與規劃，必須朝向具安全、舒適、溫馨、便利、無障礙等功能，適合老人居住的生活環境。藉以確保老人能在最少的外在協助下或身體機能變化下，都能自由行動、自立生活。或者，在接受他人照護時，也可以減輕照護者的負擔。

　　因此，為了讓高齡者在各種身心機能的狀況下，生活或行動都能非常自如，那麼在建構老人生活居住空間時，就應考慮各種的因應對策。這個對策的執行是指不論在自己的住宅，或是在安養機構、養護機構、團體家屋、養生文化村、老人公寓、老人住宅……等，都必須掌握下列三個重點：

　　1. 必須因應年齡增加與身體機能轉變或使用輔具的需求。

　　2. 必須因應從不需要照顧（護）到需要被他人照顧（護）的需求。

　　3. 如是團體式的集合住宅必須因應隱私與公共活動的需求。

　　在高齡化社會中，不論老人是自家生活或是在機構式住宅生活。若無法讓老人自己獨立生活，不能靠自己的能力，有活力地過日子，或在他人的協助下過著安全又有尊嚴的生活，那麼在台灣推展老人福利服務政策的工作執行上，就將出現許多的破綻。所以今日在此，為讓老人能

夠悠閒自在、充滿歡樂地過日子，我以這樣的期許來記錄以下的摘要。

一、從老人的生理與心理特質談起

（一）老人的生理特質

　　老人的體力逐漸減弱，一日不如一日，行動亦趨於緩慢，各種的感覺與動作反應也較為遲鈍。由於鈣的流失加速，發生在脊椎骨導致身高變矮、彎腰駝背等。而這些變化很容易造成老人對居住空間的感知能力下降，致使適應環境的能力缺乏。視覺退化表現在對於色彩辨別力降低，照明度的強弱變化適應力變差，不可以太暗以防跌倒，又不可以太亮，以免刺激眼睛。而聽覺的退化則會導致情緒不穩，缺乏安定感，愛發脾氣，針對以上二者在生活居住空間的明亮度與色彩規劃，就必須符合其特殊需求。

（二）老人的心理特質

　　老人心理與性格的變化很大，由於身體機能的減退，更讓他們心理產生不安的感覺，對於任何事件均較容易出現操心、焦慮與孤單的情緒表徵。同時比較喜歡懷念過去的人事物等。這樣的心理特質，也是當我們在安排老人生活居住空間時，特別在規劃時要注意的需求。

二、一人一室是老人晚年生活的最佳城堡

　　每一個人從孩童時期一直到退休前，大部份的時間都用在求學、工作，整天都在外頭為生活事業忙碌，很少時間待在家裡，進到自己的房間也只是睡覺而已。但是，上了年紀退休之後，留在個人房間的時間，也就愈來愈多。因此具備多種功能又舒適的老人生活起居的房間，就成

為老人每天的生活城堡。

　　理想的老人房間，應具備有睡覺區、休閒區、衛浴區、簡易廚房區及起居區。除了可供應老人睡覺、休息；接待至親好友；觀賞電視節目。有時也可以在此取用簡餐，又可以在私人的衛浴區內如廁、沐浴等。也就是說，在自己的房間內幾乎就可以自由自在的度過一天 24 小時的晚年生活。由於之前所提到有關老人的生理特質因素，所以每間老人的房間面積，最好是在 25 至 30 平方公尺左右為原則，因為面積太大整理上會較不容易，老人家會覺得太累了（或者可以請他人整理）。當然有時老人會有較多的親朋好友來探望，如果起居區太小，此時可以安排在公共空間來做接待或做活動。

　　即使是夫妻最好也是分別住在一人一間相鄰的單人房間為佳。因為上了年紀之後，彼此生活作息習慣及興趣也不同，生活方式將出現許多差異，夫婦倆人同住有時反而會造成負擔。正因為是老年期的生活，所以更需要理解各人擁有個人寢室之必要性，希望藉此能夠擁有個人的生活特性與步調。如此可避免相互影響個人的起居，甚至影響睡眠品質。

（一）房間內設備之安排

　　老人使用床舖睡覺及臥床養病的時間較長久，皮膚在年紀大後也變得愈來愈薄，毛細孔排汗功能減退，骨骼疏鬆的情況。因此太軟或太硬的床墊都不適合作為老人睡覺之使用。應該設置具有良好的透氣功能，而且

又不會太硬或太軟的床墊。床舖的高度不宜太高或太低，以免老人上下床或起身之不便。最適宜的高度分成二種：(1)沒有使用輪椅者為 45 公分左右；(2)有使用輪椅或行動較為不便者，最適宜的高度約為 30 至 40

公分之間。以上兩者的床舖設有上下高低可調整的設備，床頭、床尾可搖高搖低會更好，最好兩側也都有扶手，以便老人上下床或起身更加安全。

老人使用的讀書及化妝用的椅子，穩定（固）度要強一點，不要太容易搖晃，或太容易倒下去的款式，有靠背的椅子老人坐著會比較安心。沙發椅的座墊及靠背墊要厚實，要符合人體工學的造型設計，方便老人上下坐起，以免老人的膝蓋骨或腰部的壓力太大而受傷。

老人使用房間床旁除了有電話外，也要設置有對護理站、社工室或行政人員之緊急呼叫按鈕，該按鈕的延長線最少要有 190 公分左右，以免老人在緊急狀況時無法使用。

（二）衛浴的安排

浴室的使用率是很高的，也是最容易發生意外的地方，地面材料的使用要選擇防滑材料。浴缸邊、馬桶與洗臉盆兩測，都應設置防水扶手，扶手的直徑 3.5 至 4.0 公分。應設有高度不宜太高的泡澡浴缸，也要有淋浴區，水龍頭的水溫都要有自動調溫控制，要放置可折疊且防水的座椅，以及防滑的拖鞋。可設置有隨手可及的電話、緊急呼叫拉鈴以便於對外通知。如廁的設備避免蹲式便器，以防姿勢性低，血壓之昏眩及膝關節快速老化、退化，減輕疼病不適。

（三）簡易流理台的設備

含電鍋、電磁爐、微波爐、熱水瓶、果汁機等電器用品，可供老人私下準備個人喜歡的餐食、點心類等食物之用，避免使用瓦斯，以防產生危險。特別值得一提的是，流理台的高度不宜太高，要考慮個子較矮小或坐輪椅的老人使用，同時底部要預留空間，讓以輪椅代步的老人，

雙膝足部可以接近到適當的位置，適宜清洗水果、蔬菜、碗盤、烹飪
……等。

（四）放置衣物的衣櫃，不要設置太高

　　門把要讓老人使用時容易開啟的拉把，不要使用隱藏溝式的把手。
其他門扇的手把亦同，門扇最好都以拉門式的為佳，門淨寬最少都要有
80公分以上。

1. 房間內的照明，亮度要採用白色燈光與金黃色燈光相互搭配使
   用，使得房間內照明亮度足夠外，也有較為溫馨的感覺。又由
   於老人的視覺都比較怕光，所以白色照明燈光，要採用折射照
   明為佳，一方面不會刺激老人的眼睛，一方面又可增加美感。
   還有遮陽及隱私窗簾的裝置更不可以少，最好採設雙層式窗簾，
   調節需要。房間內的挑高度要比一般高度還要高，約3米7左右
   最適宜，因為老人留在住家房間內的時間較多，所以儘可能在
   這城堡內能夠沒有壓力；此外，房間內的通風、空調（含冷氣、
   暖氣）及抽風設備也不可少，讓室內的空氣永保新鮮，避免異
   味滯留，影響身體健康與生活品質。

2. 室內也是室外的多功能安全後走廊：老人的行動大部分都較為
   緩慢，居住的消防安全更必須比一般的要求更高，在設計規劃
   老人住宅時，房間後面多增加一條具有消防及多功能的後走廊
   （約1.2米寬輪椅可進出方便）是有必要的。平時又可作為防強
   風、大雨阻隔之功能，也可以作為隔熱或隔嚴寒之陽光治療效
   果的走廊。

三、公共空間的設計規劃與安排

　　台灣目前大部份人民的住宅都是屬於公寓型的
住宅，當然也有一部份老人是住在安養機構，在此
單元談及公共空間設計規劃與安排時，我想無論是
哪一種型態的住宅，都應有共同的思維。

　　公共空間與私人使用面積比率，最好是以65：
35 最為適當，而且挑高為 4 米 2 到 5 米 4 左右。這
樣的規劃可使長期居住的感覺會更舒服，每一個角落、走道、客廳、交
誼廳、接待室、教室、公廁、咖啡廳、福利社、圖書館、餐廳等之照
明、採光、色彩都應注意。白天、夜晚或晴雨天所需要提供之設備規
劃，亮度須強的時段，就該亮一點：照明度不須太強的時段，就要柔和
一點的燈光，以免太亮時刺激老人的眼睛，但需要讀報、看書或行走時
又太暗，這都會影響生活需求與行動。

四、無障礙設施的規劃

　　無障礙的意思，並非單指地板有無高低差等方面的障礙問題而已。
我認為應從老人的心理層面、精神層面，所感受到的困難、壓力與負擔
等方面的障礙給予去除，在意義上才算是真正的無障礙居住環境。年紀
大的老人，不單是身體機能逐漸衰弱，在心境上也會覺得比較寂寞、不
安。外出的機會較少，會把大部份的時間封閉在家裡。雖然如此，如果
有處無障礙的行動空間，不僅讓老人進出自如，也會吸引左鄰右舍同質
性的親朋好友喜歡前來登門拜訪。若有這樣的無障礙家園，即使很少外
出也不會感到寂寞，晚年的生活也會很快樂。下列舉出幾個無障礙設施
的實況與大家分享：

1. 電器設備、傢俱設備、門窗開啓或關閉、對外聯絡等使用的無障礙。

2. 進出門房無門檻、高低斜度原木扶手，讓高矮身材及乘坐輪椅者都可使用之扶手。公共場所扶手的設置要儘可能百分之百的連續性，遇到消防栓等公共安全設施，要設置可拿取式的扶手，讓兩者功能都能達到效果。

3. 電梯設置的無障礙，人可站立搭乘，也備有折疊座椅，空間要寬敞，可容入輪椅或病床、緊急推床及相關人員。要有百分之百紅外線的門扇控制開啓或關閉設備，只要有老人進出電梯，電梯門是不會關閉的，才不會撞倒或夾到老人。而且要在門扇上設置可透視玻璃，當電梯故障停止時，電梯裡外皆可以看見，減輕老人搭乘電梯的心理壓力、擔憂或害怕。

4. 斜坡之設置，除依法規規定之坡度設置外，也要設置雙邊扶手，寬度以 80 至 120 公分為宜。15 至 20 公尺長必須設置休息平台，便於老人行走或使用輪椅者之休息。斜坡道地板使用的止滑材質，也要比一般平面地板的止滑材質之止滑程度要更好。有時會有老人自行轉動輪椅行走，如果所設的斜坡道，老人無法自己上下斜坡，則在每段斜坡道到的上下起點，必須設置協助鈴，方便使用輪椅行動的老人容易獲得他人的協助。在此也特別強調，每處斜坡道或有高低差之道路都要設置保護欄杆，而且在遇有轉彎處都要考慮輪椅 360° 的迴轉平坦空間。

5. 在室內或室外的樓梯，兩側都要設置扶手，而且在爬樓梯或是下樓梯的第一階段，扶手的設置要延續到整個平行台面（約 45 公分），不可以只到垂直平面就斷掉。如果在整個環境內有較大樓梯，供老人行走，一定要在適當的間距（約 80 公分）設置扶

手，便於老人兩側都可扶用。

6. 不論是室內或室外環境，如有截水溝的設置，其溝蓋預留斜溝條或圓溝孔時，除考慮流水量外，也一定要特別預留輪椅可通行的阻滑平面溝蓋板，避免輪椅行走通過時輪子被卡住或拿手杖者底部不慎插入水溝，造成跌倒。

7. 若有臥床又無法使用洗澡椅沐浴的老人，照顧單位（者）應備有躺臥式移位與沐浴兩用的推床設備。

8. 戶外散步道、景觀花園、活動廣場及停車場等之規劃，為考慮老人行走的安全，地面的處理要止滑、平坦，更需要考慮老人使用時之安全，並可區隔加置阻隔車輛禁止進入標語之柵欄，以確保老人散步或舉辦活動之安全。

9. 消防設備除依相關法規設置警報設備、滅火設備、避難逃生設備及消防搶救上必要設備外，特別還須因老人生理與心理特質等，規劃緩慢行動之急救緩衝平台區及旋轉式緩慢滑梯，以便火災發生時對老人的救援工作。

🐵 第四節　老人行走之探討

　　談及老年人行的議題，應該從生理角度、物理角度談起。人到上了年紀，身體衰退情形較為明顯，其中影響老人行走的關鍵因素，是足底肌肉和韌帶會發生退化性變化，足弓彈性喪失，骨質病變疏鬆等，使得負重能力大大的下降。倘若有體重較肥胖的老年人，還容易形成平足的現象。這都是會讓老年人站立或行走時間過長，容易感到腰部、膝蓋骨、足部及踝部等部位產生疼痛的主要原因。所以，老年人在行走時，足部所穿著鞋子的款式，就有相當的影響性。也就是說，選擇適宜的鞋

子，會使老年人在行走中，容易控制身體行動的穩定，減少跌倒機率，又可避免足部肌肉和韌帶的各種損傷，及因脊椎間盤等彈性軟墊的功能減退，使得在長久行走或站立時，減少引起頭部疼痛或暈眩不適等情形。

一、老年人行走或移位宜慢半拍

雖然從醫學的角度，以及從許多研究老人行走的統計，都明顯的舉出，行走的快慢，與老人的健康有非常密切的關係。更有研究指出，行走能力與其壽命的長短也有著正面的影響。同時也指出，老人在行走過程中，身體平衡能力好、行走比較快步輕鬆的老年人，他們的壽命要比行走能力差的同年齡老人長壽，而且患心血管疾病及肢體功能疾病的可能性也較低。相反的，則較易癱瘓的可能性就愈高。沒有錯，我們也許可以拿行走的快慢、平穩度等，來測試老人身體健康的情形。不過我們還是要明確的提出建議，老年人行走時不宜太快，務必放慢腳步。因為，上了年紀的老年人，大多數行走時舉步不如年輕人，身體的重心會往前移，屬於前傾姿勢，平穩度不佳，如果行走過於快步，容易造成跌倒，導致骨折等疾病。

老人在移位（或改變體位）時，動作也不宜太快。例如：從床舖起身、從坐椅站立或翻身的行動，都要以緩慢一些為宜。如果動作太快，會使腦的供血量明顯不足，造成大腦短暫性缺血缺氧，導致眼前昏暗突然昏倒的情況，甚至誘發其他疾病或骨折等病症。

二、如何預防老人跌倒

在此分成行走自如的老人，以及乘坐輪椅需要他人協助的老人二種來說明。對於行走自如的老人，在行進中務必要求平穩腳步慎防跌倒。但由於國內無障礙設施（指心理的無障礙及硬體設備的無障礙），大多數的場

所、設備，以及施作的過程等，乍看之下好像都有，但與事實仍然相差甚遠。所以，老人在不是十分熟識的環境行走時，務必要更加小心，手持手杖或助行器，抬高足部緩慢腳步。道路二側若有扶手欄干，最好扶著行走為宜。上下樓梯或有高低差階之車輛，在上下乘車時，動作更要小心，而且緩慢，以防因視力減弱、模糊，踏板的寬廣或高低差距，而導致一不小心而跌倒，這都是行走中的老年人應該特別注意的事項。

平時不僅搭乘各式各樣的車輛、電梯（或電扶梯），均應手扶欄干，或緊握扶手；移位或站立時機，都要等移動物完全停止，方可移位，慎防腳步不穩而跌倒。

需要他人協助乘坐輪椅的老人，或自行手推輪椅車的老人，以及自行使用電動輪椅車的老人，都應特別注意，道路是否完全平坦，是否具有百分之百的無障礙道路設備。斜坡道的斜度及平台休息處是否適宜，或自己是否可以操作，而不致於被滑落。欲經過道路的截水溝蓋，是否有預留止滑平坦輪椅專用區呢？避免輪椅的輪子掉入。在此也要特別提醒協助者或使用者本人，當輪椅靜止狀態時，一定要記得固定輪子，以免滑動。但若乘坐在輪椅上的老人，屬於意識較不清楚者，輪子只能固定單邊，不可把兩側的輪子都固定，以防該老人重心往後仰，而重撞頭部後腦。

協助輪椅進入電梯，應以輪椅後方先行進入。輪椅行走下斜坡道時，應以倒走的方式，帶上約束帶，緩慢行走斜坡道。千萬不可以以一般前行方式，推乘輪椅行走，這會容易產生老人下滑跌落的危險。乘坐輪椅車的老人上下車時，車輛要備有上下昇降設備為宜，在緩慢的昇降進行過程中移位，避免在上下車時產生不舒適感甚至受傷；或者照顧者因用力姿勢的不當，及重力壓傷，而導致職業傷害。

老年人保持自己身體健康的關鍵之一，就是要儘量保持像往常一樣

地活動，其中行走、散步就是一項最經濟又最簡單的方式，也是我們在老人服務機構看見老人最喜歡的一項活動。因為同時可以一面散步，一面與同伴談天，一面又可運動，一舉數得。但千萬一定要注意，要在明亮、安全的環境下進行，才不致於本來是正面的意義，變成因不慎而導致傷害。

第五節　老人育樂之探討

老人安養機構的設立主旨在提供老年人快樂、自主的生活與照顧所需。已高齡化的台灣，對長者晚年的休閒生活益顯重要。

根據 Verduin 與 Mcewen 指出：休閒對老人有快樂、滿足、創造力、學習與身心成長之意義；Edginton 認為，「休閒」是影響生活品質的重要因素。

為提昇長者生活品質、豐富精神生活，機構可以提供每位入住的老人參加完善的休閒活動充實時間、減少疾病之發生、精神有所寄託、完成未完成的機會、啟發創造力、拓展接觸面，獲得新的生活經驗。若是機構不能針對老年人設計符合老人需求的文康活動，對他們而言，是會加速退化。

以雙連安養中心為例，近年來針對育樂休閒層面，參與多項休閒活動確實給老年人帶來益處。因此，在育樂內容的設計上應力求多元化，在硬體部分設置多樣的休閒設施，含文康室、閱覽室、交誼廳、撞球間、咖啡廳、電腦教室、圖書館、麻將間、室內高爾夫球推桿區及室外高爾夫球揮桿區等各種不同的教室與健身區等，提供老人知性、聯誼、

休憩、娛樂之用。在軟體服務部分，於服務執行前，各項育樂休閒活動前需注意及實施步驟為：(1)事前的評估；(2)方案計畫；(3)活動執行；(4)評估展望。

一、老人教育──松年大學

隨著醫療技術與生活水準的提昇，我國高齡人口逐年增加，已成為高齡社會。在全球化潮流之下，終生學習乃是各國努力發展的重要趨勢，終生學習除了提昇社會每一份子平等學習的機會之外，更是老人再教育、再成長與社會參與的良好機制。

老人服務機構除了期盼以照顧長者滿足其生活需求，力求完善貼心的服務外，也積極鼓勵老人追求新知，投入社區參與及充分使用社會資源，故成立松年大學。退休即是進修，並配合社區及本中心資源，以臻身、心、靈三方面的全人成長。

部分老人皆帶著喪偶的情緒，希望透過團體的力量，不僅在松年大學裡延續自我生命所累積的能量，有的更是在此找到自己未曾發掘的潛能，並藉由老人教育，學習如何與病共舞、適應老化。此外，也與社區結緣，讓老人彼此之間可以相互連結，以畫會友，培養敦親睦鄰、守望相助的「好厝邊」。

（一）在整體規劃的取向上，依不同需求開辦不同的課程

1. 書畫班：透過繪畫的方式可懷念起對早期生活經驗的畫面，筆觸之下，似乎在與自己的童年進行心靈對話。例如：水彩、油畫、山水國畫及書法等。

2. 語言班：人性的陪伴在晚年階段是相當富有力量的支持，而語言是人際溝通的一把鑰匙，讓老人彼此間營造無障礙的橋樑。

例如：英文、手語、日文及台語、客家語等。

3. 才藝班：簡易的手工藝，可培養老人的專注力，並連結科技的魅力，讓老人與世界同步邁進。例如：紙藝、紙雕、紙藤花藝、電腦、高爾夫球推桿、跳舞、生活智慧王、中國結、捏陶及拼布等。

4. 音樂班：音樂的穿透力是很強的，藉由音符的傳遞，使老人產生愉悅的共鳴，另一方面，也可強化老人口腔功能的運用。例如：唸歌學台語文、日本演歌、歌唱班及合唱團等。

5. 宗教班：透過信仰，讓老人有靈性上的陪伴，在看待生命的同時，也將會有更接納的釋懷，並以正向的心態去迎接生命旅途中的最末一站。例如：台灣諸宗教的介紹、見證分享及生死教育等。

（二）如何打造一個屬於老人的教育天堂？

1. 人力資源的再運用：

　(1) 就地取材：課堂之餘也能發揮所長，老師即是學員，學員即是老師，老人共同教學相長，相得益彰。

　(2) 成立陣容堅強的顧問群：邀請老人擔任顧問一職，以利經驗的傳承。

　(3) 志願服務的推展：利用課餘之間關懷獨居老人，以同樣時代背景的經歷，給予獨居老人感同身受的同理，把愛傳出去。

2. 課程規劃的完整及連續性：

　(1) 活動不打烊：採全年無休的進行方式，而寒暑期大多延續上下學期的課程。

　(2) 試辦課程：對老人而言採先修方式，對講師而言也可讓其先

瞭解本中心之文化，以利授課上的安排。

(3) 社團活動：利用課餘時間，促進老人文康聯誼。例如：彈力
繩韻動、輪椅太極拳、有氧運動、伸展操、啞鈴運動、乒乓
球、撞球、槌球以及卡拉 ok 等。

3. 成果發表：

(1) 配合時令節慶，藉由應景的襯托，使作品大為加分。例如：
在九九重陽的節慶中，跳舞班的學員蒞臨總統府演出，或以
書畫作品，勾勒出對節慶的祝福。英文班的學員亦會在節慶
的季節裡唱出他們的英文主打歌，增添平安的氣息。

(2) 融入社區的藝文單位，以作品導入行銷。例如：與當地鄉公
所或圖書館合辦藝文活動。

(3) 與大專院校作結合，將學員的代表作展示於大專院校之藝廊
區，讓老人可以真實的走入校園。

(4) 資源共享，與他校合辦聯展。

(5) 積極推展校外競賽，強化老人的自信心。例如：書法班的學
員揮毫參展，曾多次榮獲長青組優勝。

(6) 可舉辦義賣會，透過社會參與，提昇老人的自我價值。

(7) 隨時隨地的現場成果，使老人服務機構內充滿著濃厚的藝文
氣息及生活化的居家氣氛。例如：教室、走廊、餐廳及樓梯
間等。

(8) 照片是老人晚年時的寶貝，捕捉學員上課剪影，在回顧影片
的同時也可製造同窗話題。

(9) 彙整老人的回憶錄，用文字及照片把豐富的生命描繪出一篇
篇動人的畫面，讓老人在晚年時期達到自我生命的統整，也
可讓世人得以見證其一生的傳奇。

(10)製作機構封神榜，把老人的豐功偉業、獎狀照片大膽的「秀」出來，營造出成就的舞台。

4.建議事項：

(1) 課程進行前可先放映宣導短片，抑或是播放輕音樂，緩和情緒。

(2) 時間的安排以 50 分鐘為宜。

(3) 椅子不宜有輪子，採固定式的四腳椅較佳。

(4) 由於老人聽力的退化，有可能使用助聽器，故應於桌面附有插座。

(5) 因老人視力上的退化，亦可於抽屜準備放大鏡，便於瀏覽講義時使用。

(6) 教材以不反光材質為主。

(7) 海報製作切勿用白底黑字，色彩的搭配上使用三個顏色就好。

(8) 需大量使用聲帶的課程，應於教室直接供應茶水。

(9) 講師需通台語及國語。

(10)好的教學品質樹立好的自我品牌，故可於學期末舉辦謝師宴，給予講師感恩的回饋。

(11)可辦理戶外觀摩，透過他山之石的感染力，重新喚起老人的企圖心。

(12)主要為培養興趣而並非學習本身，故只有獎勵，沒有懲處。

（三）結語

活到老學到老，不是老師即是學生，有助於老人因應瞬息萬變的社會環境，促進老年人的社會適應，此外，老人教育推動的年齡亦應向下延伸，讓中年世代的國民提早規劃退休藍圖，並促進年輕世代與老年人

的交流，端正社會對老年人刻板的歧視。

二、休閒娛樂

因應不同老人的活動能力、需求與特質，在活動內容上力求多元化的設計。

（一）休閒活動

隨著人類壽命的增長，老年人退休後的時間也延長，對於部分的老年人而言，可以去正視自己老化的過程而積極地面對且迎接屬於自己的晚年生活。而他們從有給工作退休後，許多老年人可以因此而解脫家庭與財務的責任，開始有更多的時間接受教育、追求休閒、從事娛樂，以及展開文化活動或是社會性的志工服務。

1. 閱覽報章雜誌：藉由在閱覽的過程中腦部細胞也隨之起舞，減緩退化的發生，且持續與社會同步脈動並不因老化就從此與外界隔絕；而機構在訂閱報章雜誌時，因應老年人需求可採取多元性及普遍性的原則來考量，也因老年人的視力逐漸地退化，需在書報櫃旁放置放大鏡，以提供需要的老年人使用。

2. 藉由下棋、玩牌、打麻將等休閒活動可以刺激老年人的認知功能，透過口到、眼到、心到、手到，增強大腦的運作，活絡神經細胞。

3. 電影賞析：依照老年人的語言、年代背景來選取影片，才能放映出屬於他們的「古早味」。

4. 歡樂下午茶：營造一個歡愉、喜樂的氣氛，使老人可以盡興地談天說地，在閒話家常的過程中激發更多的火花，促進人群關係的連結，增強社會網絡。

（二）節慶活動

每逢年節慶典節日，均可舉辦不同的系列活動，並廣邀老人、家屬及社區的老人一同共襄盛舉。以雙連安養中心為例：因為大部分住在機構的老人，都已經適應機構的生活，每年均會針對節慶有一些設計不同的慶祝方式，如：過年會辦理除夕圍爐，讓老年人及家屬一起吃年夜飯，免除家屬還要擔心過年期間用餐的困擾，也可凝聚老人於就養時的歸屬感。在初二女兒會到機構探望老人，故可設計回娘家吃團圓飯。其他活動如：元宵節猜燈謎、端午節安排包粽子及立蛋活動、中秋節賞月及童玩園遊會等。主要目的是讓老人與家屬可以一起享受節慶的氣氛，更可以增加家屬與老年人的互動，而不是把老人放在機構，就忽略了家庭的支持。

（三）慶生會

生日對老年人來說是相當具有意義的，為了讓老人有難忘的慶生經驗，每月均會舉辦慶生會，為當月生日之老人及員工慶賀，並邀請不同團體與結合中心內部資源，讓慶生活動更加豐富及感動，並可促進老人與家屬、家屬與中心之情感交流；會後亦會發給與會者每人一顆紅蛋以感染壽星生日之喜悅，並將愛與關懷的祝福帶回去。

（四）戶外活動

如定期旅遊、新體驗之旅，大賣場購買日用品，或是如逢年過節，安排老人至百貨公司購物……等。走入社區，增加如下活動給老人參於社交互動的機會。

1. 旅遊活動：依老人自理能力的不同來排入旅遊行程，比如養護

老人因行動上的受限，故可安排至以視覺欣賞的動態場所；而
安養老人則需要較多元化的刺激，動靜皆宜。

2. 音樂欣賞：聆聽老歌新唱之音樂會，以旋律把老人拉回到當時
屬於他的年代。

3. 逛市集：因人有購物的需求，老人常態性的待在起居內，三不
五時去買一些自己喜歡吃的食物，打打牙祭。

（五）團體活動

　　針對不同需求的老人，設計各式的團體活動，活動內容可分為治療
性團體、非治療性團體、支持性團體。透過帶領各項團體活動最大的目
的，是在藉由團體進行過程中來評估及分析團體成員在團體間的交流互
動、表向行為及心理層面。治療性團體成員的特質是較為一致性，且是
經過專業人員所選定的對象。而中心針對經由專科醫師評估診斷罹患有
失智症的老年人，設計了「失智懷舊活動」；而失智懷舊團體主要是運
用團體懷舊的過程，鼓勵及支持失智長者人際互動，令他們喜歡並享受
在這過程中，並不需要重新去學習，透過回憶體驗的過程中，讓老年人
感到溫暖熟悉，藉由互相傾聽彼此的故事讓人有安定的感覺，增進社會
化的互動，也藉以維持老人腦部的運作，減緩衰退老化，且照顧者也可
以透過懷舊的過程，更進一步地瞭解自己所服務的長者所走過的人生歷
程，照顧起來則會更加得心應手。照顧者並以肯定的態度來回應長者，
讓老人對於自己的晚年感到有尊嚴。在懷舊的歷程中，讓失智的長者找
回舊有美好的記憶，而從回憶中尋找到屬於他們心中的「寶」，而工作
人員在照顧每一塊「寶」當中，也找到自己服務的價值，就如同～「他
們在懷舊；我們在成長」。

（六）體能運動

老人隨著年齡的增長，肌力退化以
致活動量都減低，故關節的活動範圍與
肌肉的伸展性都會變得比較弱。因此，
老人的行動變得較為僵硬、遲緩、腰酸
背痛，甚至稍有不慎即扭傷等問題；這
些問題如果經常的出現，即會造成生活
上的不便，影響身體健康與生活品質。所以老年人除了平日活動量要均
衡外，亦需要有計畫性的進行肢體運動，以改善全身機能及狀態。一個
良好的運動計畫需要包含有柔軟度活動、平衡活動、肌力活動與心肺功
能促進活動。柔軟度活動可以提高關節活動度與肌肉的張力，同時也可
使身體四肢更加靈活；平衡活動可以預防跌倒，並適度的增加腿部力
量；肌力與心肺功能活動能促進老人全身細胞的代謝功能及肌肉的負荷
量。老人服務機構也應在每一天早上帶老人家做晨操，活動當中，就包
含：伸展操、十巧手及橫移有氧運動。

另外每週二、四下午安排有氧舞蹈，運用較強烈節奏的音樂來增進
有氧運動的趣味性，增添老年人的參加意願。除此之外，平時亦有外來
的學校團體協助帶領老人家，從事如關節活動與增強平衡肌力的訓練活
動等。

（七）建議事項

因為老人家的體能狀態會有退化的情況，所以在整體活動的設計
上，需從這方面做思考，因此，在運動量上應做適度的區別，例如：中
低衝擊的運動，或等長肌力的訓練，而關節的彎曲度勿過於太大，頭部

也不要過度後仰，以致頸椎受到傷害，頭部也請勿低過於心臟。另亦可把日常生活的功能強化。在活動進行前，可先搭配音樂，作簡易的暖身操；過程中，盡量讓老人嘗試著去完成動作，適度的給予協助即可。

第六節　老人護理照護之探討

一、前言

　　老人照護的模式隨著時代而有不同的方式，目前的方式是以醫院為中心，老人有病就送去看病，甚至住院。最好的照護模式應該是以整體性的評估，選擇其最適合目前身體功能性的照護地方，以社區為中心的老人社區發展性支持網絡，作為參考就醫、就養選擇適合的機構。

二、如何提供老人整體性照護

（一）整體性評估

　　由於老年人的健康問題通常並非單一疾病存在（如表 12-2），因此必須整體性評估老年人的健康問題，內容包括：抽血性全身健康檢查、胸部Ｘ光檢查、法定傳染性疾病檢查、認知與情緒狀態、活動與日常生活功能、心智評估、完整的健康史、發展任務、環境與靈性評估。此外，評估人員還須具備與老人及家屬會議之技巧，包括：客觀的評估，以及對潛在問題的敏感性，並要表現出真誠尊重的態度，方能精確獲得完整的資料；經由整體的評估所獲得的資料，即可作為之後的照護措施參考。

表 12-2　2006 年長者疾病分類統計表（前十高）

	高血壓	心臟病	糖尿病	失智	骨折	UTI	心血管疾病 CVD	胃腸潰瘍	腦血管意外 CVA	關節炎
養護	75	41	36	43	23	31	17	17	24	11
安養	147	71	59	27	25	12	25	23	15	27
總計	222	112	95	70	48	43	42	40	39	38
%	60%	31%	26%	19%	13%	12%	11%	11%	11%	10%

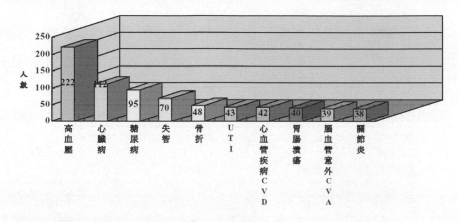

（二）醫療團隊人員的共同合作參與

　　秉持著尊重、互助、滿足長者需求及成就感，不以自己是個失能者，而覺得生命無意義為照護出發點，並結合各部門醫生、護理師、照服員、社工、營養師、復健師、靈性關懷宗教人員等資源，在團隊合作的過程中，所有成員應定期開會討論，並維持有效的溝通管道，提供真正符合長者需求的各種照護，使照護計畫能成功的執行。

（三）持續性照護評估與家屬參與

　　由於長者年齡大，身體併有不可恢復的病理變化與失能等狀況出現，因此必須由醫療團隊共同擬訂適當的照護計畫，在擬訂的過程中，

包括老年人與家屬的期望和需求，尊重其對於健康的主觀、經驗、信念與價值觀，引發他們對照護工作的參與動機，這可增加對照護結果的滿意度，並定期舉辦家屬座談會，增進家屬對照護過程的瞭解，提高照護滿意度。

（四）醫院特約服務

1. 求醫照護方式：老人照護的模式目前的方式是以醫院為中心，並與醫院簽署合作合約，定期至機構駐診，以方便長者看病需求，減少來回路程奔波之辛苦，並與醫師保持良好聯繫管道，以便長者有狀況時隨時聯絡，較為緊急求醫的長者，則送至醫院求診甚至住院。依機構長者疾病診斷如下之分析統計，邀請給予不同的醫藥服務及特約醫師駐診，例如：家庭老人醫學科、神經內科、身心科、牙科、皮膚科。

(1) 家庭老人醫學科：長者多半伴隨著多種退化性症狀及疾病，常見的如全身痠痛、解便不順暢、雙腳無力、眼睛模糊看不清楚等多種問題。通常長者們總是求醫多科門診，容易造成用藥上的錯亂而有服錯藥情形，並有可能因多種藥物之副作用的交互作用，促使身體出現多種負面影響，使得身體狀況更糟糕。因此須有家庭老人醫學科來統整長者身體所有症狀的問題，再依情況給予專科醫師轉診治療。

(2) 神經內科：此科門診以老人為主，大多為中風、退化性神經病變，如巴金森氏症等，且此類長者也多半行動不便，因此便利長者求醫機構也可考量請神經內科醫師駐診。

(3) 身心科：老人會因過去家庭、婚姻、生活、工作等原因，而影響老年的精神生活，伴隨有憂鬱、躁鬱、妄想、失智等症

狀疾病，皆需看診服藥控制。且機構團體生活容易造成互相
干擾，尤其季節替換時更為明顯，因此身心科亦不可缺乏。

(4) 牙科：長者老化牙齒掉落、裝置假牙、牙結石、牙周病、牙
齦萎縮等疾病，往往須長期治療，而影響吃的功能。為減少
長者來回奔波，機構也可考量此需求。

(5) 皮膚科：長者因生理性退化，皮膚的保水功能往往都不良，
因此造成搔癢無比，若再加上疾病影響、天氣乾燥、抵抗力
差、易受傳染等種種因素，更不勝其擾，進而影響生活功能
及品質。

2. 護理師照護：執行各項身體評估及護理評估，並訂定護理措施，
掌握長者目前身體疾病狀況，正確執行醫囑給藥、用藥之安全
管理。傷口、管路，如鼻胃管、尿管，無菌技術執行的護理，
適時的將長者身體疾病變化告知醫生及家屬，並與他們保持密
切良好關係。

3. 照顧服務人員照護：照顧生活起居，其全天候全人的照護，為
既辛苦又是不可或缺的一環、包括食衣住行育樂之照護，使其
生活有品質，身邊有人陪伴。

4. 營養評估：針對長者身體狀況，疾病變化需求，而量身定製依
身高、體重、血液檢查等，個人飲食營養設定，定期舉辦住民
家屬委員會，討論餐食滿意度及需檢討改善之問題。

5. 復健之評估：針對長者失能的程度，評估出一套適合長者復健
的方式及輔具的使用，以減緩功能退化及老化，並定期做身體
活動功能之日常生活評估，做為生活照護上之運用參考。

6. 社工師之資源運用：評估長者家庭功能、人員互動情形，必要
時予以訪視輔導，評估經濟狀況，協助申請相關補助及團康活

動帶領，晨操、有氧舞蹈、年節各活動之辦理。

三、結語

　　老人的問題包含生物學、心理學、社會學上三個層面的問題，應該是多機構、多專業的合作、整合、且要可長可久的解決，其服務必須合乎成本，合適的供給者，合適的服務，合適的時間與地點。建立一套設置老人照護的模式，萬全與否仍須靠不斷的評估及研究加以改進，才能使老人照護達到一個健全的狀態。

摘要

　　我國老年人口已於 1993 年達到 7 ％，亦即聯合國所謂的高齡化社會的國家，依據行政院經建會人口推估，65 歲以上人口比率將由 2006 年 9.95 ％（約 227 萬人），至 2016 年增加為 13 ％（約 303 萬人），之後快速上升，至 2026 年將超過 20 ％（約 476 萬人）。在這日益增加的老年人口結構中的家庭生活裡，如何提供每個家庭或每一位老人，以及服務供給者應有的基本常識，是作者主要的目的。

　　本章以平實化的日常生活議題及實例，從老人營養餐食、老人穿著衣物、老人生活居住空間、老人行走、老人育樂及老人護理照護等六項來和大家分享，期盼每一位年長者，都能生活得很有意義、很健康、很快樂又很有尊嚴。

問題習作

1. 老人的特性是什麼？

2. 老人常見的疾病有哪些？當今老人最高的五種（類）疾病是什麼？

3. 如何依據老人的特性，提供生活上的需求？

4. 規劃老人居住空間時，應注意哪些重點？

老人服務事業
經營與管理

名詞解釋

老化　　　　　　身體機能　　　　多種疾病

老人健康飲食　　營養評估　　　　合體舒適

穿脫衣服　　　　身軀僵硬　　　　彎腰駝背

色彩規劃　　　　生活城堡　　　　拿取式扶手

溝式把手　　　　休息平台　　　　阻滑平面溝蓋板

足底肌肉　　　　宜慢半拍　　　　心理無障礙

約束帶

第十三章

老人服務機構的
領導與溝通

徐慶發

學習目標 ▶▶

研讀本章內容後，學習者應能：

一、瞭解領導及溝通之基本要件。

二、瞭解機構之領導。

三、研究領導人用以影響追隨者工作行為的權力基礎。

四、瞭解中國式管理圓滿的溝通藝術。

五、研究創造具衝擊力的強效溝通術。

六、瞭解溝通的本質。

第一節　領導的定義

部份學者有一種印象，認為領導與管理是同義詞，此種假定是不符實際的，因為領導人不但植基於管理階層之中，亦存在於非正式工作團體內，領導是管理之一部分，但並非全部。

領導之定義可區分為下列學派：

一、人格學派（Situational School and Personalistics School）

領導乃為誘導他人臣服自己的一種藝術，視為一種人格及此一人格之效應（姜占魁，1980）。

二、卡特（C. F. Carter）、斯塔特（C. L. Startle）

欲瞭解領導之真諦，應研究領導者之所作所為，非為研究領導者係為何人（Stogdill, 1974: 8）。

三、珍妮（H. Jennings）、赫曼斯（G. C. Homans）

領導被認為是一種交易關係，被領導者放棄個人的地位與自主性，以換取領導者致力於團體目標的達成和維持團隊精神所付出的努力（Homans, 1950）。

四、鮑瓦斯（D. G. Bowers）、席修爾（S. E. Seashore）

以行為主義觀點界定領導，認為領導的概念必須在二人或二人以上之情境中發生才有意義。領導包含一個團體成員對另一成員或眾多成員所表現之行為。領導是在某一組織族系（Organizational family）中之某

一成員對同一組織族系中之另一成員或眾多成員，所表現出有益於其組織之行為（Bowers & Seashore, 1969）。

五、哥德納（A. W. Gouldner）

團體認為領導者具有法定的激勵作用，所以其激勵形成團體行為之可能性較大，一旦團體的活動為固定的且已為人接納的組織所支配時，領導即不復存在（羅虞村，1999）。

六、肯尼貝克（I. Knicker bocker）

領導是情境需求的一項功能，涵蓋了一位個人及一個團體（Stogdill, 1974）。

綜上所述，領導是引導他人熱心地找尋明確目標之能力，將團體緊密結合並激勵團體邁向目標的人為因素。它是影響力之發揮，並具角色分化之功能。

 ## 第二節 領導的基礎與其影響力

一、領導的基礎

賽蒙（H. A. Simon）認為領導的基礎應具備下列要件（張潤書，1996）：

1. 信任的權威（Authority of Confidence）
2. 認同的權威（Authority of Identification）
3. 制裁的權威（Authority of Sanction）
4. 合法的權威（Authority of Legitimacy）

二、影響力之種類

傅蘭琪（J. R. French Jr.）認為具有影響力之原因分為五種（張潤書，1996）：

（一）獎勵的權力（Reward Power）

一個組織中，賞罰分明，恩威並重是必備之要件，其中以獎勵（鼓勵）代表懲罰，將可激勵士氣，並可提昇領導者對追隨者之吸引力，在團體中足以產生積極的作用。

（二）強制的權力（Coercive Power）

強制權力的使用，應適可而止，非必要時不予行使，否則易造成衝突；強制權力乃是依據個人期望，而認為不採取與主管相同的動作、態度和方向，結果會受到懲罰。

（三）合法的權力（Legitimate Power）

有責即有權，具有領導權者，當賦予合法的權力，使其在合法權限內指揮領導，但此權力之來源必需充分之授與，亦即明文規定職掌。

（四）歸屬的權力（Referent Power）

團體中具有聲望、道德高超者，自然成為團體成員中的仿效者，遇有糾紛疑難時，就會發生影響力；客觀的仲裁，是因為領導人具有吸引力或因為領導人被認為是希望的來源。

（五）專家的權力（Expert Power）

賽蒙（H. A. Simon）認為，人之所以為人們接受為其領導者，首先須服從者承認他確有所長，使他們對他具有信心，願意接受他的影響。所以優越的智慧、訓練、學識與經驗，都是領導的基礎。擁有一項或一項以上這些特性的人，會得到同事或部屬的尊敬與順從，並被期望能出面領導。

第三節　領導工作：共同分享的觀點

領導是一種影響，因為管理人有賦予合法的權力，故能影響組織決策，一般人必然都會受到某種程度的影響，更何況是領導人當然也會受到追隨者之影響。

領導人雖賦有重大權力影響部屬，但最終必然會面臨一些問題，此時不應以強迫或恐懼影響部屬，持此觀點非謂領導人應放棄維持紀律的權力，而係應讓員工將領導人看作是可接近的、公正的，以及體貼的。在某些情況下，領導人倘能逐行公開影響，則可運用更多的影響力。

此一領導共享之觀念，意味一項重要訊息，影響力可分開且共享，所有不同派系都能獲益。而影響力與追隨者共享之領導人，將從建立良好的互動與更多的尊敬中獲得利益；追隨者，也願意向領導人學習，而得到利益。在有效的組織中，管理人和員工都能察覺到彼此之間有很大的影響力，在機構中，領導人和追隨者所擁有的影響力愈大，整個系統的績效則愈佳（楊台寧、曾光榮譯，1999）。

第四節　領導技巧

一、建立目標

　　當人們有明確目標時，即可達到最大效益。相同的，任何機構團隊的首要事項，就是確實記下希望達到的目標。不論現有職位如何，就會自動承擔起領導角色，帶領所有的討論和草擬目標。

二、系統性的思考

　　有效率的領導者，會從事系統性的思考，蒐集與展示出必要的資料，分析情境的成因，之後根據分析做出行動計畫；在團隊當中，領導者藉著詢問適當的問題，協助參與者集中注意力。

三、當事件發生時，從經驗中學習

　　引導小型回顧是團隊每日必備之工作，以便知道計畫進行至何種程度，並且在中途能適度修正。任何一個把注意力集中在定期回顧和學習的人，也正扮演者一個事實上的領導角色。

四、讓別人參與

　　表現優良的團隊會讓每個成員的努力參與在內，而有效率的團隊領導會找出最合乎成員喜好的事件以及需要做的任務，引出團隊中較默默的分子，使所有人都覺得自己是團隊計畫中的一部分。

五、提供回饋

簡單的讚美總是會引起高度評價，提供幾個改善的建議，並且小心解釋隱藏在這些建議背後的觀察與理由。

總之，領導之道在於樹立典範，這不但適用於小團體或小公司，大型跨國企業和非營利組織亦然。領導者是學習的榜樣，亦應自我要求，所以勢必謹言慎行，不能辜負眾人對自己的期望。領導者所代表的不只是現實，更要兼顧的是理想（哈佛管理學院，2006）。

第五節　溝通的藝術

就硬體而言，全世界的管理都大致雷同，無明顯的差異性；但是從軟體來分析，以中、美、日為例，各有不一樣的做法，稍有疏忽，則將失效。

其中最顯著的差異，則在於溝通、領導和激勵。換言之，希望揮別具有華人特色的管理，必須在溝通、領導和激勵這三方面著手，確實掌握國人在此一方面之特殊習性，才能夠合理而有效。

在溝通方面，我們最重視圓滿，亦即設法使每一個人都有面子。因為只要在溝通之時，有人感覺喪失顏面，就會引起情緒上的反彈，製造一些問題，不但增加溝通的困難，而且產生難以預料的不良後果。

溝通要求圓滿，首先必須在真實性質之外，考慮其妥當性。真實性固然重要，欠缺妥當則再真實也將受到傷害，對不同階層的人，採取不一樣的申訴方式，是倫理的因素，而不是勢力的表現（曾仕強，2001）。

🐵 第六節　溝通的重要性

在全球化商業世紀中，很多公司的人力、顧客及合作夥伴正不斷分散，帶來更多製造誤會的機會。因此，面對面的衝突能讓雙方更瞭解彼此的觀點。

時至今日，溝通技術不斷激增及進步（從電子郵件、即時通到電訊及電話會議），這已是一個勿須「見面」的商業社會，然而，面對面的溝通卻比從前占著更重要的角色。最簡單的原因是因為我們是動物，有時，我們會把情緒做為決策的考量之一。例如：當我們認識一位新朋友時，會先評估這個人是否可靠或有能力，甚至包括是否擁有相同的興趣及朋友，而面對面溝通傳達著豐富的人類互動的情緒資訊。在這瞬息萬變的商業社會中，最佳溝通能力的方法有下列四項（哈佛管理學院，2006）：

一、有效運用語言

提奧多‧齊尼（Theodore Kinni）認為，口語溝通會在三個管道下進行：真實的、情緒的及符號性的。不要只是依靠事實來傳達訊息。相反的，需要解讀數據──解釋出內涵意義及對他們重要的原因。例如：演說者利用情緒的管道來擴大溝通程度，分享個人的感受、說故事等，讓他們在情感上與聆聽者結合。

二、運用非語言溝通

在面對面溝通中，非語言符號的力量有如話語一樣強大。事實上，部分研究指出，當一位演說者的話語及肢體語言在傳達訊息時，相對於

話語，聆聽者會較注意非語言的符號。

三、解讀別人的訊號

外向型的人較會利用肢體動作，像是揮手指出重點，並表現出較大的情緒落差。內向型的人則會控制肢體語言，保持冷靜及沉默寡言。要與外向型的人做有效溝通，最好是提供各式各樣的議題來吸引他們。要與內向型的人進行溝通，專心聆聽則比說更重要。

四、壓力下的溝通

不管是什麼狀況，領導者特別需要一套在壓力下的有效溝通工具。安・菲爾特（Anne Field）提出幾個原則，以避免壓力對話所造成的災難。例如：當你感到高度壓力時，應該表達出簡短及清楚的訊息。在鼓勵別人提出問題時，多利用較自然的第一人稱「我」而非「你」（「你」會傳達出責備的訊息），並小心地減慢對話的速度。

老人服務事業
經營與管理

摘要

　　隨著醫療及社會的進步，國內 65 歲以上老年人口預估至 2117 年，將達到 13.6 ％，距離 14 ％的「高齡社會」指日可待。對人類社會而言，老人人口的比率是衡量一個國家或社會發展的指標之一，人口結構的老化是社會發展成就，亦是另一種挑戰。國內人口結構已呈現高齡、少子化現象，不可避免的會帶給社會在經濟、醫療及家庭上極大的衝擊，人口結構高齡化，是開發國家無可避免的趨勢，未來家庭型態將產生結構性改變，子女扮演照顧扶養老人的角色將漸行式微。根據內政部 2005 年官方網站資料統計資料顯示，現階段老人安養及長期照護機構台灣地區總數已達 870 所，共可收容 4 萬多名有此需求之長者，其中並以安養及養護機構服務人數比例較高。如何提昇老人安養護品質，有賴於正確之領導及溝通，以符合老人獨立、自主、參與、尊嚴的基本權益。

問題習作

1. 領導的定義及其學派為何？
2. 領導工作之內容為何？
3. 領導之基礎為何？
4. 構成領導影響力之因素為何？
5. 領導應具備哪些技巧？
6. 中國人溝通的藝術如何？
7. 溝通的重要性有哪些？

名詞解釋

領導	溝通	管理
激勵	權威	權力

參考文獻

一、中文部分

哈佛管理學院（2006）。高效溝通。台北市：華亞

姜占魁（1980）。行政學。台北市：五南。

曾仕強（2001）。中國式管理。台北市：百順。

張潤書（1996）。行政學。台北市：三民。

楊台寧、曾光榮（譯）（1999）。Donnelly、Gibson、Ivancevich 著。管理概論
（Fundamentals of Management, 10th ed.）。台北市：前程。

羅虞村（1999）。領導理論研究。台北市：文景。

二、英文部分

Bowers, D. G., & Seashore, S. E. (1969). Predicting organizational effective-ness with a four-factor theory of leadership. In C. A. Gibb (Ed.), *Leadership*. Baltimore, Maryland: Penguin.

Homann, G. C. (1950). *The human group*. New York: Transaction Publishers.

Stogdill, R. M. (1974). *Handbook of leadership*. New York: The Free Press.

第十四章

老人服務機構的
績效評估

戴章洲

學習目標 ▶▶

研讀本章內容後，學習者應能：

一、瞭解政府主管機關對於老人服務機構的評鑑。

二、瞭解老人服務機構常見的管理工具。

三、瞭解常見管理工具的意義和使用。

四、瞭解績效評估的意義。

五、瞭解如何建立老人服務機構績效評估指標。

　　老人服務機構的經營管理所涉及的面向很多，就狹義的經營管理而言，係指機構組織的經營管理；就廣義的機構經營管理而言，尚有：對於老人生活照顧及專業服務、環境設施及安全維護，以及對老人權益的保障等涉及機構組織內外的事項。

　　老人服務機構雖然屬於非營利事業，但是機構營運的主要收入是靠老人的使用服務；因為大部分的服務是有償的，所以提供良好的服務品質是機構的責任，也可以讓老人及其家屬樂於使用機構所提供的服務。

　　目前，國人對於進住福利機構仍然視為「不得已」的選擇，除了是根深蒂固的在地老化的觀念外，對於機構接觸較少，不夠瞭解，也是重要因素；尤其是當老人服務機構發生偶發的社會事件時，更容易加深一般人對於機構的負面印象，以致於許多機構還無法達到經濟規模，經營的情況非常辛苦，也因此缺乏充裕的資金來再充實各項軟硬體的設施，造成營運不善的惡性循環。

　　在政府主管機關的輔導、監督及評鑑方面，依據《老人福利法》第37 條規定：「主管機關對老人福利機構應予輔導、監督、檢查、評鑑及獎勵。」內政部自 1977 年起，每隔年辦理公私立仁愛之家評鑑，做為瞭解各仁愛之家業務工作情形及老人生活現況，並由專家學者提供建議，以做為實務上輔導改進的參考。

　　本章先從政府對於老人服務機構評鑑做一介紹，另外對於以運用績效管理的方法來做為老人服務機構的內部管理工具，有助於機構的管理績效，也將逐一說明。

　　依照管理學上的分類，指導方針（guideline）屬於策略管理的層次，目標管理屬於政策（policy）的層次，而績效評估通常運用於計畫（program）或者專案（project）上。

第一節　政府對老人服務機構的評鑑

政府對老人服務機構的評鑑，主要是依據《老人福利法》第 37 條的規定：「主管機關對老人福利機構應予輔導、監督、檢查、評鑑及獎勵。」其評鑑方式係根據現行法規、最基本的照顧需求、最起碼的照顧品質、鼓勵達成的目標、民眾所預期的效能，訂成評鑑指標，分成行政組織及經營管理、生活照顧及專業服務、環境設施及安全維護、權益保障及改進創新 5 大項目，139 個指標。以 2007 年度為例，內政部對於台閩地區老人服務機構評鑑的機構類別為以下四類：

1. 養護機構：指專以照顧生活自理能力缺損，且無技術性護理服務需求之老人為目的之公立或財團法人機構。

2. 安養機構：指專以安養自費老人或留養無扶養義務之親屬，或扶養義務之親屬無扶養能力之老人為目的之公立或財團法人機構。

3. 長期照護機構：指以照顧罹患長期慢性疾病，且需要醫護服務之老人為目的之財團法人機構。

4. 綜合多層級照顧機構：指兼以提供前三款服務為目的之公立或財團法人機構。

依據內政部（2007）所發布「2007 年台閩地區老人服務機構評鑑指標」，其主要的評鑑內容及指標如下。

一、行政組織及經營管理之指標

包括有：行政制度、財務管理、人力資源管理。

（一）行政制度

1. 機構定有收容辦法、出入院辦法、員工手冊、意外事故處理辦法等行政管理規定。
2. 機構決策單位、諮詢組織（顧問）與行政部門之配合情形。
3. 院民個案資料管理、統計分析與應用。
4. 機構文書、文件處理及保管情形。
5. 董事會或決策單位組織與功能。
6. 業務計畫及政策方針與執行之擬訂情形。
7. 製作機構服務宗旨、目標、對象與人數、服務方式與內容等DM簡介、光碟，或出版刊物（會訊），提供給社會人士及相關服務機構參閱。
8. 機構資訊化管理狀況。

（二）財務管理

1. 法人基金或機構履行營運擔保基金有專戶定期儲存。
2. 機構有完善的會計系統，每月結帳並有完善的財務報告。
3. 機構會計業務由專業專職人員辦理，並具內部控制效能。
4. 設備的添購、修繕、盤點與報廢手續。
5. 收受捐款對外界公開徵信。
6. 院民所繳保證金或外界捐款有設專戶儲存。
7. 機構辦理安全保險事項的情形。
8. 各級政府補助款運用績效及核銷情形。

（三）人力資源管理

1. 機構護理人員人數及資格符合規定。

2. 機構社工人員人數及資格符合規定。

3. 照顧服務人員與院民之比率（不含行政、社工、護理及廚工等）。

4. 外籍監護工僱用比率符合規定。

5. 機構主任（院長）資格是否符合老人福利專業人員資格要點規定，以及最近一年內無違規紀錄。

6. 員工有考核及績效獎勵制度。

7. 機構有員工福利制度。

8. 機構依《勞動基準法》規定，有完善的員工退休撫恤制度，並依規定提繳退休金。

9. 機構為員工辦理勞工保險及健康保險。

10. 最近一年內機構員工離職率〔最近一年內低於 50%；新進員工試用期離職率低於 50%（試用期滿繼續任用人數／新進三個月員工人數）〕。

11. 最近三年內機構員工在職訓練及進修狀況。

12. 機構對新進員工辦理職前訓練。

13. 機構對個案的特殊需要辦理特別訓練。

14. 員工知道申訴辦法及管道。

15. 機構聘有特約醫師。

16. 機構聘用或特約物理（職能）治療人員或其他專業人員。

17. 員工定期接受健康檢查（含血液、尿液、生化及胸部 X 光檢驗等）。

二、生活照顧及專業服務之指標

（一）社工部分

1. 機構對新進院民提供環境、人員、權利、義務之說明及適應輔導措施。

2. 有社工個案紀錄、個案服務計畫與個案資料管理。

3. 有社會工作人員辦理或參與特殊院民個案研討。

4. 舉辦文康活動、團體工作，增加院民人際互動。

5. 機構能善用社會資源及志工服務。

6. 院民住醫院或請假外出期間與其親友聯繫服務。

7. 機構提供相關福利諮詢服務。

8. 機構提供院民參與社區活動。

（二）護理部分

1. 機構建立每位院民完整的個案資料（基本資料、病歷或就診資料），並予保密及妥善保存。

2. 對新進院民進行照顧需求評估，擬訂輔導及照顧計畫，並有後續定期評估。

3. 提供定期整體性的評估並訂有個別化的照顧計畫。

4. 提供需要之院民每日定時的翻身服務。

5. 提供院民足夠的下床服務。

6. 提供院民定期身體清潔服務（晨間護理指洗臉、刷牙等清潔工作）。

7. 機構每日為院民量體溫，體溫紀錄保持完整，並有院民發燒處

理及通報作業流程。

8. 提供有失禁之虞院民定時如廁服務。

9. 對重度失能臥床之院民安排日常活動。

10. 鼓勵院民自己照顧自己，例如：自己吃飯、洗澡、翻身及上廁所。

11. 機構膳食及菜單之擬訂。

12. 特殊飲食之提供（疾病的特殊飲食：如糖尿病、腎臟病、心臟病、病弱等；咀嚼功能：如適合流質、半流質食物者；特殊飲食如素食者或有禁忌者）。

13. 給予灌食院民合宜的管灌餵食。

14. 藥品安全管理恰當。

15. 院民藥物包裝或容器，具有清楚標示姓名、床位、服用時間或餐別等。

16. 院民定期接受合格醫生的健康檢查，入院時有體檢證明文件。

17. 協助院民接受流感疫苗或其他疫苗預防注射。

18. 機構負責膳食的廚工領有廚師執照且定期接受健康檢查（含A、B型肝炎、X光檢查、傷寒、愛滋病、梅毒、阿米巴及桿菌性痢疾）。

19. 侵入性照護，如：抽痰、換藥、換管等由護理人員執行。

20. 機構具有下列護理站之設施設備（基本急救設備、準備室、護理紀錄櫃、藥品及醫療器材存放櫃、工作台、治療車）。

（三）其他專業服務

1. 設有飲食手冊，實際說明供膳方式、菜單內容及營養素的含量。

2. 有醫師提供院民定期巡視之醫療服務。

3. 提供適合個別院民使用之輪椅。

4. 有進食、穿脫衣服、盥洗清潔、行動、如廁輔具類等生活輔助用具。

5. 機構有保健、復健設施設備。

三、環境設施及安全維護之指標

包括有：環境設施（含整體環境及設備、寢室設施、衛浴設施、醫療保健設施、廚房設施、交通設備等）、安全維護（含公共安全、飲食安全、意外預防及緊急事件處理、衛生防護等）。

（一）環境設施

1. 機構房舍總樓地板面積符合《老人福利機構設立標準》。

2. 在公共空間皆有功能完善的扶手。

3. 機構設有無障礙廁所。

4. 室外引導通路、避難層出入口、室內出入口、室內通路走廊。

5. 供機構使用之樓梯或電梯。

6. 機構設有被褥、床單及用品雜物等儲藏空間與設備。

7. 機構設有污物處理室、廚房、洗衣間等空間設備。

8. 設有物理治療室、職能治療室、諮商會談室、宗教聚會所、觀察室、康樂活動室或其他空間與設施。

9. 機構設有室內供院民日常活動之場所。

10. 床、輪椅、抽痰機、血壓計、製氧機、燈具及電器用品等設施設備定期檢查及維修。

11. 提供院民使用之公用電話。

（以上為整體環境及設備）

12. 機構寢室樓地板面積符合《老人福利機構設立標準》。

13. 兩人以上床位之寢室具備隔離視線的圍簾或屏風。

14. 住房空間適當。

15. 每間衛浴及寢室之門淨寬度應為 80 公分以上，以便利輪椅出入無礙為原則。

16. 每間臥室光線適宜或有足夠照明。

17. 寢室有適當的空調或通風設備，空氣潔淨，無難聞味道（尿、糞、霉味等）。

18. 提供每位院民床頭櫃或儲物櫃等擺放私人物品空間。

19. 提供充足適當及清潔的床、被單及衣服。

（以上為寢室設施）

20. 機構寢室及浴廁設有緊急呼叫設備或緊急按鈕且功能正常。

21. 廁所合乎安全及便利使用。

22. 浴室合乎安全及便利使用。

（以上為衛浴設施）

23. 配置有食物儲藏與冷凍設備。

24. 配置有食物調理與保溫設備。

（以上為廚房設施）

25. 提供安全的交通工具做為院民就醫或社區活動使用。

26. 交通工具配有適當的安全措施。

（以上為交通設備）

（二）安全維護

1. 機構消防安全設備符合規定。

2. 依規定辦理消防安全設備檢修申報。

3. 防火管理制度依規定執行。

4. 窗簾、地毯、圍簾等依規定使用防焰物品。

5. 機構樓梯間、走道、緊急出入口、防火門（周圍 1.5 公尺內）保持暢通無阻礙物。

6. 實施自衛消防編組演練暨驗證。

7. 員工抽測（自衛編組名冊為最新名冊；抽測三人均能瞭解本身於編組中之任務且能操作相關設備器材。）

8. 依規定辦理建築物公共安全檢查簽證申報。

9. 建築物之使用與使用執照登載用途及現況相符。

（以上為公共安全）

10. 機構飲用水符合水質標準。

11. 機構飲用水供水設備定期清潔。

12. 餐廳及廚房每日清潔並符合衛生的原則。

13. 餐具儲存、食品供應、準備及清洗等合乎衛生。

14. 食物檢體應冷藏存放 48 小時。

15. 定期執行工作環境及人員之「供膳衛生檢查表」。

（以上為飲食安全）

16. 機構對意外或緊急事件設有處理聯絡網。

17. 工作人員受過急救訓練並定期實習演練。

18. 意外或緊急事件有處理紀錄。

（以上為意外預防及緊急事件處理）

19. 對院內感染控制等有明確的處理規定。

20. 機構定期清潔並有防治昆蟲、蟑螂及害蟲的設備及定期消毒。

21. 機構設置生病院民就醫返院或新入住院民的觀察或隔離空間。

22. 機構有特約醫院或緊急外送單位。

23. 妥善處理垃圾及廢棄物。

（以上為衛生防護）

四、權益保障之指標

1. 機構收容人數依設置標準規定。

2. 與入住院民訂立契約情形。

3. 收費標準依規定向主管機關核備，對中低收入戶並有優惠。

4. 依院民的個別需求，協助或提供轉介適當之服務。

5. 機構訂有院民（家屬）申訴辦法。

6. 對出現情緒不穩現象的院民有適當處理。

7. 機構與家屬（親友）的互動。

8. 尊重院民宗教信仰。

9. 機構訂有生活公約或權益規範。

10. 對需要約束之院民應取得本人或家屬同意。

11. 機構設立膳食委員會並有院民（家屬）參與。

12. 分別訂有院民財物保管及死亡遺產處理措施。

13. 提供院民臨終關懷照顧及協助處理後事。

14. 定期辦理院民或家屬滿意度調查。

五、改進創新之指標

（為開放題，由機構自提具特色之照顧方案及機構願景，由評鑑委員核給分數）

除了以上各項指標外，另外內政部在對機構的評鑑作業上也設計有加分及扣分題。加分指標項目八題如下：

1. 機構同時聘用物理及職能治療人員。

2. 藥事服務：每三個月有藥師提供藥物管理、藥品資訊及院民藥物諮詢服務。

3. 機構訂有品質監測指標，定期分析追蹤。

4. 對新入住院民有提供營養服務：個人營養評估、計畫與諮詢服務（初次營養評估包括：身高、體重、BMI、體重改變、咀嚼吞嚥功能、腸胃道功能、飲食相關疾病如糖尿病、高血壓；初次營養評估可由護理人員或營養人員評估之）。

5. 有個別化的營養評估與紀錄。

6. 提供個人化物理或職能治療計畫。

7. 提供院民個別需要的適宜餐具及容器。

8. 家庭化設計。

扣分項目則由直轄市、縣（市）主管機關提供三年內曾有違規事項之違規證明資料，每一項扣 0.2 分，最高扣 2 分。

以上指標雖然已經力求完整，但對於品質監測方面仍有不足之處，因此內政部在規劃後續的老人服務機構評鑑也預定將於 2010 年將新增品質監測列為評鑑項目，其指標如下：

1. 跌倒指標監測。

2. 壓瘡指標監測。

3. 院內感染指標監測。

4. 非計畫性體重改變指標監測。

5. 約束指標監測。

6. 非計畫性轉至急性醫院住院指標監測。

第二節　常見的管理工具

從上一節內政部所發布的評鑑指標，可以發現機構的經營管理所涉及的範圍十分廣泛，機構在經營管理上，為確保工作能夠如期完成並達成機構所預定的目標，必須對機構內外工作的執行進行控管，必須運用新的管理觀念及管理工具來做管理，因此，本節就一般常用的控制工具及做法介紹如下：

一、目標管理

目標管理（Management by Objectives, MBO）是彼得‧杜拉克（Peter F. Drucker）於 1954 年所提出的，它是一種管理的程序，在這種程序中由主管與部屬共同設定目標，然後又訂定每一位部屬的主要職責範圍和預期成果，再利用這個標準來指導部屬的日常作業，並做為以後評估部門績效與部屬貢獻程序的依據（Odiorne, 1965: 8）。

機構在實施目標管理的作業上，可依下列的步驟進行，說明如下：

1. 機構內部的診斷：首先由機構各部門仔細檢討員工的需求、職責、使用的技術及相關事項，以便擬訂適當的經營目標。

2. 訂定機構目標：其次由機構最高的領導者，依據董事會的決議和授權，會同各部門的主管，共同訂定機構的目標以及如何達

成目標的策略。

3. 機構員工自訂目標：機構的各部門自訂目標，這個目標應該是要能夠符合機構整體目標的要求，也就是部門主管要與部屬協商，讓部門能夠盡力來達成機構的目標。

4. 檢討員工所訂目標：機構領導者對於各部門所送來的部門目標加以評估其做法能否達成機構的總目標。

5. 達成共識的目標：機構的領導者與各部門主管，各部門主管與部門的員工，對於機構的整體目標與其部門的目標達成都可以完成實踐的共識。

6. 定期檢討目標：以前述的目標做為部門績效與員工考核的依據，定期檢討目標達成的程度；如果達成度未符合要求的話，應該檢討原因並調整執行的策略，或者降低目標；反之，如果達成情形超過原訂的目標，也可以調高目標。

7. 期末檢討：到期末時期，機構領導者應與各部門主管一起檢討整個執行過程中的做法，以及達成原定目標的情形。

8. 機構對整體績效的檢討：最後的步驟就是檢討各部門、各主管以及所有成員對於目標達成與否的貢獻程度，並做為獎懲以及訂定下一期目標的參考。

二、甘特圖

甘特圖（Gantt Chart）是由美國工程師暨社會學家甘特（Henry L. Gantt）於 1917 年所發展出來的管理工具，是一種水平橫條圖，主要運用於較簡單的規劃、控制及評估專案各項工作任務進度控制，生產管理工具。甘特圖常用於專案管理，以圖形呈現排程表，可協助計劃、協調及追蹤專案內的特定工作進度；也就是計畫與實際進度之時序圖。其主

要構成是將橫座標等分成時間單位（如時、日、週、月、年等），表示時間的變化，縱座標則記載專案各項預定的工作。在計畫書中，甘特圖是以虛線表示準備期，實線則為執行期。

另外在製圖時，也可以虛線表示計畫線，實線表示實施線（邊進行邊畫），若兩線有差異時再於備註欄說明理由。

三、計畫評核術

源於 1956 年，美國海軍特殊計畫局進行「北極星飛彈計畫」時，計畫評核術（Program Evaluation and Review Technique, PERT）用來安排大型、複雜計畫的專案管理方法，是一種規劃專案計畫（project）的管理技術，它利用作業網（net-work）的方式，標示出整個計畫中每一作業（activity）之間的相互關係，同時利用數學方法，精確估算出每一作業所需要耗用的時間、經費、人力水準及資源分配。

在執行計畫評核術時，計劃者必須估算：在不影響最後工期（project duration）的條件下，每一作業有多少寬容的時間，何種作業是工作的瓶頸（bottle neck），並據此安排計畫中每一作業的起訖時刻（scheg），以及人力與資源的有效運用。PERT 的內容包含了「管理循環」中的三個步驟：計劃（planning）、執行（doing）和考核（controlling）。

（一）計畫評核術的繪製要點

1. 作業流程圖又稱為「箭線式網狀圖」，以節點（圓圈）代表事件，作業活動則標示於線上。

2. 節點和節點之間以線連接，前面的節點代表開始時間，後面的節點則代表結束時間。

3. 節點上要編號，可先以 10 個一數來編號，如 10、20、30……等，

目的是替每一條線取名，並為可能發生的事件預留編號的空間。

4. 節點和節點之間的連接線若為虛線，代表兩節點雖有關係、無作業，但可能會因此獲得相關資訊；若為實線，代表兩節點有關係、有作業。

（二）計畫評核術的優點

1. 有效控制時間

藉由繪製此作業流程圖，安排每項活動和整體計畫的開始時間和完成時間，可得知從一個事件進行到另一個事件所需花費的時間或資源，可隨時監看檢核計畫的進度，有助於時程的控制。

2. 釐清關係

作業流程圖從開始到結束描繪各項活動的流程，確定每項活動的完成所衍生而來一系列的事件或結果，以及每項活動與其他活動間的關係。

3. 工作內容透明化

作業流程圖用以描繪完成計畫所需各項活動的先後順序，並清楚標明其作業時點與所需資源，使得 know-how 不再專屬於個人，而成為大家共享的知識經驗。

4. 達到功能耦合及相互支援

作業流程圖可以幫助監看計畫的進度，並讓工作內容透明化，使組織內的成員可互效其力，必要時挪移人力資源以確保計畫如期完成，達到功能耦合及相互支援的功能。

四、平衡計分卡

（一）平衡計分卡的發展源起

　　過去許多公司組織都是依賴財務指標來衡量企業的績效，但如果只依賴財務指標的話，對企業未來的附加價值及競爭優勢並無幫助。於是哈佛大學教授羅伯‧柯普朗（Robert Kaplan）與諾頓研究所（Nolan Norton Institute）最高執行長大衛‧諾頓（David Norton），以及美國知名企業，自 1992 年起，集合來自製造業、服務業、重工業、高科技業等經理人，以實作方式發展新的研究，稱為「未來企業的績效衡量方法」，將「財務、客戶、內部流程、創新與學習」等四個構面，列入企業評量績效的指標。此即為「平衡計分卡」（Balanced Scorecard, BSC）的發展源起（Kaplan & Norton, 1996）。

　　平衡計分卡主要目的，是將組織的使命與策略具體行動化，以創造企業競爭優勢，將組織的使命和策略轉換成目標與績效量度，做為策略衡量與管理體系的架構，其四個構面分別為：財務、顧客、組織內部流程、學習與成長。

（二）平衡計分卡的四個構面

　　平衡計分卡要求機構從四個構面來衡量績效：

　　1. 客戶是如何看待我們機構？（客戶觀點：客戶需求與滿意）

　　2. 機構的核心專長在哪裡？（內部觀點：核心專長及流程）

　　3. 機構未來能夠保持競爭優勢嗎？（長期觀點：成長學習與創新）

　　4. 機構的財務營運狀況如何？（機構內部的財務狀況）

　　平衡計分卡要求企業必須將機構的願景、經營策略及競爭優勢，以

策略性議題、目標和衡量指標的方式，轉化成員工日常營運的語言，來幫助機構落實機構的願景與策略。因為平衡計分卡的目的之一，就是用來引導員工的行為，以確保機構「策略性目標」的達成。透過平衡計分卡，機構的願景、經營策略及競爭優勢與「目標管理」、「預算制度」，即可產生資源「聚焦」的效果。平衡計分卡同時將機構的績效管理以四個面展開，可協助機構掌握策略發展及執行的實際狀況。平衡計分卡之關鍵在於，機構必須先有明確的「經營策略」及「競爭優勢」，再將其轉化成為可清楚溝通的策略議題和策略目標，以及可以衡量的績效指標，最後還要詳細展開並連結到員工的績效指標。這些過程說來簡單，執行起來恐怕不甚容易，必須得全體動員（包括最高領導者），耗費幾個月（甚至歷經幾年）的修正，甚至要聘請外界顧問來協助，以免閉門造車。這樣的過程不但複雜，又要投入大量資源，又無法在短期看到成果，若非有強烈的動機（大量好處或遭遇危機）及堅定的意志，恐怕多數機構都得半途而廢（吳安妮，2006）。

（三）機構實施平衡計分卡的步驟

1.成立平衡計分卡推動專案小組

由機構的高階主管（院長、主任或執行長）在機構最高領導者（董事長）的授權下，成立跨部門功能性的專案小組來負責推動，必要時也可以引進外部的專家共同來參與，主要的工作就是負責平衡計分卡的實施規劃、績效評估以及策略修正調整等任務。

2.建立策略目標共識性

由平衡計分卡專案小組負責人邀集機構主管討論會議，建立機構成員對於策略目標的共識，以及建構策略目標與平衡計分卡四個構面績效指標的連結關係。

3. 選定各項績效衡量指標

由機構成員分別對於機構的策略目標、內外競爭環境以及機構的現況進行充分的討論溝通，建立平衡計分卡四個構面績效衡量指標項目，並對每一個績效指標進行詳細的描述、確立衡量單位以及衡量的目標值。

4. 擬訂平衡計分卡實施計畫

經過主管討論會議，擬訂平衡計分卡實施計畫的內容與時程，計畫內容包括：各項績效衡量指標與資訊系統的銜接、對機構成員的溝通宣導，以及機構內部各級單位的績效衡量指標。

5. 控管平衡計分卡實施成效

機構為確保平衡計分卡實施成效，需要針對實施平衡計分卡訂定獎懲制度，而負責的推動專案小組也應該定期開會檢討實施成效，發掘實施過程中所遭遇到的問題，並予以克服，必要時也要對策略目標及各種構面指標提出評估與調整。

實施平衡計分卡不是僅注重於達成某些績效指標，機構要注意以下各項構面的平衡，即：

1. 短期指標與長期指標（學習與創新）要能夠平衡。
2. 財務指標與非財務指標（顧客滿意度、流程、學習與創新）要能夠平衡。
3. 內部指標與外部指標（顧客滿意度）要能夠平衡。
4. 過去的指標與未來的指標（學習與創新）要能夠平衡。
5. 落後指標與領先指標（顧客滿意度、流程、學習與創新）要能夠平衡。

（四）實施平衡計分卡的關鍵成功因素

影響機構推動平衡計分卡成功與否的關鍵因素，主要如下：

1. 高階主管的承諾與支持

組織高階主管必須積極的參與各項平衡計分卡的的活動內容，並承諾投資平衡計分卡過程中所需的必要性資源，如人員、設備、資金或訓練活動。

2. 創造機構成員對願景的共識

組織管理人員若要能有效獲得平衡計分卡的實施成果，必須凝聚組織全體員工對於平衡計分卡可為機構帶來的美好願景與執行向心力。

3. 績效資訊要能夠即時回饋

平衡計分卡推動小組應該蒐集整個組織或各單位部門在財務、顧客關係、內部流程及學習成長績效的表現資訊，隨時反映給組織內部的員工，做為修正行動方案的參考數據，以確保上述四個績效構面指標能順利完成。

4. 要塑造持續性管理改進的意識與文化

平衡計分卡係屬於長期持續性的管理改善活動，它並非屬於短期片斷性的作業內容，因此建立員工針對各項績效表現持續性的提出改善行動方案的認知及意識，係平衡計分卡執行成效的影響因素之一（張世佳，2004：442-443）。

五、全面品質管理

全面品質管理（Total Quality Management, TQM）是指機構內透過所有成員持續努力改善品質，以達成顧客滿意的一種管理哲學，所謂全面（Total）所指涉的就是品質牽涉每一個人和組織內所有活動；而品質（Quality）所強調的就是要滿足需求，讓使用者或被服務者達到滿意（符合顧客需求）；這些都是可以透過管理（Management）的方法來達成，也就是認為品質可以且必須被管理的。因此，「全面品質管理」指

的就是管理品質的過程，也必須將品質的觀念成為持續性的生活方式，不斷的改善。

全面品質管理是達成產品或服務品質目標的全面性做法，其主要概念為「事先預防」、「全面參與」、「顧客至上」、「建立目標」、「永續改進」、「品質第一」及「成員發展」。全面品質管理是由戴明（W. E. Deming）、朱蘭（J. M. Juran）及柯洛斯比（P. B. Crosby）等人所發展出來的管理哲學與原則，其理念所強調的基本原則有下列三點。

（一）以客為尊

「提昇服務品質，滿足顧客需求」，就是實施全面品質管理的重心所在。因為品質之良窳決定於顧客的滿意度，而顧客的滿意度亦為機構永續經營的要件，在具體的做法上是針對顧客的需求、設計，提供理想的產品與服務，主要措施包括有：加強與顧客的直接互動（如便捷之申訴管道）、蒐集資訊（如透過問卷調查、實地訪查或舉辦座談會等方式，以瞭解外在顧客及內在顧客、員工的需求）以瞭解顧客的期望，再將所得的資訊（客觀之事實及數據）在機構內部廣為流傳，做為經營管理的參考。

（二）持續的改善

全面品質管理堅持須「經常檢驗技術程序與行政手續」，以尋求更好的改善品質之方法。機構內部為求品質之劃一，必須訂定「標準化」之作業流程，如內部之管理規則或作業守則等，但仍應經常主動積極持續的檢討，以期縮短時程或改進不合時宜的作業程序，以提昇服務品質。

（三）團隊精神

機構內部各相關單位之設置，主要是基於「相互協調合作」、「有

效運用資源」之考量而來，如各單位堅持「本位主義」，則勢必影響機構整體的運作，造成資源的浪費，所以機構應建立「團隊精神」，以「全員參與」之方式，設計「利益共享」的解決方案，來克服各層級與部門因分工所產生的藩籬，共同分享工作責任與工作成果。

從 1980 年代以後，全面品質管理即受到企業界及各國重視。根據全面品質管理的概念，在機構經營與管理上可以應用如下：

1. 建立機構長遠的目標。
2. 重視顧客（受服務者及員工）的意見及回應。
3. 鼓勵機構的員工共同參與。
4. 加強全體員工專業的學習與成長。
5. 改進績效評量方式。
6. 增進機構的經營成效。
7. 鼓勵機構創新及提案。
8. 持續的改善服務品質。

戴明對於品質管理的理念，認為是在塑造一種品質的文化，這種品質文化的核心為「預防勝於治療」，所以他在其《遠離危機》（*Out of the Crisis*）一書中，也提出了管理原則的七個致命傷（seven deadly diseases）和十四點原則（14 points）。

這七個致命傷分別為：(1)缺乏目的持續；(2)重視短期利益；(3)成就評鑑、功績制，或年終考核；(4)變動管理（工作跳槽）；(5)利用可見的圖表；(6)過度的醫療成本；(7)過度的責任成本。

至於十四點管理原則，大意如下：

1. 建立有助於改進產品與服務的持續且久遠性的目標。
2. 面對新的經濟時代，採取新的管理哲學，覺悟時代在變，隨時

接受各種不同的挑戰。

3. 建立品質管理從基礎線開始、停止，事後依賴大量的檢測方式。

4. 停止根據價值做為交易的行為。考量以最低的總成本作基礎，也就是「一種物質最好向同一供應商採購」，並建立長期的忠誠與信任的互動關係。

5. 不斷研究改進生產與服務系統，改善品質及生產力，以降低成本。

6. 加強員工之在職訓練。

7. 強化視導的功能，隨時對機器設備做維護和對生產線上的協助與管理。

8. 免除員工的恐懼感，使成員安心的為公司工作。

9. 建立各部門成為良好的工作團隊，去除彼此間的障礙。

10. 去除那些要求成員達到零缺點與新生產力水準的標語、口號與訓誡。

11. 去除目標與量化的數值管理方式，而採取人性化的領導方式。

12. 去除那些奪去工作人員榮譽感的障礙，讓數字觀念轉變到對品質的表現。

13. 建立一套強而有力的教育訓練與自我改進的方案。

14. 革新的觀念是每位組織成員的事。

總之，戴明管理哲學如表 14-1。

表 14-1　戴明的管理哲學

戴明的核心思想： 健全知識理論	四大理論基礎	十四點原則
1. 系統的評估 2. 一些變異理論的知識 3. 知識理論 4. 一些心理知識	企業的目的是： 1. 永續經營與創造就業機會 2. 擴大市場 3. 持續改善 4. 智慧型成長	1. 建立堅定目標 2. 採用新哲學 3. 停止依賴大量檢驗 4. 中止以價格做為採購依據 5. 持續不斷的改善產品系統 6. 設立在職訓練 7. 建立領導功能 8. 排除工作人員恐懼 9. 排除各部門間的阻礙 10. 拋棄標語 11. 拋棄數據性的工作配額 12. 移除工作上自尊的障礙 13. 健全的教育與自我改善方案 14. 採取行動完成革新

資料來源：Deming（1986: 23-24）

六、機構如何落實全面品質管理

　　機構在推行全面品質管理，其成功與否，與「高階主管的管理理念」、「執行的策略計畫」、「組織的結構」、「教育訓練」、「人員的參與」、「流程管理與系統」及「品質技術與手法」等息息相關，而其中最主要之關鍵則為「機構領導者的決心」。

　　至於如何展現「機構領導者的決心」？首先，機構領導者應該體認：機構的經營管理不應該只是管理別人或管理事務，而是機構領導者及主管應以身作則，先管理好自己，全面參與機關有關提昇服務品質之計畫與執行，隨時充實新的管理觀念並身體力行，否則必然無法獲得機

構同仁的認同與支持，再好的理念或計畫，也將淪為「口號」，不易有成效。

其次，應確實實施「責任制」，也就是成員對於自己所擔任的工作要能夠「責信」。目前國內的老人服務機構規模都不大，大多數的機構創設之初都是抱持為社會服務的心態，在法規上機構尤其是定位於非營利組織，也就是說，機構的成立並非以利潤為第一優先的考量；在員工方面，也沒有像一般企業可以將盈餘讓員工「分紅入股」共享經營成果的機制，是以從事機構服務的成員，大部分都非以創造個人財富為目的，而是基於專業或理想為目的。另外，由於機構規模不大，晉用家族成員一起共同經營的情形十分常見，有時容易造成公私領域模糊地帶，使管理制度上容易受到挑戰，因此，對於成員的「責信」也愈形重要。

戴明的管理哲學，強調建立合作信任的團隊，去除人與人之間的障礙，讓成員在工作中有榮譽感、成就感。其對「人道」的尊重，是值得機構經營者效法的，也就是機構的工作者要有內心自發性的「改善心願」大於一切外在的誘因。而機構的發展則需靠員工與管理階層間的協力合作，方能創造雙贏的局面。

第三節　績效評估

一、績效評估的意義

績效評估（Performance evaluation）的概念是由管理學大師彼得·杜拉克（Peter F. Drucker）所提出的，他強調企業管理的目的就是要提高組織績效。後來這個觀念和做法又被引進到政府部門做為「政府再造」與「行政改革」的工具。以美國為例，1993 年聯邦政府就由副總統高爾

（A. Gore）主持成立「全國績效評鑑委員會」，主要目的就是要建立一個「節省成本、提高績效的政府」。其後美國許多州政府也陸續訂出各種政策績效評估指標體系，以精確的量化指標做為政府部門提昇績效的工具。

由於績效評估的概念和做法從企業到政府部門都獲得相當的成效，它不僅有效的解決企業經營上的許多問題，也協助政府部門在推動「行政革新」上，助益頗大；因此，藉由公私部門的運用經驗，將績效評估的概念和做法，選擇符合機構特性的部分，引用於機構的經營，也是促進機構發展的重要途徑。

二、績效評估指標的建立

機構的績效評估指標因機構並非營利單位，所以在建立績效指標上，通常較強調社會責任，而不是利潤。Neil、Rudolf與Patricia（1995）對於建構績效指標，認為可以使用一個包括四大部分的模式來表示，亦即：

1. 輸入（input）：指提供服務所需要的資源，包括人員、建築物、設備和一般消耗品。
2. 過程（process）：就是指傳送服務的路徑，包括品質的測量。
3. 輸出（output）：指組織的活動或其所提供的服務。
4. 結果（result）：指經過上述過程所產生的結果。

另外，有些組織為了讓績效指標顯得更具體，運用 3E 的概念做為建構指標的基礎，所謂 3E 就是指經濟（economy）、效率（efficiency）和效能（effectiveness）；不過有些學者認為，3E模式尚無法完全概括所有的組織績效，因此又另外提出「功效」（efficacy）、「資格條件」（elect-ability）和「公平」（equity）等概念，無論如何，這些概念都可

以做為機構建立績效指標的衡量基礎。

3E 可用下列程式表示：

經濟（economy）＝ input

效率（efficiency）＝ $\dfrac{output}{input}$

效能（effectiveness）＝ $\dfrac{outcome}{input}$

三、設計績效指標必須注意的事項

Neil、Rudolf 與 Patricia（1995）認為，好的績效指標應該符合下列條件：

1. 界定清楚而有一致性。
2. 應由組織之所有者來使用，不可依賴外人或環境因素。
3. 必須和組織的需求與目標有關。
4. 被評估的單位或個人不可影響績效指標的運作。
5. 必須有廣博性和一定的範圍；也就是要涵蓋管理決策行為的所有面向和集中有限數量的績效指標上。
6. 建立績效指標所使用的資訊必須正確和廣泛。
7. 必須為組織的各級人員所接受，因此應符合組織文化。

（吳瓊恩、李允傑、陳銘薰，2001：178；許道然，1999：64-65）

老人服務事業
經營與管理

摘要

　　老人服務機構屬於非營利事業，雖然目前許多國人對於進住福利機構仍然視為不得已的選擇，但提供良好的服務品質是機構的責任，也可以讓老人及其家屬樂於使用機構所提供的服務。

　　政府主管機關對於老人服務機構的評鑑，是促進機構提昇服務品質的措施，已發布的評鑑項目包括有：政府組織及經營管理、生活照顧及專業服務、環境設施及安全維護、權益保障及改進創新 5 大項目，139 個指標可供機構參考。

　　對於如何達成政府部門所要求的各項指標，或為了促進機構的發展，可運用管理學上的觀念及做法，配合機構的特性建立機構的管理方式；本章並介紹一些常見的管理工具，如：目標管理、計畫評核術、全面品質管理、平衡計分卡及績效評估等觀念及做法。

問題習作

1. 請說明政府主管機關對於老人服務機構評鑑的主要項目有哪些？
2. 請說明老人服務機構常見的管理工具有哪些？
3. 請說明機構實施平衡計分卡的步驟。
4. 何謂目標管理？
5. 全面品質管理所強調的三大基本原則為何？
6. 如何建立老人服務機構績效評估指標？

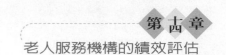

名詞解釋

目標管理 　　　　計畫評核術 　　　　全面品質管理

平衡計分卡 　　　　績效評估

參考文獻

一、中文部分

內政部（2007）。私立老人服務機構評鑑實施要點。取自 http://sowf.moi.gov.
tw/04/10.htm

吳安妮（2006）。以平衡計分卡推動策略與績效管理。取自鼎新知識學院 http://
www.dsc.com.tw/bsc/bsc_a/bsc_a1.htm

吳瓊恩、李允傑、陳銘薰（2001）。公共管理。台北市：智勝文化。

張世佳（2004）。管理學（頁 440-443）。台北市：三民。

許道然（1999）。組織如何衡量其成敗：政府績效指標的運用。取自「行政管
理論文選輯」第 13 輯。台北市：銓敘部。

二、英文部分

Deming, W. E. (1986). *Out of the crisis.* Melbourne Sydney: Cambridge University
Press.

Kaplan, R. S., & Norton, D. P. (1996). Using the balance scorecard and a strategic
management system. *Harvard Business Review, 74*(1), 75-85.

Neil, C., Rudolf, K., & Patricia, D. (1995). *How organizations measure success: The
use of performance indicators in government.* London: Routledge.

Odiorne, G. S. (1965). *Management by objectives: A system of managerial leadership*
(p. 8). New York: Pitman.

第十五章

老人服務機構
經營面臨之問題

賴添福

學習目標 ▶▶

研讀本章內容後,學習者應能:

一、瞭解機構各項人力資源問題。

二、瞭解機構面臨各項相關法規之壓力。

三、瞭解機構經營之財務壓力。

老人服務事業
經營與管理

第一節　前言

依內政部 2007 年 7 月份老年人口數之統計，現今 65 歲以上總人口數為 2,312,359 人，老年人口佔總人口數 10.09%。近十年來老年人口比率每年約以 0.2%持續增加，同時老化指數為 51.49%，每年提高 1.9%，亦呈逐年上升之現象。台閩地區老人長期照護、養護及安養機構共計 912 所（老人長期照護機構 27 所、養護機構 838 所及安養機構 47 所）。另外，護理之家有 259 所，榮家有 18 所。

老人化社會對老人服務機構經營而言，是利多還是利空？需求加大是否競爭反而更多，利潤反而降低？或因消費者（老人家屬）意識高漲，還是政府法令趨嚴，如納入《勞動基準法》適用範圍，《所得稅法》上將占最大收入之養護費納入銷售貨物或勞務收入，排除適用免稅範圍，或環保署正式認定老人服務機構為「事業」單位。另外，健保局也將新設老人服務機構，排除在機構內設立復健單位等等，使得成本提高，經營條件反而較差。

因此，如何降低經營成本，提昇競爭力，是近來老人服務機構所面臨之問題。而面臨問題時要如何找出問題呢？及早提出策略調整以保永續經營，將是本章主要探討之焦點。

第二節　人力資源

機構之專業人力最欠缺者有社工、護理及照顧服務員三項，因此，此項之專業人力充足與否也影響了專業品質。但因機構屬性之不同，各項人事標準也有所不同。標準如下。

一、社會工作人員

依《老人福利機構設立標準》及《護理機構設置標準》規定：財團法人（50床以上）之養護、長照、護理之家機構，必須設置一名社會工作人員，每養護百位老人應增設一名。另外，如開辦外展工作（送餐、居家服務、福利宣導專車等），則另設專案負責及督導人員，可說需求相當大。但年輕之社工人員投入社福領域之意願，往往將老人服務機構的順序排在最後，甚至不願意，以致造成招募困難或離職率高。

小型（49床以下）之養護、長照、護理之家機構，因規定得設專任或特約社會工作人員，並未強制要求，再加上經濟規模小，又屬間接人力，而負擔成本加重，所以一般小型機構，皆未以專業背景之人力擔任，或如台北市之共同聘任方式以減輕成本負擔，但如此也將影響此領域之專業品質。

二、護理人員

依《老人福利機構設立標準》及《護理機構設置標準》規定：長期照護、護理之家，每照護15位老人應設置一名，且24小時或隨時皆有護理人員值班。財團法人之大型養護機構則每照護20位老人應設置一名，且隨時保持至少一位護理人員值班。小型機構規定得以專任或特約方式辦理，且隨時保持至少有一位護理人員值班。

因護理人員一開始皆會選擇醫院就業，觀念上並無機構之念頭，直到離開醫院職場，才想到機構，但又以常日班為考量。另外，因機構收入少，無法負擔如醫院之高額薪水，也造成了招募困難及高流動率。

三、照顧服務員

此一部分之人力占照顧人力之最大宗，也對照顧品質影響最大。依《老人福利機構設立標準》及《護理機構設置標準》規定：長期照護機構及護理之家每照護 5 位老人應設置一名，而養護機構則每照護 8 位老人應設置一名，可見需求相當大。但因國人早期就根深蒂固的觀念，且在工作職場及職位有較下層之認知，再加上薪水不高，因此，年輕人員較不願投入，只見中高齡人員，尤其是女性人員的投入，而早期為求高所得，只願意投入醫院之特別看護工作。除了照護比率高外，近來機構大量設立，造成供需失衡，且流動率高。因此大部分甚至占一半比率照護人力，是依賴外籍監護工。但因提供國勞工之教育程度普遍不高，語言專業之短期訓練也無法達到溝通及照護水準，而影響了照護品質甚鉅，可見量與質皆顯不足。

四、主任

大型財團法人之養護、長照、護理之家機構，依《老人福利機構設立標準》及《護理機構設置標準》規定：主任或負責人須資深護理人員或社會工作人員擔任。但培訓過程並不是很順利，一來這二類在學校教育養成中沒有管理課程；二來老人服務機構一向皆以強調所謂的專業，而忽略了一個高階管理經營人才，除了護理、社工外尚須具備人事、財務、創新，甚至行銷管理之技能。而小型長照、養護機構負責人，須具備高中畢業及照顧服務人員訓練資格，因此，也欠缺以上所言之專業訓練及技能，尤其是成本分析及實際之依據，因而影響了整個機構之長期規劃，永續經營之品質。

五、人力資源因應之道

目的在於成本允許下，提供質優量足之人力資源。因此，從招募、培訓到養成，成為向心力強之員工要有一系列之計畫。

（一）辦理照顧服務員訓練課程

向縣政府、勞委會等相關單位，爭取補助辦理照顧服務員訓練班，可由此訓練課程，招募有興趣投入此一工作人員參訓，結業後擇優招募。當然也可與其他訓練單位合作，取得結業人員資料，並提供就業機會，此為提供最基層之照顧服務員的最大人力來源。

（二）做好外籍監護工聘僱作業

在國內人力尚未充足之前，仍須仰賴外籍監護工，目前約占一半比例之照顧人力，影響相當深遠。首先慎選合法且績優之人力資源仲介公司，透過該公司尋找設有專屬訓練中心之國外人力機構。並事先告知機構之要求重點及條件，如：照顧技巧（翻身、拍背、餵食、協助上下床、緊急事件處理等）、語言（華語、客語、閩南語）等，如有需要可將標準照護流程，及示範動作拍攝成DVD，請訓練中心依此加強訓練，並在來台前親自到該處訓練中心親自面試及挑選。

（三）與學校締結教育夥伴關係

近來很多大專院校設立社工、護理甚至長照及老人事業管理學系。而教育部也鼓勵學校與機構合作，可由雙方締結夥伴合作關係，依此可增進資源整合及共享，互相提供教學、研究與服務，並協助就業畢業生提早認識機構職場，並轉銜至機構服務，可解決專業人力之不足。

（四）建立員工生涯規劃制度

　　配合機構組織之需求，尋找優秀人才投入職場，並就每位職員之專長、特質、意願進行規劃，由基層到管理甚至經營層之規劃。設定員工在機構內之發展方向及職位，依此進行安排各項之機構內外培訓，並暢通升遷管道，讓員工感受到未來，也鼓勵其接受各項訓練及挑戰。不要自我設限，如護理只有擔任護士，其實也可以作護理長、主任或創業，社工不是只有社工員，也可以擔任督導或主任還是自行創業等等。

（五）合理化之工作流程

　　成立稽核、標準作業小組，成員由各部門主管或資深人員組成並由主任擔任召集人。針對每個部門每一動作，製作標準作業流程，依此流程針對每一員工進行合理化工作之設定，以此考核員工之效率及標準作業人力，以做到公平公開之工作分配及獎勵措施，達到合理化及提昇品質的目的。

（六）合理福利制度及獎勵措施

　　依《勞動基準法》及參考同區域同屬性機構建立合理之福利制度（如薪資、休假、旅遊、出國參訪等等）。為配合員工風險控管及退休穩定生活，依法加入勞健保及提撥退休金，並額外投保員工意外險及公共意外或雇主責任險。如屬財團法人機構因不可分配盈餘，所以可在保有永續經營基金外，適度酌予提高薪資待遇及退休金提撥比率，尤其員工最在乎的休假及特別休假制度，更須依機構業務需要及滿足員工需求作一彈性規劃。

　　另外，利用公平公開考核制度分為正式且定期之獎勵措施，及非正

式隨時之激勵動作（如實施員工提案獎勵辦法），以確保員工之高效率及士氣。

（七）完善之教育訓練制度

為配合機構發展目標，充實工作同仁之知識技能及自我成長，提高工作效率，達到調整職務及升遷之目的，訂定完整之教育訓練辦法內容有：

1. 新進員工之職前訓練：提供 24 小時訓練，讓新進員工瞭解中心使命、公共安全、工作倫理及基本工作技能，使其及早調適以降低流動率。

2. 在職人員依部門別、專業別提供不同領域及時數之專業訓練，含看護、行政、財會、護理、社工等，方式有內部訓練及外部訓練。

3. 幹部人員依工作職等及不同職務，分組長及主任級訓練，以領導統禦、人事溝通、財務管理、相關法令等內容，方式有內部培訓及外部訓練。

4. 為培訓機構擴充據點之需要，以內升方式挑選幹部，以主任培訓班課程訓練，內容涵蓋：人事、行銷、財務、中心問題診斷、經營分析及個案研討等，完成後取得儲備主任資格。

5. 為瞭解同業間經營優勢、專業技能等，實施院外及國外績優機構參訪及訓練措施，定期舉辦以達技能提昇及經驗交流並利用出國在職訓練及參訪，提昇視野也瞭解國外照護政策及技能，以為機構未來發展方向之參考。

（八）公開公平之考核制度

為提昇工作士氣，確保工作精進，定期舉辦員工考核作為升遷、調薪、調整職務之依據。

1. 考核期間：每個月辦理一次及年終績效考核兩種。
2. 考核對象：每一員工分組辦理。
3. 考核方法：每位員工自評（30%），第一級主管考核（50%），第二級主管考核（20%）。
4. 考核項目及評分標準：依各組工作內容訂定之。

第三節　法令趨嚴

一、《所得稅法》

財團法人屬性之老人服務機構係屬《所得稅法》所稱之教育、文化、公益慈善機關或團體，理應符合該法第 4 條第 13 款規定免納所得稅。但該法又規定須符合行政院之適用標準。而該標準開宗明義，將銷售貨物或勞務收入排除在免稅範圍，但占機構收入超過 80% 以上之養護費，卻被歸列為銷售貨物或勞務收入。因此名義上機構雖被稱為非營利單位，享受免稅優惠，實質上受益不大，也因此影響了永續經營所需之自籌資金。

二、《勞動基準法》

老人服務機構係屬社會福利服務事業，於 1998 年 7 月 1 日起被列入適用《勞動基準法》的行業別。而機構之成本項目當中，又以人事成本

比例最高，約佔 50%左右。可見老人服務機構可謂比早期之勞力密集加工產業還要勞力密集。當然了，適用《勞動基準法》後影響成本甚鉅，尤其外籍監護工也適用，這可說是雪上加霜。

三、環保署

環保署檢討通過之老人、長照、護理之家、養護機構，為「事業」單位，從此機構除務必上網申報外，也必須請廢棄物清理公司代為處理機構廢棄物，增加了機構成本。

四、《老人福利法》

《老人福利法》等相關法規已於 2007 年陸續修正完畢：

1. 《老人福利法》2007 年 1 月 31 日正式修正通過；
2. 《老人福利法施行細則》2007 年 7 月 25 日正式修正通過；
3. 《老人福利機構設立標準》2007 年 7 月 30 日正式修正通過；
4. 《私立老人福利機構接管辦法》2007 年 7 月 9 日正式修正通過；
5. 《老人福利機構設立許可辦法》2007 年 7 月 27 日正式修正，並改為《私立老人福利機構設立許可及管理辦法》。

修訂方向以增加照顧人力比例及設施設備、空間等條件，同時每年修訂之獎助作業要點，也限縮項目及補助額度，如小型財團法人機構從 2007 年起即無法取得補助，重病看護補助也將於 2008 年取消補助，可見也將會增加其營運成本及壓力。

另外，有關收容方面，老人服務機構只能收容 60 歲以上之身障者及 65 歲以上之老人。但因失能年齡有下降現象，再者收容身體失能機構資源不足，有些縣市甚至未設有此類機構。但為達福利、照顧社區化，甚至公費個案，縣市政府也轉介到老人服務機構安置，造成違規收

容也影響占床率，更是影響了補助資格或評鑑成績。

五、法令趨嚴之因應之道──成立顧問團隊

在董事會下，聘請各相關領域之學者、專家，成立顧問諮詢團隊，在籌設階段，即詳加研討，期能在最短時間、最低成本前提下，依相關法規執行。其中機構如有取得政府補助款，並被要求依《政府採購法》執行時，更須注意相關作業規範。如培訓專業採購人員，並依法辦理採購之開標、比價、議價、決標到驗收之各項作業程序，招標方式更須注意，並取得主管機關（補助單位）之同意。另外，在執行過程中務必減少，甚至避免不必要之「變更作業」，依法執行並儘早完成設立。

在營運階段除重視照護技巧，如護理、社工等專業外，更須特別注意其他相關領域之專業，以防不必要之損失，強化及培訓其他部門，如財管、行政等能力。

第四節　供需失衡、惡性競爭

依內政部 2006 年老人福利設施資源盤點資料中可知，以台灣地區現有床位數（含護理之家、榮家照顧體系），足以因應老人進住機構之需求，但由分析中發現機構設立數及分布情形是不均衡的，以南北縣市較多。其中北部以台北縣市、桃園縣居多，而南部則以台南縣及高高屏四縣市居多。而以供需分析可知，其中以台北市、苗栗縣、南投縣、雲林縣、嘉義縣、澎湖縣、金門縣等七縣市之供給低於需求。因機構設立時，未考慮到供需及區隔、定位問題，致使部份地區供過於求，且重疊性增加，而造成惡性及殺價競爭，也影響了照顧品質。

🐵 第五節　個案家屬觀念

　　個案尤其是公費個案進住前，機構皆會事先告知各項進住條件，家屬為順利進住，進住前皆會答應。而個案進住時，雖依《公平交易法》簽署定型化契約，並再度告知雙方之權益及義務，還有照顧內容及家屬配合事項，但如發生個案走失或跌倒，甚至於機構內死亡，家屬常常會提出質疑，或無理之要求、告訴等，造成經營管理上相當大的壓力及風險。

　　因應之道：機構的服務對象是人，尤其是需要長期照護的「老人」，本身變數本來就很大，再加上「家屬」的意見，那就更加複雜了。因此，為預防不可控制之變數及風險，務必做好預防措施，確保雙方之權益及降低經營風險。內容有：

1. 依政府要求訂定定型化契約，確保雙方權益及義務。
2. 針對機構設施設備不足及照護疏失，投保公共意外責任險，以降低及分攤責任風險。
3. 平時做好與家屬之溝通工作，將個案之身心狀況變化，隨時告知家屬並保持聯絡，讓家屬能隨時知道個案狀況，對個案之一些約束及要求，可請家屬簽署同意。
4. 定期針對機構軟硬體設備或服務方式、內容，向家屬作問卷調查，與家屬分享機構現況及做好敦親工作。

🐵 第六節　財務壓力

　　機構設立未做好區隔及需求評估，致使供需失衡，進而互相殺價惡

性競爭。收費未能隨物價指數調整，甚至逐年下降，再加上景氣造成結構未見改善，產生呆帳現象，造成收入減少。而財團法人之機構接受政府補助，也因項目及額度日益緊縮，尤其公設民營單位被排除在補助對象內，再加上外界捐贈減少，收入更顯拮据。但相對的各項支出，如薪資必須隨物價指數而調升，再加上修法要求增加照顧人力、設施設備及品質，尤其老機構之老舊設備更新，致使成本增加。

因此，在收入減少，成本增加下，財務壓力將更加重，尤其小型機構如未達經濟規模，要達損益兩平將更為困難。

財務壓力因應之道：財務在機構如同血液在身體般的重要，經營好壞全部展現在財務報表中，如未作好財務管理與規劃，就如同船隻在茫茫大海中失去方向。因此，解決財務壓力首先須做好財務分析，瞭解問題癥結，並施予有效策略對症下藥，以求機構經營之安全。

因應之道在做好開源與節流，由簡單的會計方程式：資產=負債+資本，損益=收入-費用（成本）中可知，增加收入或減少成本、費用支出，方可創造利益，其策略如下。

一、增加收入

1. 從籌設時就做好市場供需評估，尋找需求大於供給區域，並與當地現有市場做好區隔，並從多元服務內容、定價、行銷等組合做好定位，以提高競爭者介入之門檻，防止惡性削價，以確保穩定之本業收入。

2. 詳讀政府補助作業要點，瞭解政府重點政策方向，就此規劃年度計畫，依機構現有或再加強之優勢，開辦各項政策性之外展工作，一來可增加較高之補助額度，再則可提昇機構形象及專業能力之附加價值。另外，聘請員工時依補助要點聘用符合要

點之專業人力，或鼓勵現有員工取得證照，以爭取最高額度之
服務費補助。

3. 除開辦社區多元外展方案外，也開放機構設施設備走入社區、
結合社區資源，舉辦各項活動，取得社區及社會認同，增加捐
款、捐物之業外收入。

二、減少支出

1. 任用及培訓專業財管人力，瞭解各項稅法並做好規劃，以減少
不必要之損失，如所得稅與一般營利事業單位不同，其中小型
機構可依收入之 85%為其成本或費用計算並予以申報（列入負
責人個人執業所得）。財團法人機構可依《所得稅法》第4條第
13 款規定，並符合行政院適用標準，免納所得稅。另依房屋稅、
土地稅、營業稅、土地增值稅、牌照稅等相關稅法申報，可爭
取免稅。

2. 為求成本降低只有做好成本管理，由成本表分析各項成本占收
入之百分比（人事成本47%），依成本標的瞭解直接成本（照顧
服務員）及間接成本（主任），而從成本習性可分為固定成本
（折舊、租金等）及變動成本（日用品、伙食、薪資等）。並
由此分析損益兩平點，瞭解機構依公費、自費、單人床、多人
床等不同條件下須多少收入或服務量，才可以達到不賺也不虧。

3. 健全財務報表及分析：從資產負債表（平衡表），瞭解此一時
間點機構之財務結構是否健全，瞭解表面擁有之資產是由負債
而來，還是由業主權益或累計盈餘取得。另由損益表（收支餘
絀表），瞭解一段期間內機構營運績效如何，是盈是虧？亦可由
以上兩表各科目進行分析，可探知機構之償債能力、獲利能力、

經營績效等。總之，利用分析手法及工具，找出有用的資訊供內部決策者及管理者使用，亦可供外部投資者、債權人，甚至補助者分析使用，以確保機構財務健全發展，達永續經營之目的。

第七節　服務內容無法滿足需求

社會多元化，老人之需求也愈多元，為因應多元需求，有更多之大型財團產業投入，創造各項與銀髮相關之新興產業，如營建與銀髮結合之老人住宅，醫療與銀髮結合之養生村，休閒與銀髮結合之渡假村，在在顯示已有更多更大之競爭者介入，因此機構之定位或服務內容如無創新，或介入門檻低者，唯有以低單價策略，經營將更為艱困。

因應之道：對外開發各項外展工作，如送餐、居家服務及連結社區資源，提昇機構及專業員工之附加價值，並可提供專業或督導人力，以增加各項專業人力之補助收入。對內依老人之不同需求，提供多樣化且差異性服務內容，如規劃及允許老人之不同房間及裝設，提供個人口味需求之選擇，及各式多樣多元之活動。另外就老人失能屬性，做不同區隔及規劃不同照護模式，如失智專區或發展多功能、多層級綜合照護，如分區設立長照、養護床位。

第八節　結語

台灣老化速度急速增加，政府也極為重視各種衍生之相關問題，並集思各種解決之道，其中長期照護問題更是不遺餘力。一方面為滿足長者不同之需求，及引進民間資源、減少政府財政負擔，將部份之照護工作列為新職種，並試著朝向產業化發展，如老人住宅。漸漸的照顧服務

工作，已將成為新的服務產業——照顧產業。經建部門也將其列為未來的明星產業之一，透過各種法令之鬆綁及提供各項優惠條件。

機構照顧如以產業視之，在產品週期中，目前正處於成熟期。所以，可見的未來該期之需求大、供給也大，因為需求大，相對的介入門檻又不高，所以投入者或競爭者眾，如無法提昇服務品質及降低營運成本，將面臨相當大之危機。但危機也是轉機，既然已先卡位，且在主流之浪潮中，唯有克服各項困境，做好因應策略，相信在這未來的明星產業中，必定能占一席之地，不被浪潮所淹沒，發展是可期盼的。

老人服務事業
經營與管理

摘要

　　台灣人口老化速度急遽增加，高齡化社會對老人福利機構經營而言，是利多還是利空？需求加大是否競爭反而更多，利潤反而降低？如何降低經營成本，提升競爭力，是近來老人福利機構所面臨之問題。而面對人力資源、法令趨嚴、供需失調、惡性競爭、財務壓力、個案家屬觀念、服務內容等相關問題，應及早提出策略調整以保永續經營，並做好因應之道。相信在這未來之明星產業中，必定能占一席之地，且未來發展是可期盼的。

問題習作

1. 財團法人機構與小型機構專業人員（主任、社工、護理、照顧服務員等）設置標準的差異為何？
2. 如果您是機構的負責人，在收入未增、支出漸多的情況下，試舉出一項改善因應方法。

附錄一　老人福利法（節錄有關機構的部分）

中華民國 69 年 1 月 26 日總統(69)台統(一)義字第 0561 號令制定公布全文 21 條

中華民國 86 年 6 月 18 日總統(86)華總(一)義字第 8600141380 號令修正公布全文 34 條

中華民國 89 年 5 月 3 日總統(89)華總一義字第 8900110150 號令
修正公布第 3,4,15,20,25,27 條條文

中華民國 91 年 6 月 26 日總統華總一義字第 09100125180 號令修正公布第 9 條條文；
並增訂第 13-1 條條文

中華民國 96 年 1 月 31 日總統華總一義字第 09600012871 號令修正公布全文 55 條；
並自公布日施行

中華民國 98 年 7 月 8 日總統華總一義字第 09800166511 號令修正公布第 13,14,55 條
條文；並自 98 年 11 月 23 日施行

中華民國 101 年 8 月 8 日總統華總一義字第 10100177951 號令修正公布第 25 條條文

第 13 條　對於因精神障礙或其他心智缺陷，致不能為意思表示或受意思表示，或不能辨識其意思表示之效果之老人，法院得因主管機關之聲請，為監護或輔助之宣告。

前項所定得聲請監護或輔助宣告之機關，得向就監護或輔助宣告之聲請曾為裁判之地方法院，提起撤銷監護或輔助宣告之訴；於受監護或輔助之原因消滅後，得聲請撤銷監護或輔助宣告。

監護或輔助宣告確定前，主管機關為保護老人之身體及財產，得聲請法院為必要之處分。

第 14 條　為保護老人之財產安全，直轄市、縣（市）主管機關應鼓勵其將財產交付信託。

無法定扶養義務人之老人經法院為監護或輔助宣告者，其財產得交付與經中央目的主管機關許可之信託業代為管理、處分。

第 19 條　為滿足居住機構之老人多元需求，主管機關應輔導老人福利機構依

老人需求提供下列機構式服務：

一、住宿服務。

二、醫護服務。

三、復健服務。

四、生活照顧服務。

五、膳食服務。

六、緊急送醫服務。

七、社交活動服務。

八、家屬教育服務。

九、日間照顧服務。

十、其他相關之機構式服務。

前項機構式服務應以結合家庭及社區生活為原則，並得支援居家式或社區式服務。

第 20 條　前三條所定居家式服務、社區式服務與機構式服務提供者資格要件及服務之準則，由中央主管機關會同中央各目的事業主管機關定之。

前項服務之提供，於一定項目，應由專業人員為之；其一定項目、專業人員之訓練、資格取得及其他應遵行事項之辦法，由中央主管機關定之。

第 25 條　老人搭乘國內公、民營水、陸、空大眾運輸工具、進入康樂場所及參觀文教設施，應予以半價優待。

前項文教設施為中央機關（構）、行政法人經營者，平日應予免費。

第 31 條　為協助失能老人之家庭照顧者，直轄市、縣（市）主管機關應自行或結合民間資源提供下列服務：

一、臨時或短期喘息照顧服務。

二、照顧者訓練及研習。

三、照顧者個人諮商及支援團體。

四、資訊提供及協助照顧者獲得服務。

五、其他有助於提升家庭照顧者能力及其生活品質之服務。

第 34 條　主管機關應依老人需要自行或結合民間資源辦理下列老人福利機構：

一、長期照顧機構。

二、安養機構。

三、其他老人福利機構。

前項老人福利機構之規模、面積、設施、人員配置及業務範圍等事項之標準，由中央主管機關會同中央目的事業主管機關定之。

第一項各類機構所需之醫療或護理服務，應依醫療法、護理人員法或其他醫事專門職業法等規定辦理。

第一項各類機構得單獨或綜合辦理，並得就其所提供之設施或服務收取費用，以協助其自給自足；其收費規定，應報由當地直轄市、縣（市）主管機關核定。

第 35 條　私立老人福利機構之名稱，應依前條第一項規定標明其業務性質，並應冠以私立二字。

公設民營機構名稱不冠以公立或私立。但應於名稱前冠以所屬行政區域名稱。

第 36 條　私人或團體設立老人福利機構，應向直轄市、縣（市）主管機關申請設立許可。

經許可設立私立老人福利機構者，應於三個月內辦理財團法人登記。但小型設立且不對外募捐、不接受補助及不享受租稅減免者，得免辦財團法人登記。

未於前項期間辦理財團法人登記，而有正當理由者，得申請當地主管機關核准延長一次，期間不得超過三個月；屆期不辦理者，原許可失其效力。

第一項申請設立之許可要件、申請程序、審核期限、撤銷與廢止許可、自行停業與歇業、擴充與遷移、督導管理及其他相關事項之辦法，由中央主管機關定之。

第二項小型設立之規模、面積、設施、人員配置等設立標準，由中央主管機關會同中央目的事業主管機關定之。

第 37 條　老人福利機構不得兼營營利行為或利用其事業為任何不當之宣傳。

主管機關對老人福利機構應予輔導、監督、檢查、評鑑及獎勵。

老人福利機構對前項檢查不得規避、妨礙或拒絕，並應提供必要之協助。

第二項評鑑對象、項目、方式及獎勵方式等事項之辦法，由主管機關定之。

第 38 條　老人福利機構應與入住者或其家屬訂定書面契約，明定其權利義務關係。

前項書面契約之格式、內容，中央主管機關應訂定定型化契約範本及其應記載及不得記載事項。

老人福利機構應將中央主管機關訂定之定型化契約書範本公開並印製於收據憑證交付入住者，除另有約定外，視為已依第一項規定與入住者訂約。

第 39 條　老人福利機構應投保公共意外責任保險及具有履行營運之擔保能力，以保障老人權益。

前項應投保之保險範圍及金額，由中央主管機關會商中央目的事業主管機關定之。

第一項履行營運之擔保能力，其認定標準由所在地直轄市、縣（市）主管機關定之。

第 40 條　政府及老人福利機構接受私人或團體之捐贈，應妥善管理及運用；其屬現金者，應設專戶儲存，專作增進老人福利之用。但捐贈者有指定用途者，應專款專用。

前項所受之捐贈，應辦理公開徵信。

第 45 條　設立老人福利機構未依第三十六條第一項規定申請設立許可，或應辦理財團法人登記而未依第三十六條第二項及第三項規定期限辦理

者，處其負責人新臺幣六萬元以上三十萬元以下罰鍰及公告其姓名，並限期令其改善。

於前項限期改善期間，不得增加收容老人，違者另處其負責人新臺幣六萬元以上三十萬元以下罰鍰，並得按次連續處罰。

經依第一項規定限期令其改善，屆期未改善者，再處其負責人新臺幣十萬元以上五十萬元以下罰鍰，並令於一個月內對於其收容之老人予以轉介安置；其無法辦理時，由主管機關協助之，負責人應予配合。不予配合者，強制實施之，並處新臺幣二十萬元以上一百萬元以下罰鍰。

第 46 條　老人福利機構有下列情形之一者，主管機關應限期令其於一個月內改善；屆期未改善者，處新臺幣三萬元以上十五萬元以下罰鍰，並得按次連續處罰：

一、收費規定未依第三十四條第四項規定報主管機關核可，或違反收費規定超收費用。

二、擴充、遷移、停業或歇業未依中央主管機關依第三十六條第四項規定所定辦法辦理。

三、財務收支處理未依中央主管機關依第三十六條第四項規定所定辦法辦理。

四、違反第三十七條第三項規定，規避、妨礙或拒絕主管機關之檢查。

五、違反第三十八條規定，未與入住者或其家屬訂定書面契約或將不得記載事項納入契約。

六、未依第三十九條規定投保公共意外責任保險或未具履行營運之擔保能力。

七、違反第四十條第二項規定，接受捐贈未公開徵信。

第 47 條　主管機關依第三十七條第二項規定對老人福利機構為輔導、監督、檢查及評鑑，發現有下列情形之一時，應限期令其改善；屆期未改

善者，處新臺幣五萬元以上二十五萬元以下罰鍰，並再限期令其改
善：

一、業務經營方針與設立目的或捐助章程不符。

二、違反原許可設立之標準。

三、財產總額已無法達成目的事業或對於業務、財務為不實之陳報。

第 48 條　老人福利機構有下列情形之一者，處新臺幣六萬元以上三十萬元以
下罰鍰，再限期令其改善：

一、虐待、妨害老人身心健康或發現老人受虐事實未向直轄市、縣
（市）主管機關通報。

二、提供不安全之設施設備或供給不衛生之餐飲，經主管機關查明
屬實者。

三、經主管機關評鑑為丙等或丁等或有其他重大情事，足以影響老
人身心健康者。

第 49 條　老人福利機構於主管機關依第四十六條至第四十八條規定限期令其
改善期間，不得增加收容老人，違者另處新臺幣六萬元以上三十萬
元以下罰鍰，並得按次連續處罰。

經主管機關依第四十七條及第四十八條規定再限期令其改善，屆期
仍未改善者，得令其停辦一個月以上一年以下，並公告其名稱。停
辦期限屆滿仍未改善或令其停辦而拒不遵守者，應廢止其許可；其
屬法人者，得予解散。

第 50 條　私立老人福利機構停辦、停業、歇業、解散、經撤銷或廢止許可
時，對於其收容之老人應即予以適當之安置；其無法安置時，由主
管機關協助安置，機構應予配合；不予配合者，強制實施之，並處
新臺幣六萬元以上三十萬元以下罰鍰；必要時，得予接管。

前項接管之實施程序、期限與受接管機構經營權及財產管理權之限
制等事項之辦法，由中央主管機關定之。

第一項停辦之私立老人福利機構於停辦原因消失後，得檢附相關資

料及文件向原設立許可機關申請復業。

第 51 條 依法令或契約有扶養照顧義務而對老人有下列行為之一者，處新臺幣三萬元以上十五萬元以下罰鍰，並公告其姓名；涉及刑責者，應移送司法機關偵辦：

一、遺棄。

二、妨害自由。

三、傷害。

四、身心虐待。

五、留置無生活自理能力之老人獨處於易發生危險或傷害之環境。

六、留置老人於機構後棄之不理，經機構通知限期處理，無正當理由仍不處理者。

第 52 條 老人之扶養人或其他實際照顧老人之人違反前條情節嚴重者，主管機關應對其施以四小時以上二十小時以下之家庭教育及輔導。

前項家庭教育及輔導，如有正當理由，得申請原處罰之主管機關同意後延期參加。

不接受第一項家庭教育及輔導或時數不足者，處新臺幣一千二百元以上六千元以下罰鍰，經再通知仍不接受者，得按次處罰至其參加為止。

第 53 條 本法修正施行前已許可立案之老人福利機構，其設立要件與本法及所授權法規規定不相符合者，應於中央主管機關公告指定之期限內改善；屆期未改善者，依本法規定處理。

主管機關應積極輔導安養機構轉型為老人長期照顧機構或社區式服務設施。

附錄二　老人福利法施行細則（節錄有關機構的部分）

中華民國 69 年 4 月 29 日內政部(69)台內社字第 21083 號令訂定發布

中華民國 70 年 1 月 6 日內政部(70)台內社字第 64007 號令修正發布全文 26 條

中華民國 87 年 3 月 25 日內政部(87)台內社字第 8785868 號令修正發布全文 19 條

中華民國 88 年 10 月 20 日內政部(88)台內社字第 8885596 號令修正發布第 4,6 條條文

中華民國 96 年 7 月 25 日內政部(96)台內社字第 0960115604 號令修正
發布全文 16 條；並自發布日施行

中華民國 98 年 11 月 19 日內政部台內社字第 0980212807 號令修正發布第 5,16 條條
文；並自 98 年 11 月 23 日施行

第　8　條　本法第三十三條第一項所定適合老人安居之住宅，其設計應符合下列規定：

一、提供老人寧靜、安全、舒適、衛生、通風採光良好之環境與完善設備及設施。

二、建築物之設計、構造與設備及設施，應符合建築法及其有關法令規定，並應具無障礙環境。

三、消防安全設備、防火管理、防焰物品等消防安全事項，應符合消防法及其有關法令規定。

本法第三十三條第二項所定住宅設施小規模、融入社區及多機能之原則如下：

一、小規模：興辦事業計畫書所載開發興建住宅戶數為二百戶以下。

二、融入社區：由社區現有基礎公共設施及生活機能，使老人易獲得交通、文化、教育、醫療、文康、休閒及娛樂等服務，且便於參與社區相關事務。

三、多機能：配合老人多元需求，提供適合老人本人居住，或與其家庭成員或主要照顧者同住或近鄰居住；設有共用服務空間及

公共服務空間，同一棟建築物之同一樓層須有共用通道。

第 9 條 本法中華民國六十九年一月二十六日公布施行前已安置收容於公、
私立老人福利機構之人，由該機構繼續收容照顧。

第 10 條 六十歲以上未滿六十五歲之人自願負擔費用者，老人福利機構得視
內部設施情形，提供長期照顧、安養或其他服務。

第 11 條 老人福利機構依本法第四十條第一項規定接受私人或團體捐贈時，
應於每年六月及十二月將接受捐贈財物、使用情形及公開徵信相關
資料陳報主管機關。
前項公開徵信應至少每六個月將捐贈者姓名、金額、捐贈日期及指
定捐贈項目等基本資料，刊登於機構所屬網站或發行之刊物；無網
站及刊物者，應刊登於新聞紙或電子媒體。

第 12 條 設立老人福利機構未依本法第三十六條第一項規定申請設立許可，
經直轄市、縣（市）主管機關依本法第四十五條第一項規定限期令
其改善者，應依限完成設立許可程序；其期間由直轄市、縣（市）
主管機關定之，最長不得逾六個月。

第 13 條 主管機關依本法第四十七條及第四十八條規定通知老人福利機構限
期改善者，應令其提出改善計畫書；必要時，會同目的事業主管機
關評估其改善情形。

附錄三　老人福利機構設立標準

中華民國 70 年 11 月 30 日內政部(70)台內社字第 58495 號令訂定發布全文 18 條

中華民國 87 年 6 月 17 日內政部(87)台內社字第 8782311 號令、

行政院衛生署(87)衛署醫字第 87032697 號令會銜修正發布

中華民國 96 年 7 月 30 日內政部(96)內授中社字第 0960714040 號、

行政院衛生署(96)衛署照字第 0962801277 號令修正發布全文 38 條；並自發布日施行

第一章　總則

第　1　條　本標準依老人福利法（以下簡稱本法）第三十四條第二項及第三十六條第五項規定訂定之。

第　2　條　本法所定老人福利機構，分類如下：

一、長期照顧機構：分為下列三種類型：

（一）長期照護型：以罹患長期慢性病，且需要醫護服務之老人為照顧對象。

（二）養護型：以生活自理能力缺損需他人照顧之老人或需鼻胃管、導尿管護理服務需求之老人為照顧對象。

（三）失智照顧型：以神經科、精神科等專科醫師診斷為失智症中度以上、具行動能力，且需受照顧之老人為照顧對象。

二、安養機構：以需他人照顧或無扶養義務親屬或扶養義務親屬無扶養能力，且日常生活能自理之老人為照顧對象。

三、其他老人福利機構：提供老人其他福利服務。

第　3　條　老人福利機構之設立，應符合下列規定：

一、建築物之設計、構造與設備，應符合建築法及相關法令規定。

二、消防安全設備、防火管理、防焰物品等消防安全事項應符合消防法及相關法令規定。

三、用地應符合土地使用管制相關法令規定。

四、飲用水供應應充足，並應符合飲用水水質標準。

五、應維持環境整潔與衛生，並應有妨害衛生之病媒及孳生源防治
之適當措施。

六、其他法令有規定者，依該法令規定辦理。

第 4 條　長期照顧機構及安養機構除前條規定外，並應有符合下列規定之設
施：

一、寢室：

（一）良好通風及充足光線，且有自然採光之窗戶。

（二）不得設於地下樓層。

（三）室內設之床位，每床應附有櫥櫃或床頭櫃，並配置緊急呼
叫系統；床邊與鄰床之距離至少八十公分。

（四）至少設一扇門，其淨寬度應在八十公分以上。

（五）二人或多人床位之寢室，應備具隔離視線之屏障物。

（六）寢室間之隔間高度應與天花板密接。

（七）有可供直接進入寢室，不須經過其他寢室之走廊。

二、衛浴設備：

（一）至少設一扇門，其淨寬度應在八十公分以上。

（二）屬於多人使用之衛浴設施，應有適當之隔間或門簾。

（三）照顧區應設衛生及沐浴設備，並配置緊急呼叫系統。

（四）有適合臥床或乘坐輪椅老人使用之衛浴設備。

三、照顧區、餐廳、浴廁、走道、樓梯及平臺，均應設欄杆或扶手
之設備。樓梯、走道及浴廁地板應有防滑措施及適當照明設備。

四、廚房應配置食物加熱、貯藏及冷凍設備。

五、公共設施有提供公用電話者，應有適合身心障礙或行動不便老
人使用之設計。

六、有被褥、床單存放櫃及用品雜物、輪椅等之儲藏設施。

第 5 條　老人福利機構設日間照顧設施者，應設有多功能活動室、餐廳、廚

房、盥洗衛生設備及午休設施。

日間照顧設施之樓地板面積，平均每人應有十平方公尺以上。

前項日間照顧設施設有寢室者，其寢室之樓地板面積，平均每人應有五平方公尺以上。

日間照顧設施之工作人員，依其照顧對象，準用業務性質相同老人福利機構規定設置。

第 6 條 本標準關於機構、設施樓地板面積之規定，其停車空間及員工宿舍面積不計算在內；關於寢室樓地板面積之規定，其浴廁面積不計算在內。

第 7 條 各級政府設立及辦理財團法人登記之長期照顧機構或安養機構，其設立規模為收容老人五十人以上、二百人以下為限。但中華民國九十六年二月一日以前已許可立案營運者，不在此限。

小型長期照顧機構或安養機構，其設立規模為收容老人五人以上、未滿五十人。

第 8 條 長期照顧機構及安養機構應置專任院長（主任）一名，綜理機構業務，督導所屬工作人員善盡業務責任；並配置下列工作人員：

一、護理人員：負責辦理護理業務及紀錄。

二、社會工作人員：負責辦理社會工作業務。

三、照顧服務員：負責老人日常生活照顧服務。

四、其他與服務相關之專業人員。

前項各款人員資格應依老人福利專業人員資格及訓練相關規定，並於聘任後三十日內報請主管機關備查；異動時，亦同。

第一項第一款至第三款所定人員除本標準另有規定者外，應為專任；第四款人員得以專任或特約方式辦理。

第一項第二款社會工作人員應有四分之一以上領有社會工作師證照；第三款照顧服務員，其中外籍看護工除本標準另有規定者外，不得逾二分之一。

第二章　　長期照顧機構

第一節　　長期照護型機構

第　9　條　　長期照護型機構樓地板面積，按收容老人人數計算，平均每人應有
　　　　　　十六點五平方公尺以上。

第　10　條　　長期照護型機構設施除符合第四條規定外，並應符合下列規定：

　　　　　　一、寢室：

　　　　　　　　（一）樓地板面積，平均每人應有七平方公尺以上。每一寢室至
　　　　　　　　　　　多設六床。

　　　　　　　　（二）每床應有床欄及調節高度之裝置，其床尾與牆壁間之距離
　　　　　　　　　　　至少一公尺。

　　　　　　　　（三）收容人數五十人以上者，每一寢室應設簡易衛生設備。

　　　　　　二、護理站應具下列設備：

　　　　　　　　（一）準備室、工作車。

　　　　　　　　（二）護理紀錄櫃、藥品及醫療器材存放櫃。

　　　　　　　　（三）急救配備：氧氣、鼻管、人工氣道、氧氣面罩、抽吸設
　　　　　　　　　　　備、喉頭鏡、氣管內管、甦醒袋、常備急救藥品。

　　　　　　　　（四）輪椅。

　　　　　　　　（五）污物處理設備。

　　　　　　三、照護區走道淨寬至少一百四十公分。走道二側有居室者，淨寬
　　　　　　　　至少一百六十公分。

　　　　　　四、日常活動場所：應設餐廳、交誼休閒活動等所需之空間與設
　　　　　　　　備，平均每人應有四平方公尺以上。

　　　　　　五、空調設備。

　　　　　　六、主要走道臺階處，應有推床或輪椅之專用斜坡道。

　　　　　　七、設太平間者，應具有屍體冷藏設備。

　　　　　　前項機構得視業務需要，設物理治療室、職能治療室。

第　11　條　　長期照護型機構除院長（主任）外，應依下列規定配置工作人員：

一、護理人員：隨時保持至少有一人值班；每照顧十五人應置一人；未滿十五人者，以十五人計。設有日間照顧者，每提供二十人之服務量，應增置一人。

二、社會工作人員：照顧未滿一百人者，至少置一人；一百人以上者，每一百人應增置一人。但四十九人以下者，以專任或特約方式辦理，採特約方式辦理者，每週至少應提供二天以上之服務。

三、照顧服務員：日間每照顧五人應置一人；未滿五人者，以五人計；夜間每照顧十五人應置一人；未滿十五人者，以十五人計。夜間應置人力應有本國籍員工執勤，並得與護理人員合併計算。

前項機構得視業務需要，置專任或特約醫師、物理治療人員、職能治療人員或營養師。

第 12 條　長期照護型機構，對所照顧之老人，應由醫師予以診察；並應依老人照顧需要，至少每個月由醫師診察一次。

第 13 條　長期照護型機構，對於轉診及醫師每次診察之病歷摘要，應連同護理紀錄依護理人員法規定妥善保存。

前項病歷摘要、護理紀錄應指定專人管理。

第二節　養護型機構

第 14 條　各級政府設立及辦理財團法人登記之養護型機構（以下簡稱公立及財團法人養護型機構）樓地板面積，以收容老人人數計算，平均每人應有十六點五平方公尺以上。

小型養護型機構，其樓地板面積以收容老人人數計算，平均每人應有十平方公尺以上。

第 15 條　公立及財團法人養護型機構設施除符合第四條規定外，並應符合下列規定：

一、寢室：

（一）樓地板面積，平均每人應有七平方公尺以上。每一寢室至
多設六床。

（二）收容人數五十人以上者，每一寢室應設簡易衛生設備。

二、護理站：應具有準備室、工作臺、治療車、護理紀錄櫃、藥品
與醫療器材存放櫃及急救配備。

三、日常活動場所：應設餐廳、交誼休閒活動等所需之空間及設
備，平均每人應有四平方公尺以上。

四、其他設施：應設污物處理室、洗衣間等空間及設備。

前項機構得視業務需要，設物理治療室、職能治療室、社會服務
室、宗教聚會所、安寧照護室或緊急觀察室、配膳、廢棄物焚化等
所需空間及設備。

第 16 條　公立及財團法人養護型機構除院長（主任）外，應依下列規定配置
工作人員：

一、護理人員：隨時保持至少有一人值班；每照顧二十人應置一
人；未滿二十人者，以二十人計。

二、社會工作人員：照顧未滿一百人者，至少置一人；一百人以上
者，每一百人應增置一人。但四十九人以下者，以專任或特約
方式辦理，採特約方式辦理者，每週至少應提供二天以上之服
務。

三、照顧服務員：日間每照顧八人應置一人；未滿八人者，以八人
計；夜間每照顧二十五人應置一人；未滿二十五人者，以二十
五人計。夜間應置人力應有本國籍員工執勤，並得與護理人員
合併計算。

前項機構收容有需鼻胃管、導尿管護理服務需求之老人者，應依第
十一條規定配置工作人員。

第一項機構得視業務需要，置行政人員、專任或特約醫師、物理治
療人員、職能治療人員、營養師或其他工作人員。

第 17 條 小型養護型機構，其設施除符合第四條規定外，並應符合下列規定：

一、寢室：樓地板面積，平均每人應有五平方公尺以上。每一寢室至多設六床。

二、護理站：應具護理紀錄櫃、急救配備。

三、日常活動場所：應設多功能活動所需之空間及設備。

四、廁所：每照顧十六人，至少應設男廁一間及女廁二間；未滿十六人者，以十六人計。

第 18 條 小型養護型機構除院長（主任）外，應依下列規定配置工作人員：

一、護理人員：隨時保持至少有一人值班；每照顧二十人應置一人；未滿二十人者，以二十人計。

二、照顧服務員：日間每照顧八人應置一人；未滿八人者，以八人計；夜間每照顧二十五人應置一人；未滿二十五人者，以二十五人計。夜間應置人力應有本國籍員工執勤，並得與護理人員合併計算。

前項機構收容有需鼻胃管、導尿管護理服務需求之老人者，應依第十一條規定配置工作人員。

第一項機構得視業務需要，置專任或特約社會工作人員或其他工作人員。

第 19 條 養護型機構收容需鼻胃管、導尿管護理服務需求老人者，應報主管機關許可；其人數不得逾原許可設立規模二分之一，並準用第十二條及第十三條規定。

第 20 條 小型養護型機構辦理財團法人登記者，其樓地板面積、設施及工作人員之配置，準用第十四條第一項、第十五條及第十六條規定。

第三節　失智照顧型機構

第 21 條 失智照顧型機構樓地板面積，按收容老人人數計算，平均每人應有十六點五平方公尺以上。

第 22 條 失智照顧型機構應採單元照顧模式，每一單元服務人數以六人至十

二人爲原則。

第 23 條 失智照顧型機構設施除符合第四條規定外,並應符合下列規定:

一、寢室:

（一）樓地板面積,平均每人應有七平方公尺以上。每一寢室以服務一人爲原則。

（二）每一寢室應設簡易衛生設備。

（三）每間寢室之出入口必須與走廊、客廳相通,與其他寢室明確區隔,不得僅以屏風、窗簾等隔開。

二、護理站:應具有準備室、工作臺、治療車、護理紀錄櫃、藥品與醫療器材存放櫃及急救配備。

三、每一單元日常生活基本設施除寢室外,並應設客廳、餐廳、簡易廚房、衛浴設備（盥洗間、浴室及廁所等）及其他必要之設施。

四、日常活動場所:應設交誼休閒活動所需之空間及設備。

五、其他設施:應設污物處理室、洗衣間等空間及設備。

前項機構得視業務需要,設物理治療室、職能治療室、社會服務室、宗教聚會所、安寧照護室或緊急觀察室、配膳、廢棄物焚化等所需空間及設備。

第 24 條 失智照顧型機構除院長（主任）外,應依下列規定配置工作人員:

一、護理人員:隨時保持至少有一人值班;每照顧二十人應置一人;未滿二十人者,以二十人計。

二、社會工作人員:照顧未滿一百人者,至少置一人;一百人以上者,每一百人應增置一人。但四十九人以下者,以專任或特約方式辦理,採特約方式辦理者,每週至少應提供二天以上之服務。

三、照顧服務員:日間每照顧三人應置一人;未滿三人者,以三人計;夜間每照顧十五人應置一人;未滿十五人者,以十五人計。夜間應置人力得與護理人員合併計算。

前項第三款照顧服務員得以僱用兼職人員為之。但兼職人員不得超過三分之一，且兼職之照顧服務員每週至少應提供十六小時以上服務時間。

專任或兼任人員應固定，且不得聘僱外籍看護工。

第一項機構得視業務需要，置行政人員、專任或特約醫師、物理治療人員、職能治療人員、營養師或其他工作人員。

第三章　安養機構

第 25 條　各級政府設立及辦理財團法人登記之安養機構（以下簡稱公立及財團法人安養機構）樓地板面積，以收容老人人數計算，平均每人應有二十平方公尺以上。

小型安養機構，其樓地板面積以收容老人人數計算，平均每人應有十平方公尺以上。

第 26 條　公立及財團法人安養機構設施除符合第四條規定外，並應符合下列規定：

一、寢室：樓地板面積，平均每人應有七平方公尺以上。每一寢室至多設三床。

二、護理站：應具有護理紀錄櫃、藥品與醫療器材存放櫃及急救配備。

三、日常活動場所：應設餐廳、會客室、閱覽室、休閒、康樂活動室、宗教聚會場所及其他必要設施或設備，其中會客室、閱覽室、休閒、康樂活動室平均每人應有六平方公尺以上。

前項機構得視業務需要，設職能治療室、社會服務室、健身房、觀護室或其他設施。

第 27 條　公立及財團法人安養機構除院長（主任）外，應依下列規定配置工作人員：

一、護理人員：隨時保持至少有一人值班。

二、社會工作人員：照顧未滿八十人者，至少置一人；八十人以上

　　　者，每八十人應增置一人。但四十九人以下者，以專任或特約
　　　方式辦理，採特約方式辦理者，每週至少應提供二天以上之服
　　　務。

三、照顧服務員：日間每照顧十五人應置一人；未滿十五人者，以
　　十五人計；夜間每照顧三十五人應置一人；未滿三十五人者，
　　以三十五人計。夜間應置人力應有本國籍員工執勤，並得與護
　　理人員合併計算。

前項機構得視業務需要，置輔導員、行政人員、專任或特約醫師、
職能治療人員、營養師或其他工作人員。

第 28 條　小型安養機構，其設施除符合第四條規定外，並應符合下列規定：

一、寢室：樓地板面積，平均每人應有五平方公尺以上。每一寢室
　　至多設三床。

二、日常活動場所：應設多功能活動所需之空間及設備。

三、其他設備：得視需要設護理紀錄櫃、急救配備等設施。

第 29 條　小型安養機構除主任外，應依下列規定配置工作人員：

一、護理人員：隨時保持至少有一人值班。

二、照顧服務員：日間每照顧十五人應置一人；未滿十五人者，以
　　十五人計；夜間每照顧三十五人應置一人；未滿三十五人者，
　　以三十五人計。夜間應置人力應有本國籍員工執勤，並得與護
　　理人員合併計算。

前項機構得視業務需要，置專任或特約社會工作人員或其他必要人
員。

第 30 條　小型安養型機構辦理財團法人登記者，其樓地板面積、設施及工作
人員之配置，準用第二十五條第一項、第二十六條及第二十七條規
定。

第四章　其他老人福利機構

第 31 條　中華民國九十六年二月一日以前之文康機構及服務機構，除得提供

本法第十七條及第十八條所定居家式及社區式服務外，並得視需要提供安置服務及康樂、文藝、技藝、進修與聯誼活動服務及老人臨時照顧服務、志願服務、短期保護。

第 32 條　中華民國九十六年二月一日以前之文康機構及服務機構，其室內樓地板面積不得少於二百平方公尺，並應具有下列設施：

一、辦公室、社會工作室或服務室。

二、多功能活動室。

三、教室。

四、衛生設備。

五、其他與服務相關之必要設施。

前項第二款及第三款之設施，得視實際情形調整併用；並得視業務需要設會議室、諮詢室、圖書閱覽室、保健室等設施。

第一項機構提供餐飲服務者，應設餐廳及廚房；提供日間照顧、臨時、照顧短期保護及安置設施者，應設寢室、盥洗衛生設備、餐廳、廚房及多功能活動室。

第 33 條　中華民國九十六年二月一日以前之文康機構及服務機構，至少應置下列人員其中一人：

一、主任。

二、社會工作人員。

三、行政人員或服務人員。

前項機構辦理居家式或社區式服務方案者，其人力之配置應依相關規定辦理。

第五章　附　則

第 34 條　長期照顧機構及安養機構採綜合辦理者，應依下列規定辦理：

一、屬分別使用之區域，並有固定隔間、獨立區劃者，其設施及工作人員標準應各依第二章及第三章規定辦理。

二、無固定隔間、獨立區劃者，其設施及工作人員應依較高之標準

辦理。前項機構之規模，應依各類標準分別計算；原許可設立
機構類型之規模應逾二分之一。

第 35 條 老人福利機構於新設、擴充、遷移時，應依本標準規定辦理。

第 36 條 中華民國九十六年二月一日以前已依規定向直轄市、縣（市）政府
申請新設、擴充、遷移、復業、負責人變更，而其處理程序尚未終
結之案件，得適用本標準八十七年六月十七日修正施行之規定辦理。

第 37 條 中華民國九十六年二月一日以前已許可立案之老人福利機構，未符
合本標準者，應自本標準修正施行之日起五年內完成改善；屆期未
完成改善者，依本法規定處理。前條所定之老人福利機構，亦同。

第 38 條 本標準自發布日施行。

附錄四　私立老人福利機構設立許可及管理辦法

中華民國 87 年 11 月 25 日內政部(87)台內社字第 8790751 號令、

行政院衛生署(87)衛署醫字第 87067534 號令會銜訂定發布全文 18 條

中華民國 96 年 7 月 27 日內政部內授中社字第 0960714088 號令修正發布名稱及全文 27 條；

並自發布日施行（原名稱：老人福利機構設立許可辦法）

中華民國 98 年 11 月 20 日內政部內授中社字第 0980716098 號令修正發布第 3,27 條

條文；並自 98 年 11 月 23 日施行

第　1　條　本辦法依老人福利法（以下簡稱本法）第三十六條第四項規定訂定之。

第　2　條　申請設立或籌設私立老人福利機構之設立地點跨越直轄市、縣（市）行政區域時，由受理申請之直轄市、縣（市）主管機關為主管機關。

第　3　條　自然人申請設立或籌設私立老人福利機構，其負責人應為年滿二十歲，且無受褫奪公權、破產、受監護或受輔助宣告之國民。

法人或團體申請設立或籌設私立老人福利機構，其章程或捐助章程所載之宗旨或工作項目應有辦理社會福利事業項目規定，並不得兼營營利行為。

第　4　條　私立老人福利機構業務性質相同者，於同一直轄市、縣（市）不得使用相同之名稱。

第　5　條　私人或團體申請私立老人福利機構設立許可，應檢具申請書及敘明下列事　項之文件一式五份，向機構所在地直轄市、縣（市）主管機關提出：

一、機構名稱及地址、負責人姓名、戶籍地址等基本資料。

二、設立財團法人老人福利機構者，應檢附籌備會議紀錄影本。

三、機構設立目的及業務計畫書：含機構業務與業務規模、經費來

源、服務項目、收費基準、服務契約及預定營運日期。

四、預算書：載明全年收入及支出概算。

五、組織架構及人員編制：含主管及工作人員人數、進用資格、條件、工作項目及福利、行政管理等事項。

六、建築物位置圖、平面圖及其概況：含建築物使用執照影本、建築物竣工圖及消防安全設備圖說，建築物應以五百分之一比例圖，並以平方公尺註明樓層、各隔間面積、用途說明及總面積。

七、土地及建物使用權利證明文件：含土地及建物登記（簿）謄本。土地或建築物所有權非屬申請人所有者，應檢附經公證之期間十五年租賃契約或使用同意書，並不得有有效期間屆滿前得任意終止約定。檢附土地使用同意書者，應檢附辦理相同期間之地上權設定登記證明文件。

八、財產清冊。

九、履行營運擔保能力證明及投保公共意外責任保險之保險單影本。

申請財團法人私立老人福利機構設立許可者，除檢具前項所定文件外，並應檢具下列文件一式五份：

一、捐助章程或遺囑影本。

二、捐助財產清冊及其證明文件。

三、董事名冊及其國民身分證影本。設有監察人者，監察人名冊及其國民身分證影本。董事、監察人未具中華民國國籍者，其護照或居留證影本。

四、願任董事同意書。設有監察人者，願任監察人同意書。

五、財團法人及董事印鑑或簽名清冊。

六、捐助人同意於財團法人獲准登記時，將捐助財產移轉為財團法人所有之承諾書。

七、業務計畫。

第一項第七款之土地及建物登記（簿）謄本經直轄市、縣（市）主

管機關同意以電腦處理達成查詢者，得免提供。

第一項第七款租賃契約或使用同意書之期限規定，於私立小型老人福利機構為五年以上。

直轄市、縣（市）主管機關得視需要，命申請人就本條所定文件或資料繳驗其正本。

第　6　條　法人申請附設私立老人福利機構設立許可，應檢具申請書、前條所定文件

及敘明下列事項之文件一式五份，向機構所在地直轄市、縣（市）主管機關提出：

一、法人登記證明文件影本。

二、法人之目的事業主管機關同意其申請附設私立老人福利機構之核准函影本。

三、法人章程或捐助章程影本。

四、負責人簡歷表。

五、董事或理事名冊及其國民身分證影本。

六、法人及董事或理事印鑑。

七、法人決議申請附設私立老人福利機構設立許可之會（社、場）員（代表）大會或董事會會議紀錄。

八、法人財產清冊。

社團法人以申請附設私立小型老人福利機構為限，並不得以附設之私立小型老人福利機構名義對外募捐。

第　7　條　私人或團體申請私立老人福利機構設立許可，因用地未能符合土地使用分區管制規定時，應先檢具申請書及下列文件一式五份，向機構所在地直轄市、縣（市）主管機關申請籌設許可：

一、機構名稱及地址（地號）、負責人姓名、戶籍地址等基本資料。

二、設立財團法人老人福利機構者，應檢附籌備會議紀錄影本。

三、機構設立目的及業務計畫書：含機構業務及業務規模、經費來

源、服務項目、收費基準、服務契約及預定營運日期。

四、預算書：載明全年收入及支出概算。

五、組織架構及人員編制：含主管及工作人員人數、進用資格、條件、工作項目及福利、行政管理等事項。

六、建築物位置圖及平面圖，以五百分之一比例圖，並以平方公尺註明樓層、各隔間面積、用途說明及總面積。

七、土地使用權利證明文件：含土地登記（簿）謄本及使用權利證明文件影本。土地所有權非屬申請之私人或團體所有者，應檢附經公證之期間十五年租賃契約或使用同意書，並不得有有效期間屆滿前得任意終止約定。檢附土地使用同意書者，並應辦理相同期間之地上權設定登記。

前項籌設許可有效期限為三年。有效期限屆滿前，有正當理由經直轄市、縣（市）主管機關核准，得延長一次，期限為三年。

第一項籌設許可，於有效期限屆滿，用地仍未符合土地使用分區管制規定時，失其效力。

第五條第三項至第五項規定，於本條亦適用之。

第 8 條　直轄市、縣（市）主管機關審核私立老人福利機構申請設立許可案件，應於申請人備齊第五條、第六條規定文件後一個月內，會同相關機關完成審核，並應會同相關機關實地勘查其設備及設施。

直轄市、縣（市）主管機關審核私立老人福利機構申請籌設許可案件，應於申請人備齊前條規定文件後三個月內，會同相關機關完成審核。

前二項申請許可案件有應補正事項者，由直轄市、縣（市）主管機關以書面通知申請人限期補正。

第 9 條　私立老人福利機構設立許可或籌設許可申請案件，有下列情形之一者，直轄市、縣（市）主管機關應敘明理由以書面駁回其申請：

一、經通知限期補正，逾期仍未補正。

二、不符本法、本辦法或老人福利機構設立標準相關規定。

三、私立老人福利機構負責人有違反本法相關規定，未依規定限期
　　改善完竣。

四、私立老人福利機構負責人所營運之其他私立老人福利機構，曾
　　違反第十五條第一項或本法第四十九條第二項規定，經主管機
　　關廢止設立許可處分未滿二年。

五、私立老人福利機構負責人曾違反第十六條規定，經主管機關廢
　　止設立許可處分未滿二年。

六、法人或團體經主管機關、目的事業主管機關或依有關法令規定
　　授權其他團體辦理之年度評鑑、考核或查核，自申請之年度往
　　前起算，最近二次未達甲等以上。

前項規定，於負責人變更及復業申請案件，亦適用之。

第 10 條　私人或團體於同一直轄市、縣（市）行政區域再申請私立老人福利
　　　　　機構設立許可時，有下列情形之一者，直轄市、縣（市）主管機關
　　　　　應敘明理由以書面駁回其申請：

一、有前條第一項各款規定情形之一。

二、於同一直轄市、縣（市）內營運之老人福利機構，最近一次機
　　構評鑑成績有未達乙等以上。

第 11 條　私立老人福利機構經直轄市、縣（市）主管機關許可設立前，不得
　　　　　以私立老人福利機構籌備處或其他任何名義對外洽辦事務。

第 12 條　私立老人福利機構經許可設立，由直轄市、縣（市）主管機關於其
　　　　　申請書及附件加蓋印信，以二份發還申請人，並發給設立許可證書
　　　　　及老人福利機構標誌後，始得營運。

前項設立許可證書，應載明私立老人福利機構名稱、地址、負責人
姓名、設立日期、業務規模、面積及服務對象。

第一項設立許可證書應揭示於私立老人福利機構內足資辨識之明顯
處所。

第一項設立許可證書遺失或毀損，負責人應於事實發生後十五日內，備具申請書及相關文件，向直轄市、縣（市）主管機關申請補發或換發。

第 13 條 私立老人福利機構於許可設立後三年內未開始營運者，直轄市、縣（市）主管機關應廢止其設立許可，並註銷其設立許可證書。

私立老人福利機構應自行營運；不得將部分或全部業務規模，交付或委託他人營運，並收取對價。

第 14 條 私人或團體申請縮減、擴充業務規模或遷移私立老人福利機構者，應於縮減、擴充業務規模或遷移預定日前三個月，檢具申請書敘明理由、現有老人安置計畫、擴充業務規模或遷移地址等相關事項，報經主管機關許可。

前項申請擴充業務規模或遷移者，應檢具第五條所定文件；主管機關應於受理申請後一個月內，依本辦法及老人福利機構設立標準等相關規定完成審核。

申請第一項擴充業務規模者，應符合下列規定：

一、負責人相同。

二、位於同一棟建築物內，同樓層者或直上、直下不超過一層數之不同樓層；位於不同幢建築物，同一宗土地之地面層。

三、設立之營運處所應符合相關規定，且未跨越原許可主管機關行政區域為原則。

私立老人福利機構依第一項許可擴充業務規模或遷移後，應經主管機關會同相關機關實地勘查其設備及設施，並符合規定者，始得營運。

第一項擴充業務規模或遷移，負責人未向主管機關提出申請或已申請尚未經主管機關核准營運，即擅自營運者，依本法第四十六條規定處理。

第一項遷移，跨越原許可主管機關行政區域，應依本辦法重新申請

設立許可，原主管機關應廢止其原設立許可，並註銷其設立許可證書。

第 15 條　私立老人福利機構設立許可證書記載事項變更，除前條第一項所定情事者外，負責人應於變更前一個月，檢具申請書敘明變更項目及事由，申請主管機關許可。主管機關核發變更後設立許可證書時，應於背面註記歷次核准變更、停業或復業之日期、文號及變更事項。

私立小型老人福利機構負責人變更者，變更後之負責人應於變更前一個月，檢具第五條所定文件，重新向直轄市、縣（市）主管機關申請設立許可。

但經直轄市、縣（市）主管機關認定符合老人福利機構設立標準者或法人或團體之負責人變更者，得由原負責人或原負責人死亡時，由其繼承人檢具相關資料申請變更許可。未依規定辦理者，直轄市、縣（市）主管機關應廢止其設立許可，並註銷其設立許可證書。

第 16 條　私立老人福利機構停業一個月以上者，應於停業之日前十五日內，檢具申請書敘明理由、現有收容老人、工作人員安置計畫及停業起訖日期，報主管機關許可後為之。主管機關應於許可函敘明，負責人申請復業時，應符合相關法令規定，實地勘查其設備、設施及工作人員。

前項申請停業期間，最長不得超過一年；有正當理由者，應於期間屆滿前十五日內申請，經主管機關核准，得延長一次，期限為一年。

私立老人福利機構停業期限屆滿後，應於十五日內檢具申請書向主管機關申請復業許可。

前項復業申請，主管機關應會同相關機關實地勘查其設備、設施及工作人員，符合相關法令規定者，始得許可。

私立老人福利機構未依規定申請停業、停業期間屆滿逾六個月未申請復業或申請復業不予許可時，主管機關除依本法第四十六條規定

處理外，得廢止其設立許可，並註銷其設立許可證書。

第 17 條　私立老人福利機構歇業或解散時，應於一個月前檢具申請書敘明理由、現有收容老人安置計畫及日期，報主管機關許可。

私立老人福利機構未依前項規定辦理者，主管機關除依本法第四十六條規定處理外，應廢止其設立許可，並註銷其設立許可證書。

第 18 條　私立老人福利機構有下列情事之一者，主管機關得撤銷或廢止其設立許可或籌設許可：

一、申請設立許可或籌設許可，所載事項或所繳文件有虛偽情事。

二、將部分或全部業務規模，交付或委託他人營運，並收受對價。

三、法人或團體經主管機關或目的事業主管機關撤銷或廢止設立許可。

主管機關依前項撤銷或廢止私立老人福利機構之設立許可時，並應註銷其設立許可證書。

第 19 條　私立老人福利機構經主管機關撤銷或廢止其設立許可時，應繳回設立許可證書，未繳回者，主管機關應註銷之；其為財團法人者，主管機關並應通知法院。

第 20 條　私立老人福利機構應於每年十一月底前檢具下年度下列文件，報主管機關備查：

一、業務計畫書。

二、年度預算書。

三、工作人員名冊。

私立老人福利機構應於每年五月底前檢具上年度下列文件，報主管機關備查：

一、業務執行書。

二、年度決算。

三、人事概況。

私立小型老人福利機構，得免依前二項規定辦理。但直轄市、縣

（市）主管機關得視需要，命負責人辦理。

第 21 條　法人附設之私立老人福利機構，其老人福利機構之財務、會計及人事，均應獨立。

法人或團體之董事、監察人、理事或監事，均不得兼任法人或團體所設立或附設私立老人福利機構之工作人員。

第 22 條　私立老人福利機構應建立會計制度，年度決算金額在新臺幣三千萬元以上者，應由會計師簽證。

私立老人福利機構之會計基礎，採權責發生制為原則。但平時得按現金收付制處理，於年終結算時採用權責發生制調整，並應設置帳簿，詳細記錄有關會計事項。

第 23 條　主管機關為瞭解私立老人福利機構之狀況，得隨時通知其提出業務及財務報告，並得派員查核之。

第 24 條　私立老人福利機構有下列情形之一者，主管機關應予糾正，並通知限期改善：

一、違反法令、捐助章程或遺囑。

二、隱匿財產、財務收支未取具合法之憑證或未有完備之會計紀錄。

三、經費開支浮濫。

四、其他違反本辦法之情事。

私立老人福利機構於收受前項通知後，應於期限內改善，並報主管機關複查。

第 25 條　私立老人福利機構設立許可所需書表格式，由中央主管機關定之。

第 26 條　主管機關以外之機關、公立機構或公立學校申請附設老人福利機構者，準用本辦法規定辦理。

第 27 條　本辦法自發布日施行。

本辦法中華民國九十八年十一月二十日修正之條文，自九十八年十一月二十三日施行。

附錄五　私立老人福利機構接管辦法

中華民國 88 年 8 月 11 日內政部(88)台內社字第 8896543 號令訂定發布全文 11 條；
並自發布日起施行
中華民國 88 年 11 月 24 日內政部(88)台內社字第 8882651 號令修正發布第 6 條條文
中華民國 96 年 7 月 9 日內政部內授中社字第 0960714049 號令修正發布第 1,2,6 條條文

第 1 條　本辦法依老人福利法（以下簡稱本法）第五十條第二項規定訂定之。

第 2 條　當地主管機關依本法第五十條第一項規定，認有接管老人福利機構
必要時，得指定適當機關、機構或遴聘委員五人至九人組成接管小
組，執行接管任務，並公告老人福利機構名稱、負責人姓名、接管
之事由及依據。

第 3 條　受接管老人福利機構之經營權及財產之管理處分權，自接管日起由
接管小組行使。

第 4 條　受接管老人福利機構應自接管日起七日內檢具人事資料、資產負債
表、財產目錄、債權人與老人個案資料及其他必要文件，移交予接
管小組。

第 5 條　受接管老人福利機構相關人員，對接管小組執行任務所為之處置，
應予密切配合。

前項機構之負責人、董事、監察人、院長（主任）及其他受僱人
員，對接管小組所為之有關詢問，有據實答復之義務。

第 6 條　接管小組為安置受接管老人福利機構所收容之老人，得依序接洽下
列機構配合辦理：

一、公立老人福利機構。

二、公設民營老人福利機構。

三、財團法人老人福利機構。

四、私立小型老人福利機構。

前項老人福利機構應予配合。

第　7　條　當地主管機關依前條第一項安置老人時，應事先通知當事人及其法
定扶養義務人或關係人。

第　8　條　接管小組執行下列任務時，應報經當地主管機關核准：

一、重要人事之任免。

二、業務經營之委託辦理。

三、其他重要相關事項。

第　9　條　接管小組得委聘律師、會計師或其他具有專門學識經驗之人員協助
處理有關事項。

第　10　條　有下列情形之一者，由接管小組報經當地主管機關核准後，終止接
管：

一、老人福利機構所收容之老人均已獲致適當安置。

二、老人福利機構已恢復正常營運。

三、接管之原因消滅。

四、有事實足認無法達成接管之目的者。

第　11　條　本辦法自發布日施行。

附錄六　老人福利機構評鑑及獎勵辦法

中華民國 89 年 5 月 1 日內政部(89)台內中社字第 8976906 號令訂定發布全文 9 條；
並自發布日起施行

中華民國 96 年 7 月 24 日內政部內授中社字第 0960714057 號令修正發布名稱及全
文 11 條；並自發布日施行（原名稱：私立老人福利機構獎勵辦法）

中華民國 98 年 6 月 3 日內政部內授中社字第 0980715672 號令修正發布第 4,5,7,8 條
條文

中華民國 101 年 6 月 8 日內政部內授中社字第 1015933035 號令修正發布第 4 條條文

第　1　條　本辦法依老人福利法（以下簡稱本法）第三十七條第四項規定訂定
　　　　　　之。

第　2　條　本辦法之評鑑及獎勵對象如下：

　　　　　　一、全國性、省級公立、公設民營及財團法人老人福利機構。

　　　　　　二、經直轄市、縣（市）主管機關初評達一定成績以上之直轄市、
　　　　　　　　縣（市）公立、公設民營及財團法人老人福利機構。

第　3　條　老人福利機構之評鑑，中央主管機關每三年至少舉辦一次。

第　4　條　中央主管機關為辦理老人福利機構之評鑑，得設評鑑小組，置委員
　　　　　　十九人至二十五人，其中一人為主任委員，由業務單位主管兼任，
　　　　　　其餘委員由中央主管機關就下列人員聘兼組成之：

　　　　　　一、中央主管機關及其他相關機關代表五人或六人。

　　　　　　二、老人福利相關領域學者八人或十人。

　　　　　　三、具有五年以上老人福利實務經驗之專家五人至八人。

　　　　　　評鑑小組開會時由主任委員擔任主席，主任委員不能出席時，由其
　　　　　　指定委員一人代理之。

　　　　　　評鑑小組委員應遵守利益迴避原則。

第　5　條　老人福利機構評鑑項目包括下列事項：

一、行政組織及經營管理。

二、生活照顧及專業服務。

三、環境設施及安全維護。

四、權益保障。

五、改進創新。

六、其他依老人福利相關法規規定，及經評鑑小組決議評鑑之項目。

評鑑實施計畫由中央主管機關於實施評鑑前十二個月公告。

第 6 條　第二條第一款之老人福利機構，依前條實施計畫自行評定後，送中央主管機關辦理複評。

第二條第二款之老人福利機構，評鑑程序及方式如下：

一、自評：由受評機構依前條實施計畫自行評定，送直轄市、縣（市）主管機關初評。

二、初評：由直轄市、縣（市）主管機關依前條實施計畫採書面審查及實地訪視方式辦理評選，並依中央主管機關指定日期函報初評結果。

三、複評：由中央主管機關之評鑑小組採書面審查及實地訪視方式辦理。

直轄市、縣（市）主管機關於中央主管機關實施評鑑前一年所辦之老人福利機構評鑑，如其評鑑項目內容報經中央主管機關同意者，其評鑑結果得為前項第二款之初評。

第 7 條　評鑑結果分為以下等第：

一、優等。

二、甲等。

三、乙等。

四、丙等。

五、丁等。

複評成績列為甲等以上者，由中央主管機關表揚及發給獎牌；其為

　　　　　　　私立老人福利機構者，並酌給獎金。

　　　　　　　公立老人福利機構複評成績列為優等者，主管機關應對其首長及相

　　　　　　　關人員予以行政獎勵。

第　8　條　複評成績列為優等或甲等之老人福利機構，得優先接受政府補助或

　　　　　　　委託辦理業務；列為丙等或丁等者，由主管機關依本法第四十八條

　　　　　　　規定處理，並限期改善。

　　　　　　　前項複評成績列為丙等或丁等，經限期改善者，中央主管機關應於

　　　　　　　六個月內再次複評；再次複評成績未達乙等以上者，應停止政府補

　　　　　　　助或委託辦理業務，並由主管機關依本法規定處理。

第　9　條　私立老人福利機構依本辦法取得之獎金，應專作辦理老人福利業

　　　　　　　務、充實設施、設備或工作人員獎金之用，並應詳細列帳。

第　10　條　老人福利機構評鑑得委託民間專業團體、機構或學校辦理；評鑑所

　　　　　　　需費用，由中央主管機關編列預算支應。

第　11　條　本辦法自發布日施行。

附錄七　老人福利服務專業人員資格及訓練辦法

中華民國96年8月7日內政部內授中社字第0960714119號令訂定發布全文14條；
並自發布日施行

第 1 條　本辦法依老人福利法（以下簡稱本法）第二十條第二項規定訂定之。

第 2 條　本辦法所定專業人員，包括下列人員：

　　　　一、社會工作人員。

　　　　二、照顧服務員。

　　　　三、居家服務督導員。

　　　　四、護理人員。

　　　　五、老人福利機構院長（主任）。

第 3 條　本法第二十條第二項所定應由專業人員提供服務之一定項目，為本
　　　　法第十七條第一款至第四款、第八款、第十八條第一款至第六款、
　　　　第八款至第十款、第十九條第一款至第四款、第六款、第八款及第
　　　　九款規定之項目。

第 4 條　社會工作人員應具下列資格之一：

　　　　一、領有社會工作師證照。

　　　　二、高等考試或相當高等考試之特種考試以上社會行政職系考試及格。

　　　　三、普通考試或相當普通考試之特種考試社會行政職系考試及格，
　　　　　　並領有照顧服務員訓練結業證明書。

　　　　四、具專門職業及技術人員高等考試社會工作師考試應考資格。

第 5 條　照顧服務員應具下列資格之一：

　　　　一、領有照顧服務員訓練結業證明書。

　　　　二、領有照顧服務員職類技術士證。

　　　　三、高中（職）以上學校護理、照顧相關科（組）畢業。

　　　　老人長期照顧失智照顧型機構照顧服務員除應具前項資格外，並應
　　　　取得失智症相關訓練證明文件。

第　6　條　居家服務督導員應具高中（職）以上學校社會工作、醫護等相關科、系（組）畢業或服務滿五年以上之專職照顧服務員，並領有居家服務督導員職前訓練結業證明書之資格。

第　7　條　護理人員應經護理人員考試及格，並領有中央衛生主管機關核發之護理師證書或護士證書。

第　8　條　老人長期照顧長期照護型機構院長（主任）除符合前條規定外，且其從事臨床護理工作年資應符合下列規定：

一、護理師：四年以上。

二、護士：七年以上。

第　9　條　辦理財團法人登記之老人長期照顧養護型與失智照顧型機構及安養機構院長（主任）應具下列資格之一：

一、國內公立或已立案之私立大學以上或經教育部承認之國外大學以上社會工作相關學系、所（組）畢業，並具二年以上公、私立社會福利機關（構）工作經驗。

二、國內公立或已立案之私立專科以上學校或經教育部承認之國外專科以上學校畢業，領有居家服務員成長訓練結業證明書、照顧服務員訓練結業證明書或曾擔任經中央主管機關評鑑成績甲等以上之社會福利機構主管職務三年以上，並具四年以上公、私立社會福利機關（構）工作經驗。

三、高等考試或相當高等考試之特種考試以上社會行政職系或社會工作師考試及格，並具二年以上薦任職務或公、私立社會福利機關（構）工作經驗。

四、普通考試或相當普通考試之特種考試社會行政職系考試及格，領有居家服務員成長訓練結業證明書或照顧服務員訓練結業證明書，並具四年以上薦任職務或公、私立社會福利機關（構）工作經驗。

五、符合第七條規定，且其從事臨床護理工作年資符合下列規定：

　　　　　　（一）護理師：二年以上。

　　　　　　（二）護士：四年以上。

第　10　條　未辦理財團法人登記之小型老人長期照顧養護型與失智照顧型機構
　　　　　　及安養機構院長（主任）應具下列資格之一：

一、具前條資格。

二、國內公立或已立案之私立專科以上學校或經教育部承認之國外
　　專科以上學校畢業，領有居家服務員成長訓練結業證明書或照
　　顧服務員訓練結業證明書，並具二年以上公、私立社會福利機
　　關（構）工作經驗。

三、高中（職）學校畢業，領有居家服務員成長訓練結業證明書或
　　照顧服務員訓練結業證明書，並具四年以上公、私立社會福利
　　機關（構）工作經驗。

第　11　條　公立老人福利機構聘僱臨時專業人員時，應就符合本辦法所定資格
　　　　　　者遴任之。

第　12　條　社會工作人員、照顧服務員、居家服務督導員及老人福利機構院長
　　　　　　（主任）每年應接受至少二十小時在職訓練，訓練內容包括下列課程：

一、老人福利概述。

二、老人照顧服務相關法令。

三、老人照顧服務工作倫理。

四、老人照顧服務內容及工作方法。

五、其他與老人照顧服務相關課程。

前項在職訓練，由主管機關自行、委託或由經主管機關審查核定之
機構、團體及學校辦理。訓練成績合格者，訓練主辦單位應發給結
業證明文件，並載明訓練課程及時數。

第　13　條　老人福利機構已置之人員未符本辦法所定資格者，應自本辦法施行
　　　　　　之日起五年內取得資格；屆期未取得資格者，依本法規定辦理。

第　14　條　本辦法自發布日施行。

國家圖書館出版品預行編目（CIP）資料

老人服務事業經營與管理 / 黃旐濤等著. --
初版. -- 臺北市：心理, 2007.09
面；　公分. --　（社會工作系列；31024）

ISBN 978-986-191-056-7 （平裝）

1. 老人福利　2. 老人養護

548.15　　　　　　　　　　　　　　　96015797

社會工作系列 31024

老人服務事業經營與管理

作　　　者：黃旐濤、徐慶發、賴添福、蔡芳文、吳秀鳳、黃梓松
　　　　　　辛振三、林梅雅、黃偉誠、周慧敏、戴章洲
責任編輯：郭佳玲
總 編 輯：林敬堯
發 行 人：洪有義
出 版 者：心理出版社股份有限公司
地　　址：231 新北市新店區光明街 288 號 7 樓
電　　話：(02) 2915-0566
傳　　真：(02) 2915-2928
郵撥帳號：19293172　心理出版社股份有限公司
網　　址：http://www.psy.com.tw
電子信箱：psychoco@ms15.hinet.net
駐美代表：Lisa Wu （lisawu99@optonline.net）
排 版 者：辰皓國際出版製作有限公司
印 刷 者：辰皓國際出版製作有限公司
初版一刷：2007 年 9 月
初版四刷：2016 年 3 月
I S B N：978-986-191-056-7
定　　價：新台幣 450 元